世界の言語シリーズ 2

中国語

杉村博文・郭　修　靜

大阪大学出版会

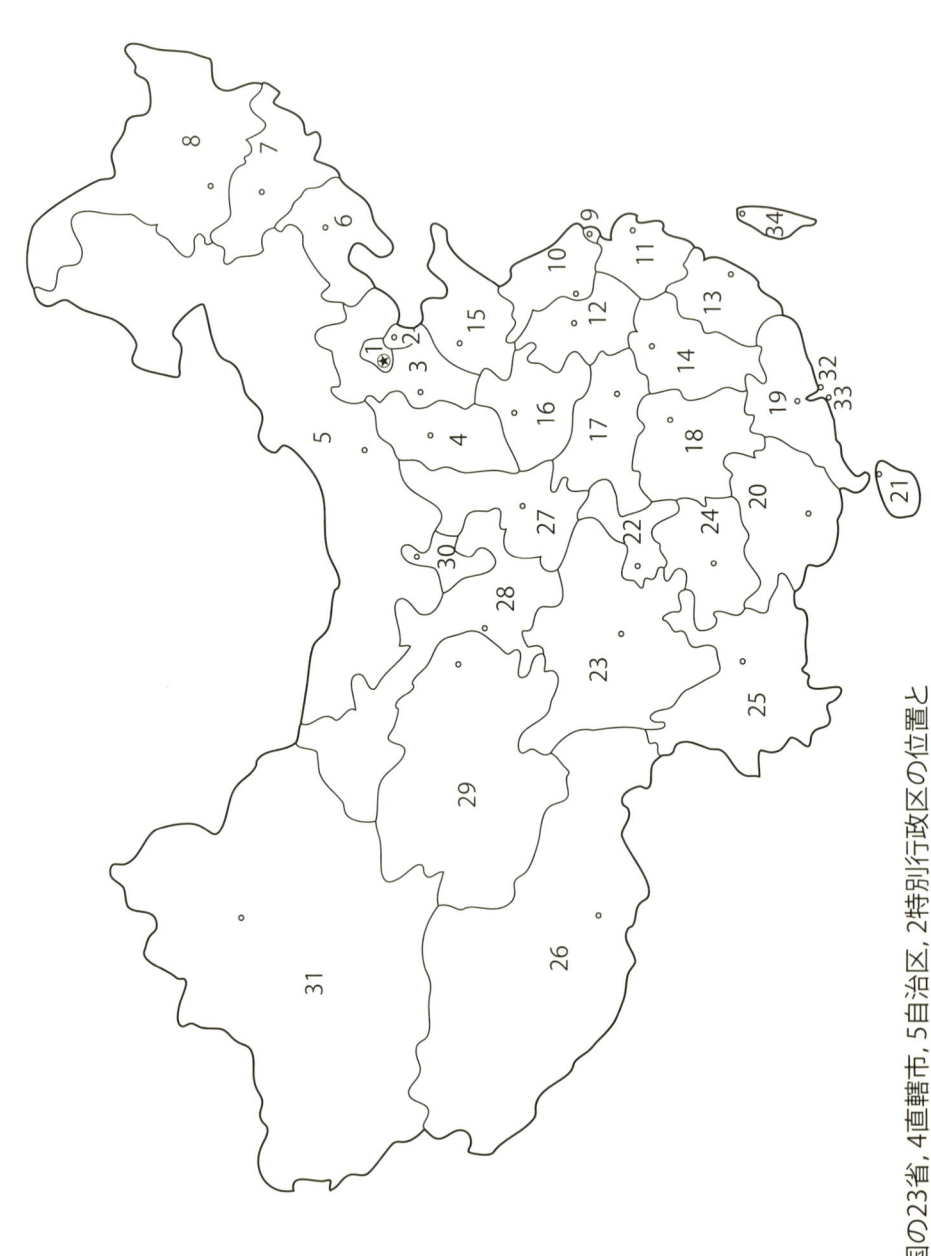

中国の23省、4直轄市、5自治区、2特別行政区の位置と主要都市を調べましょう。

はじめに

　本書は大学における中国語初級教材として，また中国語の独習書としても使用できるように編集されている。発音から学ぶ入門書であるが，最終的にかなり高度な内容まで学べるようになっており，1年後に中国留学や出張を控えている人にも十分なだけの知識が得られる。全26課で構成され，1学期15週とした場合，1週1課で13週，進度調節に1週，試験に1週，計15週となり，2学期1年で学び終えることを意図している。第二外国語の教材として使用する場合は，進度を少し遅くして1年半で終えるのが適当であろう。

　第1課から第3課までは文字（漢字）と発音の解説になっている。この3課にかける時間は授業を担当する教員の考えに基づいて自由に調節することができる。

　本書の設定する学習目標，と言うより著者の学習者に対する希望は「各課のテキストの内容を理解し，正しい発音で暗誦できる」，それのみである。文字を通して外国語を理解できるのも立派な知識である。しかしそれだけで終わっては，学習の楽しみは半減してしまう。外国語学習の醍醐味はやはり口頭での直接のやりとりにある。そのための第一歩が朗読である。自分の発音が中国語ネイティヴに通じていることを確認しつつ，テキストを大きな声で朗読し，かつ暗誦してほしい。学習した内容は暗誦ができてはじめて実践に役立つ技能となり，知的財産となって残る。ぜひとも実践してほしいと思う。

　テキストの理解は暗誦を助けるためにある。大人になっての学習である，なにを学ぶにしろ理解を欠いては先に進めない。そのため，本書はこの種の教材にしては多めに文法とキーセンテンスの説明を行っている。さらに，コラムを利用して，本文では書き切れない発音と文法の説明を行った。加えた説明が本書を利用する妨げにならなければ幸いである。

　本書は文法項目の導入順序に従来にはない工夫を凝らしてみた。初級教材は，通常，まず文法ありきで，どれだけの項目をどのような順序で導入するかを決定したのち，それに合わせて各課のテキストを考案する形で編集される。本書もその例外ではないが，学習項目の決定とその排列順序において，

表現重視の姿勢を貫いた。これは，中国語らしい表現にできるだけ早く接してもらい，習熟期間を長くとれるようにと考えた結果でもある。しかしその反動として，文法の全体的見通しが悪くなっている。その欠点を補うため，本書は「主要表現一覧」と数編の文法コラムを準備した。

　テキストの内容も既習と新出の文法項目のバランスに考慮しつつ，味気のないものになってしまわないように編集した。北京に留学した今井真琴のキャンパスライフが第一日目から展開してゆく。よくある設定であるが，内容で新味を出せるように努力した。

　付属CDの録音は本学言語文化研究科に留学中の毕晓燕，李晓倩，黃琬婷の三君である。第4課から第19課までは，自然な会話スピードによるものに加え，発音学習を考慮して意図的にスピードを落した音源を準備した。第20課以降は自然な会話スピードによる音源のみである。島村典子君にはテキストの日本語訳を手伝ってもらった。イラストは高田友紀君と杉村亮子君が提供してくれた。彼女たちの貢献がきっと本書の学習の興を高めてくれるものと信じる。

　最後にこの場を借りて，本書出版の機会を与えていただいた大阪大学世界言語研究センター長の高橋明教授と大阪大学出版会編集長の岩谷美也子氏に感謝したい。近い将来，本書の学習者の中から日本と中国の文化交流の中心的役割を担う人材が育ち，お二人のご期待にそえる日が必ずや来ることを信じている。

2010年3月17日

著　者

目　次

はじめに ……………………………………………………………………………… i

1 文字と発音 ——————————————————————— 2
  1.1　漢字と字体　　1.2　発音表記　　1.3　中国語の発音

2 声母と韻母の概説 —————————————————————— 8
  2.1　声母　　　　　2.2　韻母

3 声母と韻母の発音要領 ———————————————————— 14
  3.1　発音器官　　3.2　声母の発音　　3.3　韻母の発音
  3.4　r化韻の発音

4 出会いの挨拶 ——————————————————————— 30
  4.1　文末語気助詞　　　　　　4.2　人称代名詞
  4.3　修飾　　　　　　　　　　4.4　名詞の修飾語と"的"
  4.5　主題の提示と文成分の省略　4.6　述語
  4.7　動詞＋名詞

5 自己紹介 ————————————————————————— 40
  5.1　"一"と"不"の変調　　　5.2　量詞
  5.3　所有兼存在文と所在文　　5.4　判断文
  5.5　諾否疑問文　　　　　　　5.6　同一・類似の事態
  5.7　文を目的語にする　　　　5.8　柔らかい要求と勧誘

6 ちょっと体を動かしたい ——————————————————— 52
  6.1　動詞の重畳形式
  6.2　形容詞の重畳形式
  6.3　「そういうこと（こういうこと）なんだね？」
  6.4　「私は太った」
  6.5　「少し太った」
  6.6　「授業が終わったら……」
  6.7　「引きあわせてあげられるよ」
  6.8　「できるだけ課外活動に参加すべきだ」

7　バトミントン部に入りたい ── 62
　　7.1　「大歓迎ですよ」
　　7.2　番号の言い方
　　7.3　遠称指示・近称指示
　　7.4　「だれにどんな御用？」
　　7.5　東西南北中……
　　7.6　「張君って呼んでくれたらいいよ」
　　7.7　「ちゃんと覚えました」

8　メールします ── 72
　　8.1　「張強さんはおられますか」
　　8.2　「わたしが張強です」
　　8.3　「それじゃ面倒をおかけします」
　　8.4　「僕の方から君にメールを打つよ」
　　8.5　「どういたしまして，当然のことだよ」
　　8.6　「……で……する」
　　8.7　「水曜日と金曜日の午後2時半から5時まで」
　　8.8　「それに他の部員も君に紹介したいしね」

9　私の中国語はまだへたです ── 82
　　9.1　「見事な切り返しだね！」
　　9.2　「なんと鮮やかな！」
　　9.3　「さっき僕たちはふざけて遊んでいたんだ」
　　9.4　「今からやっと始めるんだよ」
　　9.5　「私は日本で中国語を二年間勉強しました」
　　9.6　「まだじょうずに話せません」

10　手に持っているのはなに ── 92
　　10.1　「彼女は白いブラウスを着ている」
　　10.2　「普段授業に出るときはいつもTシャツとジーパンである」
　　10.3　「どうしてこんなところにいるの」
　　10.4　「これはだれかがあなたにくれたプレゼント？」
　　10.5　"送"と"送给"
　　10.6　「それともあなたがだれかにプレゼントするもの？」

11　誕生日おめでとう ———————————————— 102
- 11.1　「なにを話しているの」
- 11.2　「あなたは運動がなにより嫌いじゃなかった」
- 11.3　「尚美は心の中で……と言いつつ，プレゼントを差し出した」
- 11.4　「本人の僕でさえ忘れていたよ」
- 11.5　「開けて見てみないの」
- 11.6　「見ればわかる」
- 11.7　「尚美が自分で作ったものだろう」

12　李先生の授業(一) ———————————————— 110
- 12.1　「スタローン君は？」
- 12.2　「みんな予習はできてる？」
- 12.3　「始業のベルが鳴った」
- 12.4　「もう少し速く！」
- 12.5　「名前を呼ばれた人は『到！』と答えてください」
- 12.6　「もう一度言ってください」と「え，また来ていないの」
- 12.7　「本を開けてください」

13　李先生の授業(二) ———————————————— 120
- 13.1　「そばに歩み寄り，その学生の本を窓の外に放り投げた」
- 13.2　「聞き取りの答案を私に渡してください」
- 13.3　「次のページを開いてください」
- 13.4　「下から三行目の"没怎么"が使えません」
- 13.5　「先月」と「来週」

14　めんどうだけどアドバイスをお願いしていい？ ———————————————— 130
- 14.1　「ずいぶん一所懸命だね」
- 14.2　「李先生に毎週作文を書くように言われているの」
- 14.3　「教える」と「与える」
- 14.4　「わからないところを詳しくはっきり説明する」
- 14.5　「書き終わったのは書き終わったのですが」
- 14.6　「自信のないところがいくつかある」
- 14.7　「めんどうだけどちょっとアドバイスをもらえる？」
- 14.8　「誤字をいくつか治したらそれでもうOKだよ」

15 真琴から王さんへの手紙 ——————————————————— 140
- 15.1 「久しぶりですね」
- 15.2 「中国に来たばかりの頃」
- 15.3 「すぐにここでの生活に適応できました」
- 15.4 「三ヶ月が過ぎました」
- 15.5 聞いてわかる
- 15.6 比べる
- 15.7 「どんどん多くなってきた」
- 15.8 「……以外に……も」
- 15.9 「……ではあるけれども」

16 旅行に行ってきました ——————————————————— 154
- 16.1 「きっと気に入ってもらえると思っていました」
- 16.2 「国慶節からここ何日か君を見かけなかった」
- 16.3 「それとも誰かと一緒に行ったの」
- 16.4 「雲南のどこどこに行った？」
- 16.5 「まず北京から飛行機で昆明に行き，それから……」
- 16.6 「少しも疲れていません」
- 16.7 「1日半列車に揺られる」
- 16.8 「もっとたくさんあちらこちら歩いて，あれこれ見て……」

17 デスクトップは性能に優れる ——————————————————— 164
- 17.1 「デスクトップは性能に優れる」
- 17.2 「モニターが大きく，速度が速く，性能が良い」
- 17.3 「コストパフォーマンスが良いことは請け合いです」
- 17.4 「ほんの1キロ余りです」
- 17.5 「きれいだけでなく，色も四種類の内からお選びいただけます」
- 17.6 「キーボードの配置も見たところいい」
- 17.7 「そんなに高いとは思いもよらなかった」
- 17.8 「いろいろ見たけどやっぱりこれにします」

18 なにが書いてあるのかな —— 174
- 18.1 「掲示板にはなにが貼ってあるの」
- 18.2 「背景にしても，大道具や服装にしても全部……」
- 18.3 「とても印象深かったです」
- 18.4 「見かけによらない」
- 18.5 「一緒に見に行こうか」
- 18.6 「人民元」
- 18.7 「一緒に行ってひとつにぎやかにやろう」

19 僕にも道がわからないくらい変った —— 186
- 19.1 「確かにそうしたのか」
- 19.2 「あの二人がこれ以上来ないと……」
- 19.3 「もし愛華が注意してくれなかったら……」
- 19.4 「行ったり来たり堂々巡りをしているみたいだ」
- 19.5 「僕にも道がわからなくなるくらい変った」
- 19.6 「もうすぐ始まるよ」
- 19.7 「京劇院はここからあとどれくらいあるのだろう」

20 タンスを下から運んできました —— 196
- 20.1 「タンスを担いでおばさんの家に入る」
- 20.2 「タンスを下から運んできました」
- 20.3 「部屋の中に運んで，ベッドの横に置く」
- 20.4 「部屋の中に運んで，ベッドの横に置く」
- 20.5 「足の上に落しちゃだめよ」
- 20.6 「窓のそばに置くのはどうですか」
- 20.7 「ちょっと歪んでいる，左側もう少し高く」
- 20.8 「釘をぼくに取ってくれるかな」
- 20.9 "幸亏……，要不然……"
- 20.10 「おばさんの今のその言葉を聞いて」

21　おばさんの家を自分の家だと思って ────── 208
　　21.1　「このひと鍋の"卤菜"」
　　21.2　「できあがった料理が一つまた一つとテーブルに並んだ」
　　21.3　「気に入ったんだったら……」
　　21.4　「そうこうしているうちに……」
　　21.5　「おばさんの家を自分の家だと思って」
　　21.6　「普段より一膳多くおかわりしました」
　　21.7　「そろそろおいとまします」
　　21.8　「しなければならない勉強」と「遊びに来るヒマ」

22　写真はありますが，学生証は持って来ていません。 ────── 220
　　22.1　「李先生の留学生に対する要求」
　　22.2　「きっとひどく叱られ，ひどく惨めなことになるに違いない」
　　22.3　「（これは）彼女は始めて図書館に行く（のです）」
　　22.4　「写真はありますが，学生証は持って来ていません」
　　22.5　「恐らくダメですね」
　　22.6　「ここはひとつ幸運に期待してみるしかないようだね」
　　22.7　「ダメよ，学生証がないと作れないわ」

23　どうすれば漢字を効率的に覚えられるだろうか？ ────── 230
　　23.1　「本当にもう！」
　　23.2　「ただ漢字がよく書けただけのことよ」
　　23.3　「たとえば私の会話の成績は，あなたほど良くないわ」
　　23.4　「田とか，由とか，甲とか，申とか」
　　23.5　「たとえ命がけで書き続けたところで追い付けないよ」
　　23.6　「一番いいのは漢字を分解して覚えることです」
　　23.7　「そうか，そういうことなんだ！」
　　23.8　複合方向補語の意味の拡張

24 猫が飛び出してきた ——————————————— 244
 24.1 「突然猫が跳び出してきた」
 24.2 「彼を跳び上がらんばかりに驚かせた」
 24.3 「止めようとしたが止まらない」
 24.4 「右にさっとハンドルを切った」
 24.5 「屋台の本を全部ひっくり返した」
 24.6 「屋台の骨組みに足を押さえつけられた」
 24.7 「どこにそんな乗り方をするやつがいる！」
 24.8 「いったい何という乗り方をするのだ！」
 24.9 「言いたいことがあれば喧嘩腰にならず言えばいいじゃないか！」

25 インターネットに繋がった ——————————————— 256
 25.1 「長く複雑な連体修飾語」
 25.2 「中国語をタイプすることからしてもうまるで試験を受けているような感じです」
 25.3 「授業がますます忙しくなり，そのせいでとても緊張しています」
 25.4 「腰を下ろしたと思ったら一気に三，四時間いきます」
 25.5 「苦労はやはり無駄ではなかった」
 25.6 「洗濯をしてみたり，部屋の掃除をしてみたり……」
 25.7 「たちまちのうちに一日が終わってしまいます」

26 みなさんの夢がかないますように ——————————————— 266
 26.1 「中国に来てもうそろそろ一年近くになります」
 26.2 「林肯，あなたから始めて！」
 26.3 「どうしても中国語を勉強しないとだめだ」
 26.4 「成功を祈ります！」

コラム

01	有気音と無気音	12
02	鼻音韻母	28
03	[o]を含む韻母に注意！	39
04	「姓」と「名」の尋ねかた答えかた	51
05	小張・老王・大李	61
06	省いて補って	81
07	数量詞の個体化機能	100
08	「なにをする」と「これをどうする」	128
09	封筒の書式：	138
10	風が吹けば桶屋がもうかる	152
11	二つの"了"	163
12	中国語の受動文	228
13	「字」考	254

主要表現一覧 274
中国語学習音節表 287

世界の言語シリーズ 2

中 国 語

1 文字と発音

1.1 漢字と字体

　周知のごとく，中国語は漢字で表記されるが，中華人民共和国（以下「中国」）で使用される漢字の字体「簡体字」は，日本の漢字の字体と同じものもあれば，違っているものもある。

　　實　踐　經　驗　……　台湾・香港などが使用する「繁体字」
　　实　践　经　验　……　中華人民共和国が使用する「簡体字」
　　実　践　経　験　……　日本の現行の字体

　中国語では，外国の人名・地名から化学元素まですべて漢字で表記するのが原則である。また，方言や擬音語などの表記においても，既存の漢字で事足りなければ，新たに漢字を創る。そのため，漢字は今もなお増え続けている。

　　铀（鈾）　ウラン（Uranium）
　　镭（鐳）　ラジウム（Radium）
　　钚（鈽）　プルトニュウム（Plutonium）

アフリカに Okapi というキリンの仲間がいるが，中国語では「㺢㹢狓」と表記される。

図1　Okapi

http://upload.wikimedia.org/wikipedia/commons/1/18/Okapi2.jpg

> **ポイント**
> 日常生活で必要とされる漢字は 2000 字強である。これを正確に読めるようになることが，中国語学習の第一歩となる。

1.2　発音表記

　漢字の発音を表記するシステムは俗に「ピンイン」と呼ばれる。これは中国語を表記するためのアルファベットを用いた綴り字システムのことであるが,「拼音」と書き（音読みは「ホウオン」）,「拼」は「分散したものを連ねて一つの意味・用途のあるものにする」という意味の動詞である。

　　中国　Zhōngguó　　　上海　Shànghǎi
　　日本　Rìběn　　　　　大阪　Dàbǎn

「ピンイン」の正式名称は「汉语拼音方案」と言う（「汉语」は「漢語」）。1958年に全国人民代表大会（日本の「国会」に相当）によって批准され,国連の地名標準化会議も1977年から中国の地名を綴る標準としてこのシステムを採用している。

> **ポイント**
> 　「ピンイン」は,もともとは漢字に取って代わるべき中国語の表記体系となることを目指したが,現在は漢字の発音表記として機能し,小学生の漢字学習,外国人の中国語学習,コンピューターでの漢字入力などに重要な役割を果たしている。

tái （ㄊㄞˊ）

台¹（臺、⑤檯枱）tái ❶平面高的建筑物,便于在上面远望：瞭望～|塔～|亭～|楼阁。❷图公共场所室内外高出地面便于讲话或表演的设备(用砖砌或用木料制成)：讲～|舞～|主席～。❸某些做座子用的器物：锅～|磨～|灯～|蜡～。❹(～儿)像台的东西：井～|窗～。❺桌子或类似桌子的器物：写字～|梳妆～|乒乓球～。❻量a)用于整场演出的戏剧、歌舞等：一～戏|一～晚会。b)用于机器、仪器等：一～机床|三～天文望远镜。❼(Tái)图指台湾省：～胞。

図2　《新华字典》

　台湾では,漢字の発音を表記するために1918年に制定された「注音字母」（図2「ㄊㄞ」）とローマ字表記システムが併用されてきた。2008年から,後者には「汉语拼音方案」が採用され,普及が図られている。

1.3　中国語の発音

　中国語を発音するときは,「張りを失わず」「尻上がりに強く」の2点に注意し

たい。「張りを失わず」とは，発音の際に舌・唇・喉・腹の緊張度を日本語より以上に強く保つということであり，「尻上がりに強く」とは，一言一言を「漸強」の調子で最後の1字まではっきりと発音することである。この特徴は，中国語の基本語順がSVOであることと関係している。

(1) 音節

中国語の発音は個々の漢字が代表する音声（漢字音）の発音が基本となる。漢字音は，音声学的には一つの「音節」に相当すると言われる。中国語では伝統的に音節の先頭に現れる子音を「声母」と呼び，音節から声母を除いて残った部分を「韻母」と呼ぶ。そして，各音節は「声調」と呼ばれる固有の調子を帯びて発音される。「工 gōng」という音節だと，声母は [g]，韻母は [ong]，声調は「第一声」となる。

二つの漢字の声母・韻母・声調のすべてが等しければ，その二つの漢字は同音である。三つの要素のうち一つでも違っていれば，異なる発音になる。

工 gōng ＝ 功 gōng（同音）
≠ 空 kōng（声母が異なる，g ≠ k）
≠ 缸 gāng（韻母が異なる，ōng ≠ āng）
≠ 贡 gòng（声調が異なる，ōng ≠ òng）

(2) 声調

個々の漢字音は固有の「声調」をもつ。「乌（烏），吾，五，悟」を例に取って声調を説明する。まず，英語の cool [ku:l] の －oo－ [u:] を発音する。舌の中央部を大きく深くくぼませた「ウー」である。同時に唇も軽く丸め，歯を隠す。続いて，この「ウー」を以下の四つの調子で発音する。これで －oo－ が「乌，吾，五，悟」に変身する。

乌：高く出て，水平に鋭く伸ばす。
吾：低く出て，急激に上昇させる。

五：低く出て，下降ぎみに抑える。
悟：高く出て，急激に下降させる。

「五」の後半の上昇は，意識して抑えられた前半部の緊張が解けた後に自然と軽く上がるものくらいの意識でよい。

四声

声調は全部で四つあり，まとめて「四声」と呼ぶ。「烏，吾，五，悟」に代表される個々の声調はそれぞれ「第一声」「第二声」「第三声」「第四声」と呼ばれ，しばしば「第」が省略される。そのため，漢字で書くと「四声」は「四つの声調」なのか「第四声」なのか区別できなくなくなるが，口頭では前者を「シセイ」と読み，後者を「ヨンセイ」と読み分けることで区別する。ピンインのシステムでは，声調の違いを四つの補助記号を用いて「wū, wú, wǔ, wù」と表す。

声調があるということは，声調をのせて運ぶだけの長さが漢字音には必要であるということになる。一定の長さをもち，かつ間のびしないこと，この感覚をつかむことが声調を身につける第一歩になる。

> **ポイント**
> 韻母が [iao] や [ou] のように複数の母音要素を含む場合，声調記号は開口度のより大きい母音の上に打つ。開口度の大小の序列は「a＞e, o＞i, u, ü」となっている。よって，[ao] だと [a] の上に，[ou] だと [o] の上に打つ。ただし [ui] に限っては，[u] ではなく [i] の上に打つ。

軽声

漢字は時に声調を失う場合がある。その場合，発音は声調をのせる間もないほど短く，また全体的に緊張感がゆるむ。このような発音を「軽声」と呼ぶ。軽声は常に先行する成分に付属して現れ，単語やフレーズの先頭に現れることはない。日本語の中に取り込まれている中国語から軽声の例を拾えば，名詞語尾の「子」がある。

饺子　　jiǎozi　　ギョーザ
肉包子　　ròubāozi　　ブタマン
椅子　　yǐzi　　椅子

　　ピンインでは，声調を示す補助記号を「用いない」ことで軽声を表す。また，軽声は先行する音節と自然に連続するように高低が調整されるため，個々のケースで高低に微妙な差異が生じるが，学習者はこの違いを意識する必要はない。

変調

　　後続の音節と自然に連続しようとして声調が変化することを「変調」と言う。変調は発音の速度が増してくると自然に発生するものなので，軽声の高低と同じく，特に意識して学習する必要はない。ピンインでも変調は表記しない。入門段階では，「第三声」に関する次の二つの変調に注意するだけでよい。

① 　第三声の前の第三声は「第二声」に変化する。

　　你好！　　Nǐ hǎo! → Ní hǎo!（はじめまして！）
　　好马！　　Hǎo mǎ! → Háo mǎ!（良い馬だ！）

② 　上の場合を除き，第三声の末尾は，特に強調される場合以外は上昇しない。末尾の上がらない，低いままの第三声を「半三声」と呼ぶ。

練 習

1. カタカナの部分を繁体字，日本の字体，簡体字で書きなさい。

    (1) センサク好き
    (2) ロウソクに火を…
    (3) ザンゲする
    (4) ユウウツな毎日
    (5) イカク射撃

2. 以下の地名，人名を中国語でどのように表記するか調べなさい。

    (1) ブラジル   (2) メキシコ
    (3) エジプト   (4) モスクワ
    (5) バグダッド   (6) アインシュタイン
    (7) リンカーン   (8) ダーウィン
    (9) マリリン・モンロー   (10) マイケル・ジャクソン

3. 以下の化学元素名を日本語に訳しなさい。

    (1) 汞 gǒng   (2) 钨 wū
    (3) 铂 bó   (4) 砷 shēn
    (5) 氮 dàn   (6) 镁 měi
    (7) 钙 gài   (8) 氧 yǎng
    (9) 氢 qīng   (10) 铝 lǚ

2 声母と韻母の概説

2.1 声母

ポイント

声母の発音では「有気音」と「無気音」の対立が決定的に重要である。有気音と無気音の対立は対応する漢字の違い（すなわち意味の違い）をもたらす。有気音と無気音の「気」とは，呼気を意識的に用いて喉や口蓋を摩擦して出す気流である。このような，意識的にコントロールされた呼気をともなう声母が有気音で，呼気をかみ殺した声母が無気音である。

CD-I 3

| 有気音の発音 | p＋h＋a | k＋h＋u | t＋h＋i …… |
| 無気音の発音 | p＋a | k＋u | t＋i …… |

ピンインではアルファベットの「清音」で「有気音」を表し，「濁音」で「無気音」を表す。

| 有気音 | p | t | k | q | ch | c | h | sh | s | f |
| 無気音 | b | d | g | j | zh | z | | | | |

無気音，特に [d] [j] [z] などは，日本人の耳には濁音に聞こえることがある。実際は濁音ではないが，習熟するまでは，喉の緊張した濁音という理解で構わない。

CD-I 3

淡 dàn　だん　　交 jiāo　じゃお　　走 zǒu　ぞう

「あっと驚く」の「あっ」の状態に喉を保ったまま，「だ」「じ」「ぞ」と言う。「無気」というのはその感じある。また，声をひそめて「あのね」と内緒話をするときも喉が緊張している。「ひそひそ」時の喉の緊張をともなって濁音を発音しても，無気音になる。

半 bàn	弟 dì	工 gōng	箕 jī	渣 zhā	早 zǎo	
判 pàn	剃 tì	空 kōng	其 qí	查 chá	草 cǎo	

[h] [sh] [s] [f] も強い摩擦音をともなって発音される。

好 hǎo　　善 shàn　　散 sàn　　法 fǎ

有気音の p(an), t(i), k(ong), c(ao) などは，それぞれ pa + ha, ti + hi, ko + ho, tsu + ha が一体化したような音で，硬質な感じをもつ。無気音の b(an), d(i), g(ong), z(ao) のほうは，腹に力をこめ，喉をしっかりと閉じて，呼気による摩擦を起こさないように注意する。無気音を発音するときも息は少し漏れるが，気にする必要はない。呼気が喉や口蓋を強く，長く摩擦してはじめて有気音となる。

2.2　韻母

(1) 韻母の構造

韻母は母音1個だけのものから，「韻頭＋韻腹＋韻尾」という三要素からなる複雑なものまである。たとえば"笑"[xiào] の韻母 [iao] は韻頭＝[i]，韻腹＝[a]，韻尾＝[o] の三要素からなる。韻頭になるのは [i] [u] [ü] の三つで，韻尾になるのは [i] [u] [n] [ng] [r] の五つであるが，[(i)au] は [u] を [o] に換えて [(i)ao] と綴る。

阿 ā		西 xī		姑 gū	
癌 ái	牙 iá (yá)	夏 xià	斜 xié	瓜 guā	果 guǒ
快 kuài		笑 xiào	想 xiǎng	官 guān	光 guāng

ポイント

韻母を中国語らしく発音するコツは，「韻頭はしっかり明確に，韻腹と韻尾は二つで一つのごとくに」である。「韻頭はしっかり明確に」というのは，たとえば"再见！" Zài jiàn!（じゃ，またね）の"见"を「チェン」ではなく，[i] を明確に発音し，「チィエン」と発音することである。「韻腹と韻尾は二つで一つのごとく」というのは，"再见！"の"再"を「ツァイ」ではなく，「ツァェ」と発音するようなものである。韻尾はみずからは独立せず，音色も崩れる。

你好！Nǐ hǎo!　　谢谢！Xièxie!　　再见！Zài jiàn!

(2) 鼻音韻母

「现」は [xiàn]、「象」は [xiàng] と発音する。ピンインの上では、両者の違いは、「现」には音節の末尾に [g] がなく、「象」にはそれがあるというだけのことだが、音声上は鼻音韻母 [àn] と [àng] の違いということになる。[àn] の [-n] は、日本語の「ん」よりも舌を高くもち上げて、舌先が上下の歯の間からのぞくほどスライドさせ、前歯の裏に接触すると同時に鼻腔を軽く共鳴させる。[àng] の [-ng] は、舌を口の奥へ引き上げ、軟口蓋に接触させると同時に、鼻腔を軽く共鳴させる。舌の上でビー玉を転がせながら練習すればよい。[-ng] は二文字で表記されるが、一つの音であり（国際音標文字では [ŋ] と記す）、「ング」とは読まない。「フンと鼻であしらう」の「ン」が [-ng] である。

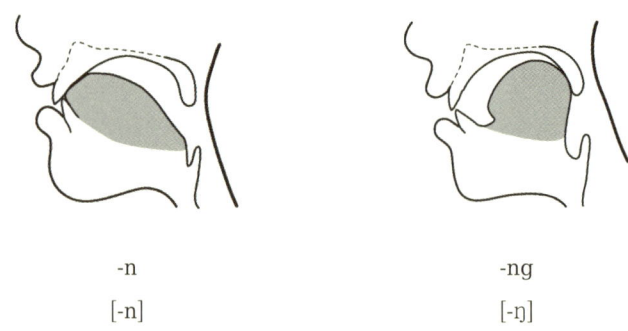

-n　　　　　　　　　　　-ng
[-n]　　　　　　　　　　[-ŋ]

[-n] と [-ng] は韻腹の音色に大きな影響をあたえる。[-n] をともなった韻腹は、舌面が平らに保たれて口蓋に接近するため口の内部の空間が狭くなり、結果として共鳴音の小さい、高く鋭い感じの音になる。[-ng] をともなった韻腹は、舌面が大きくくぼんで口の内部に大きな空間が生じるため、共鳴音の大きい、低く鈍い感じの音になる。

| 现 xiàn | 棍 gùn | 观 guān | 神 shén | 新 xīn | 泉 quán | 群 qún |
| 象 xiàng | 棒 bàng | 光 guāng | 圣 shèng | 星 xīng | | 雄 xióng |

[-n] は日本語の音読みでは基本的に「ン」に対応し、[-ng] は長音になる。ただし [eng] と [ing] は、呉音では「ヨー」、漢音では「エイ」となる。

生涯 shēngyá　　蒸汽 zhēngqì　　静脉 jìngmài　　经典 jīngdiǎn
生命 shēngmìng　蒸笼 zhēnglóng　安静 ānjìng　　经济 jīngjì

(3) 三つの [i]

[i] は三つの異なる音を表す。

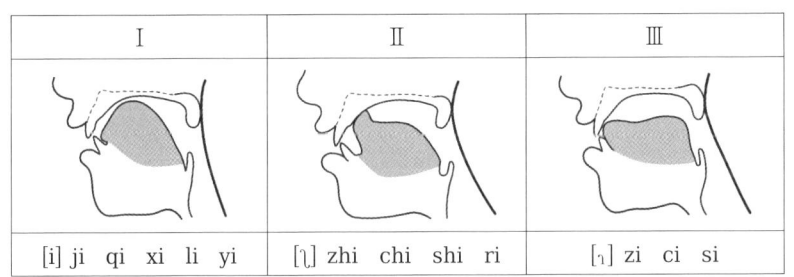

Ⅰの [i] は高く鋭い [i] で，日本人の耳には非常にはっきりした「イー」と聞こえる。

Ⅱの [i] も日本人の耳には「イー」のように聞こえるが，声母 [zh][ch][sh][r] の影響で，鈍い音色の「イー」になる。

Ⅲの [i] は，日本人の耳には「ウ」に似た音に聞こえる。上下の歯を軽くかみ合わせ，正面から見て歯が見えるくらい唇を横に引き「ウー」を発音すれば，Ⅲの [i] になる。

Ⅰの [i] は声母なしでも一つの独立した音節となるが（[yi] と表記する），ⅡとⅢの [i] は声母を離れて独立することができず，常にⅡ・Ⅲの形で現れる。

Ⅰ　一瓶啤酒　　　　yī píng píjiǔ　　　ビール１本
Ⅱ　支持史老师　　　zhīchí Shǐ lǎoshī　史先生を支持する
Ⅲ　字典和词典　　　zìdiǎn hé cídiǎn　　字典と辞典

(4) 隔音記号

[a], [o], [e] で始まる音節が他の音節の後に続くときは，隔音記号 ['] を用いて前の音節との間を区切る。たとえば"海鸥"（カモメ）は [hǎi'ōu]，"西安"は

[Xī'ān]とする。前者はピンインを読みやすくするためであり，後者は [xiān] が二つの音節であることを示すためである。隔音記号を用いなければ，[xiān] は一つの音節を表す。たとえば"先"[xiān] など。

コラム 01　有気音と無気音

有気音と無気音の対立に関しては，
> 無気音は子音から母音にすぐつなぐように，有気音は子音から母音にうつる前にやや間をあけ，息を吐き出すようにします。

など，これで初学者がうまくやれるかどうかは別にして，教授者の年季を感じさせる説明が行われている一方で，
> 無気音はためた息をやわらかく吐くと同時に母音を出す。（有気音は）ためた息をまず勢いよく出してから母音を出す。

とか，はなはだしくは，
> 無気音は口の中で止めた息を，ゆっくりとおだやかに出します。有気音は口の中で止めた息を，摩擦させるようにして，かすれたような音を出します。

のような，ほとんど意味不明の説明も見られる。

なるほど無気音にもいかほどかの「気」は伴うだろう，しかしそれは「出る」のであって「出す」のではない。発音に伴っていかほどかのつばきが飛ぶのと同じことである。無意識な結果にすぎないものを意識的な過程のように描いてはいけない。発音する意識としては，有気音はとめてたまった「気」を「解き放つ」であり，無気音はそれを「噛み殺す」である。この意味で筆者は有気音・無気音という呼称をやめ，有気音は中国語そのままに「送気音」，無気音は「留気音」と呼ぶことを提案したい。

送気音と留気音というとき，発音する意識に加えて，その気の出所を言わなければだめである。送気音の気は話者が胸腔内の気を意識的に声門から解き放ったものであり，留気音に伴ういかほどかの気は，発音に伴い口腔内の気が自然に漏れ出たものである。同じく気とは言え，発音する意識と出所は明確に異なる。両者の解説において，絶対的に異なるものを相対的な違いであるかのような誤解を与えてはならない。

[h] や [s] などの摩擦音には破裂音や破擦音のような有気と無気の対立がない。そこで，「対立がないのだから気の有無は気にしなくてもよい」という趣旨の説明が時として見られることになる。しかし，気を伴うことなしに摩擦音を発音することなど，中国語であろうとなかろうと，どだいできはしない相談だから，このようなコメントは不適切である。摩擦音で問題にすべきは，有気・無気の対立ではなく，呼気による摩擦の長短強弱である。一体に中国語の摩擦音は日本語のそれに比べ長くて強い。中国語の摩擦音は長く強い有気音なのである。逆に，日本語の摩擦音は短くて弱い有気音である。そのため，日本人の発音は下手をすると"他害我 Tā hài wǒ"が"他愛我 Tā ài wǒ"になりかねない。これにはぜひ注意したい。

練習問題

1．以下の漢字のピンインに声調記号を打ち，下線を引いた漢字を簡体字になおしなさい。

　　(1)　哀 ai　　　　癌 ai　　　　矮 ai　　　　愛 ai

　　(2)　義 yi　　　　以 yi　　　　移 yi　　　　衣 yi

　　(3)　武 wu　　　　物 wu　　　　屋 wu　　　　吳 wu

　　(4)　額 e　　　　蛾 e　　　　餓 e

2．以下の文のピンインに声調記号を打ち，全文を簡体字になおしなさい。

　　(1)　子曰："人無遠慮，必有近憂。"
　　　　Zi yue:'Ren wu yuan lü, bi you jin you.'
　　　　（子曰わく，人，遠き慮んばかり無ければ，必ず近き憂い有り。）

　　(2)　子曰："三人行，必有我師焉。擇其善者而從之，其不善者而改之。"
　　　　Zi yue:'San ren xing, bi you wo shi yan. Ze qi shan zhe er cong
　　　　　　　　zhi, qi bu shan zhe er gai zhi.'
　　　　（三人行めば，必ず我が師有り。其の善き者を擇んで之に從ごう。其の善からざる者にして之れを改む。）

　　(3)　子曰："吾嘗終日不食，終夜不寢，以思，無益。不如學也。"
　　　　Zi yue:'Wu chang zhong ri bu shi, zhong ye bu qin, yi si, wu yi.
　　　　　　　　Bu ru xue ye.'
　　　　（子曰わく，吾れ嘗つて終日食わず，終夜寝ねず，以て思う，益無し。學ぶに如ざる也。）

（出典は『論語』。訓読は吉川幸次郎監修新訂中国古典選『論語（上・下）』朝日新聞社，1965年に拠る。）

 声母と韻母の発音要領

3.1 発音器官

　この課では声母と韻母の発音方法を具体的に解説する。発音方法の解説は「なに」を「どのように」操るかという形で行われるが，下図はその「なに」を図示したものである。これらは専門的には「発音器官」と呼ばれる。

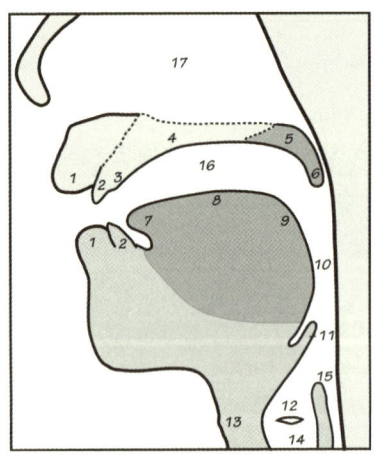

発音器官

1．唇　　　　2．歯
3．歯茎　　　4．硬口蓋
5．軟口蓋　　6．口蓋垂
7．舌先　　　8．舌面
9．舌根　　　10．咽頭
11．喉頭蓋　 12．声帯
13．喉頭　　 14．気管
15．食道　　 16．口腔
17．鼻腔

　これらの器官をうまく操り，肺に溜めた気流をさまざまに加工して，それぞれの言語で必要とされる音声を作り出すのが発音である。中国語らしく発音するには，発音器官を日本語より強く，大きく，速く動かす必要がある。練習に入る前に，まず中国語のこの特徴をCDを聴いて確認しておいてほしい。

3.2 声母の発音

ポイント

声母の発音では，声母の発音もそこそこに韻母の発音へ移るのではなく，声母の発音の構えをしばらくのあいだ保ち，声母を発音し終えてから韻母に移るという「感じ」が大切である。

	無気音		有気音	
唇を使う	b	m	p	f
舌先面を使う	d	n l	t	
舌根を使う	g		k	h
舌面を使う	j		q	x
舌先裏を使う	zh	r	ch	sh
舌先を使う	z		c	s

(1) b, p, m, f

[b]は両唇の無気破裂音で，「スポーツ」の「ポ」の子音と同じである。[p]は[b]と対立する有気音で，「パフェ」の「パ」の子音に極似する。[m]は「マ行」の子音と同じであるが，両唇をしっかりと閉じ，鼻孔を共鳴させて発音する。

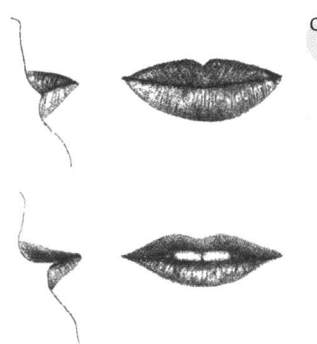

[f]は下唇の内側を軽く上の歯に押し当て，呼気を摩擦させながら押し出す。

| 爸爸和妈妈　bàba hé māma | 麻婆豆腐　mápódòufu | 米饭　mǐfàn |
| 皮包　píbāo | 方法　fāngfǎ | 夫妇　fūfù |

(2) d, t, n, l

[d]は舌先面の無気破裂音で，「オットセイ」の「ト」の子音に極似する。[t]は

[d]と対立する有気音で,「とほ(徒歩)」の「と」の子音に呼気による摩擦音が加わる。[n]は「ナ行」の子音と同じであるが,舌先から舌面にかけての部分を歯の裏から歯茎にかけて密着させ,鼻孔を共鳴させながら発音する。

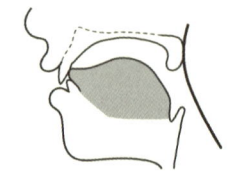

[l]は「ラ行」の子音に似るが,舌先から舌面にかけての部分を歯の裏から歯茎にかけて密着させ,舌の両側から呼気が漏れるように発音する。

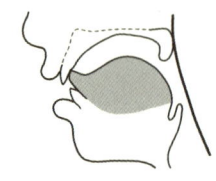

担担面　dàndanmiàn　　酸辣汤　suānlàtāng　　唐三彩　tángsāncǎi
你、我、他　nǐ, wǒ, tā　　狼　láng　　　　　　龙　lóng

(3) g, k, h

[g]は軟口蓋の無気破裂音で,「うっかり」の「か」の子音に極似する。[k]は[g]と対立する有気音で,「かほご(過保護)」の「か」の子音に呼気による摩擦音が加わる。

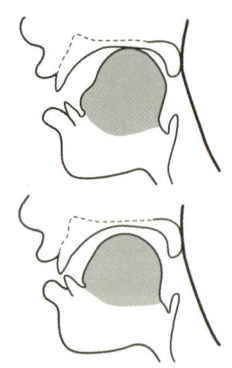

[h]はカンフー映画で「行くぞ!」と拳を構えるとき「ハアー」とやる,あの「ハアー」の子音である。

哈巴狗　hǎbagǒu　　　　　北京烤鸭　Běijīngkǎoyā
烤面包　kǎomiànbāo　　　改革开放　gǎigé kāifàng
鬼哭狼嚎　guǐ kū láng háo

(4) j, q, x

[j]は舌面を口蓋に押し当てて発音する無気破摩音で,「ちいき(地域)」の「ち」の子音に似るが,舌の面をより広く使って発音する。[q]は[j]と対立する有気音で,「ち

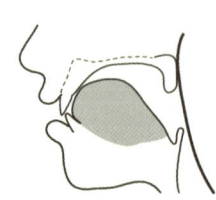

ひろ（千尋）」の「ち」の子音に近く，舌の面を広く使って発音し，強い呼気の摩擦をともなう。[x] は舌の面を広く使い，摩擦を長くして「シ」と発音する。

| 经济学家 | jīngjìxuéjiā | 解决 | jiějué | 募捐 | mùjuān |
| 琴棋书画 | qín, qí, shū, huà | 选举 | xuǎnjǔ | 洗衣机 | xǐyījī |

(5) zh, ch, sh, r

この4つの声母は，舌先の裏を口蓋に接触（[zh] [ch]）または接近（[sh] [r]）させて発音する。舌の先だけを使って，上歯の裏から歯茎，そして口蓋へと少しずつ奥に向かって探って行けば，歯茎の出っ張った部分を過ぎて少し奥へ行ったあたりから舌先が自然に裏向きになり，舌先の裏で口蓋をなぞることになる。舌の裏の筋には引っ張られている感覚が生じる。それがこの4つの声母の舌の形である。なお，中国の多くの方言では [zh] [ch] [sh] と [z] [c] [s] が区別されず，ともに [z] [c] [s] と発音される。

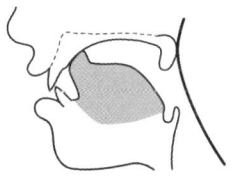

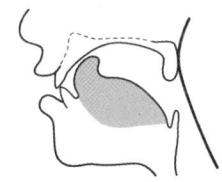

[zh] は舌先裏無気破擦音で，舌先の裏と口蓋を用い，呼気をいったん完全に閉鎖し，その後，息をかみ殺したまま発音に移る。[ch] は [zh] と対立する有気音である。[sh] は舌先裏の摩擦音で，舌先の裏と口蓋の間にできた狭い空間を呼気が摩擦しながら通過していく。

[r] は反り返った舌がどこにも接触せず，宙に浮いた舌の回りを呼気が通過していき，摩擦は軽微である。中国の東北地方の方言は [r] が [i] と発音されることが多いので，この地方で育った人と話すときは注意したい。

赵老师	Zhào lǎoshī	张先生	Zhāng xiānsheng
陈女士	Chén nǚshì	中国	Zhōngguó
日本	Rìběn	如入无人之境	rú rù wú rén zhī jìng

(6) z, c, s

[z]は舌先の無気破擦音で,「くつや(靴屋)」の「つ」の子音に似る。[z]に対応する有気音が[c]で,舌先を上歯と歯茎の接合部に押し当て,[z]に呼気による摩擦を加えて発音する。[s]は舌先の摩擦音で,上歯と歯茎の接合部に舌先を近づけ,呼気を強く摩擦させながら「す」の子音を出す。

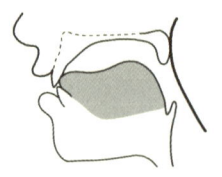

| 藏族 Zàngzú | 曹操 Cáo Cāo | 朝三暮四 zhāo sān mù sì |
| 自行车 zìxíngchē | 瓷器 cíqì | 汽车司机 qìchē sījī |

3.3 韻母の発音

ポイント

韻母の発音では,日本語を話すときよりも舌や唇をより強く,より大きく,より速く動かすことが求められる。舌は前へ後へ大きく動かし,唇は上唇もしっかりと動かし,丸く平たく形を変える。日本語の発音は上唇があまり動かないが,これは中国語の学習にとって大いに不利である。

(1) a, ai, ao, an, ang

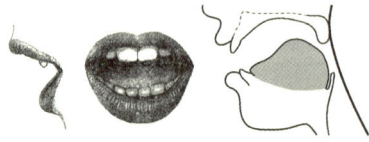

[a]は口腔内に日本語の「アー」よりも大きな空間を作って発音する。

巴拿马 Bānámǎ　　加拿大 Jiānádà

[ai]は「アェ」に近く発音する。口腔を少し狭くして[a]を発音しながら,舌を「前方上」の方向に移動させる。

来客 láikè　　奈良 Nàiliáng

[ao]は「アォ」に近く発音する。口腔を広くして[a]を発音しながら,軽く唇

を丸める。

  毛泽东　Máo Zédōng　　朝鲜　Cháoxiǎn

　[an] は舌面を持ち上げて [a] を発音しながら，舌を前方上にスライドさせ，軽く [n] を発して終わる。

  丹麦　Dānmài　　　　韩国　Hánguó

　[ang] は日本人の耳には「オン」に聞こえることもある。舌を強く軟口蓋に向かって引き上げ，[a] を発音しながら軽く鼻腔を共鳴させる。

  长江　Chángjiāng　　黄河　Huánghé

(2)　e, ei, en, eng

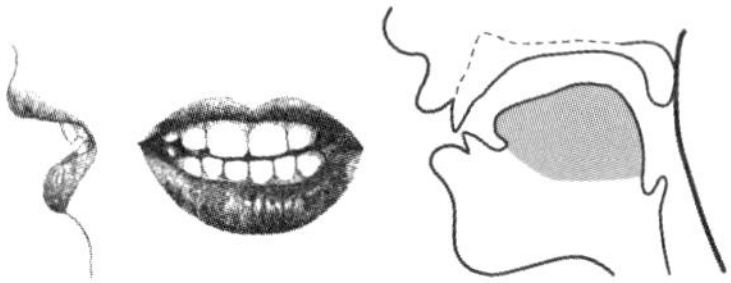

　[e] は口をポカンと開けた感じにし，舌の後ろ半分に力を込めて軟口蓋に接近させる。そのまま，舌に込めた力を抜かないで「ア」と発音する。[e] は前後に現れる音の影響を受けやすく，さまざまに変わった音色で発音されるので注意が必要である。

  合格　hégé　　　　　客人　kèren

　[ei] は非常に狭い「エ」に軽微な「イ」が連続した音である。

  谁　shéi　　　　　　妹妹　mèimei

　[on] は高く緊張した [o] に軽く [n] を添える。

  森林　sēnlín　　　　　本人　běnrén

[eng]は[e]に軽く[ng]を続ける。「オン」あるいは「アン」に近く聞こえることがある。

　　朋友　péngyou　　　　长城　Chángchéng

(3) o, ou, ong

[o]は声母[b, p, m, f]とのみ結合する。[u]に軽く[e]を続ける感じで発音する。

　　玻璃　bōli　　　　佛教　fójiào

[ou]は喉を緊張させて発音した「オ」に軽く[u]を添える。

　　瘦肉　shòuròu　　　　臭豆腐　chòudòufu

[ong]は[u]に[ng]を続ける。

　　空中　kōngzhōng　　　龙虎　lónghǔ

(4) zhi, chi, shi, ri;zi, ci, si (→ 2.2の(3))

(5) er

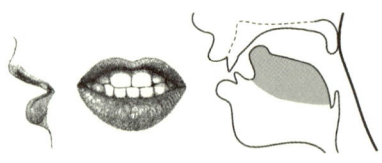

[er]は声母と結合することがなく，常に単独で音節を構成する。日本人の耳には「アー」に近く聞こえる。

形而上学　xíng'érshàngxué　　　普洱茶　pǔ'ěrchá

(6)　i, ia, iao, ian, iang, ie, iou, in, ing, iong

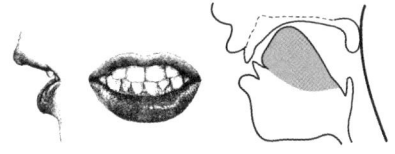

[i] は舌面中央部を口蓋に接近させ，唇を強く左右に引き締めて発音する。声母と結合せず，単独で音節を構成する場合は [yi] と綴る。

　　大米　dàmǐ　　　　中医　zhōngyī

[ia] は「ィヤー」の感じで発音する。声母と結合せず，単独で音節を構成する場合は [ya] と綴る。

　　龙虾　lóngxiā　　　乌鸦　wūyā

[iao] は「ィヤォ」の感じで発音する。声母と結合せず，単独で音節を構成する場合は [yao] と綴る。

　　小皇帝　xiǎohuángdì　　重要　zhòngyào

[ian] は鋭い [i] に [an] を続ける。日本人の耳には「ィエン」に近く聞こえる。声母と結合せず，単独で音節を構成する場合は [yan] と綴る。

　　缅甸　Miǎndiàn　　　语言　yǔyán

[iang] は鋭い [i] に [ang] を続ける。声母と結合せず，単独で音節を構成する場合は [yang] と綴る。

　　香港　Xiānggǎng　　　绵羊　miányáng

[ie] は鋭い [i] に狭い「エ」を続ける。声母と結合せず，単独で音節を構成する

場合は [ye] と綴る。

姐姐　jiějie　　　　爷爷　yéye

[iou] は [i] から [ou] へなめらかに移行して発音する。声母と結合せず，単独で音節を構成する場合は [you] と綴るが，声母と結合するときは [iu] と綴る。

悠久　yōujiǔ　　　　皮球　píqiú

[in] は鋭く [i] を発音しながら，舌を前方にスライドさせ [n] を添える。声調が第三声であれば，[i] と [n] の間によく「エ」のような音が聞こえる。声母と結合せず，単独で音節を構成する場合は，[yin] と綴る。

天津　Tiānjīn　　　　印象　yìnxiàng

[ing] は鋭く [i] を発音しながら，舌を大きく軟口蓋に向かって引き上げ，[ng] で終わる。[i] と [ng] の間に [e] が聞こえることがよくある。声母と結合せず，単独で音節を構成する場合は [ying] と綴る。

重庆　Chóngqìng　　　　英语　Yīngyǔ

[iong] は [i] に [ung] を続ける感じで発音する。声母と結合せず，単独で音節を構成する場合は [yong] と綴る。

匈牙利　Xiōngyálì　　　　游泳池　yóuyǒngchí

(7)　u, ua, uo, uai, uan, uang, uei, uen, ueng

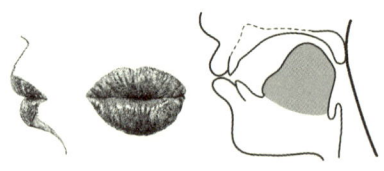

[u] の発音では「唇をすぼめる」と「舌を口の奥に引き込む」という２つの動作を同時に行う。舌を口の奥に引き込むという点がとりわけ重要で，ピンポン玉

をくわえて口を閉じようとしているような感じである。声母と結合せず，単独で音節を構成する場合は [wu] と綴る。

老虎　lǎohǔ　　　武器　wǔqì

[ua] は [u] からスムーズに [a] に移る。声母と結合せず，単独で音節を構成する場合は [wa] と綴る。

中国话　Zhōngguóhuà　娃娃　wáwa

[uo] は [u] を発音した後で，舌と唇の緊張を解き，軽く [o] で終わる。声母と結合せず，単独で音節を構成する場合は [wo] と綴る。

火锅　huǒguō　　　我　wǒ

[uai] は [u] からスムーズに [ai] に移る。声母と結合せず，単独で音節を構成する場合は，[wai] と綴る。

快车　kuàichē　　　外语　wàiyǔ

[uan] は [u] からスムーズに [an] に移る。声母と結合せず，単独で音節を構成する場合は，[wan] と綴る。

酸辣汤　suānlàtāng　　沙锅丸子　shāguōwánzi

[uang] は [u] からスムーズに [ang] に移る。声母と結合せず，単独で音節を構成する場合は，[wang] と綴る。

广场　guǎngchǎng　　网球　wǎngqiú

[uei] は [u] からスムーズに [ei] に移る。声母と結合せず，単独で音節を構成する場合は [wei] と綴り，声母と結合する場合は [ui] と綴る。

委内瑞拉　Wěinèiruìlā　　开水　kāishuǐ

[uen] は [u] からスムーズに [en] に移る。声母と結合せず，単独で音節を構成する場合は [wen] と綴り，声母と結合する場合は [un] と綴る。

孙文　Sūn Wén　　　　车轮　chēlún

[ueng] は [u] からスムーズに [eng] に移る。[ueng] は常に単独で音節を構成し、[weng] と綴る。

富翁　fùwēng

(8) ü, üe, üan, ün

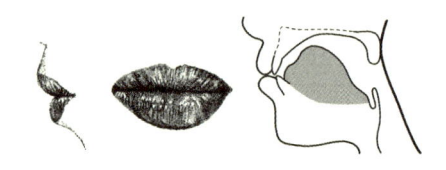

[ü] の発音は、舌の構えは [i] とほぼ同じであるが、口角に力を入れ、唇を軽くすぼめて発音する。声母と結合せず、単独で音節を構成する場合は [yu] と綴る。声母 [j, q, x] と結合するときは [u] に [‥] を付けず、単に [u] と書く。[n, l] と結合する場合は [u] の上に [‥] を付ける。このルールは [üe] にも適用される。

女律师　nǔlǜshī　　　下雨　xià yǔ

[üe] は [ü] に鋭い「エ」を添える。声母と結合せず、単独で音節を構成する場合は [yue] と綴る。

省略　shěnglüè　　　音乐　yīnyuè

[üan] は [ü] からスムーズに [an] に移る。声母と結合せず、単独で音節を構成する場合は [yuan] と綴る。

选举　xuǎnjǔ　　　元旦　Yuándàn

[ün] は [ü] からスムーズに [n] に移る。声母と結合せず、単独で音節を構成する場合は [yun] と綴る。

解放军　Jiěfàngjūn　　　运动　yùndòng

3.4　r化韻の発音

韻尾にrが加わった韻母は「r化韻」と呼ばれる。韻尾rは舌を低い位置から上方奥に引き込んで出す音で，舌の最終的な形は声母のrを発音するときと同じようになる。文字の上では，"儿（兒）"を用いて韻尾rを表記する。「r化韻」の状況をまとめると以下のようになる。

① rが加わると，韻腹の開口度が少し大きくなる。

　　那　nà + r　　　　→　nàr
　　这　zhè + r　　　　→　zhèr

② rが加わると，韻尾iと韻尾nは脱落し，韻腹の舌の位置が少し低くなる。

　　牌　pái + r　　　　→　pár　（但し páir と綴る）
　　玩　wán + r　　　　→　wár　（但し wánr と綴る）
　　馅　xiàn + r　　　　→　xiàr　（但し xiànr と綴る）

> **ポイント**
> ian は [iɛn] に近く発音するが，「r化」すると韻尾 n が脱落するため，ia に r が加わった形になって「イヤー」に近い発音になる。

③ rが加わると，韻尾 ng は脱落して韻腹が鼻音化する（便宜的に斜体を用いて鼻音を表す）。ing は韻尾 ng が脱落すると e[ɤ] が加わり、e[ɤ] が鼻音化する。

　　空　kòng + r　　　→　kòr　（但し kòngr と綴る）
　　瓶　píng + r　　　→　piér　（但し píngr と綴る）

④ rが加わると，zhi, chi, shi, ri, および zi, ci, si の i はすべて e[ɤ] に変化する。

	字 zì + r	→ zèr （但し zìr と綴る）
	事 shì + r	→ shèr （但し shìr と綴る）

⑤ r が加わると，ji と yu は韻尾に e[ɤ] を加える。

	鸡 jī + r	→ jiēr （但し jīr と綴る）
	鱼 yú + r	→ yuér （但し yúr と綴る）

⑥ r が加わると，üe は韻尾の発音が e[ɤ] に変化する。

	角 jué + r	→ juér

⑦ r が加わると，in, un, ün は韻尾 n が脱落し e[ɤ] が加わる。

	今 jīn + r	→ jiēr （但し jīnr と綴る）
	棍 gùn + r	→ gùer （但し gùnr と綴る）

> **ポイント**
> 　規則5と規則7が適用されると，ji + r → jier と jin + r → jier のように，本来異なる音節が同じ発音になってしまうのだが，e[ɤ] の開口度が微妙に異なり，後者がわずかに広い。

練習問題

1. 以下の漢字のピンインに声調記号を打ち，発音しなさい。
   (1) 甲 jia，乙 yi，丙 bing，丁 ding，戊 wu，己 ji，庚 geng，辛 xin，壬 ren，癸 gui
   (2) 一 yi，二 er，三 san，四 si，五 wu，六 liu，七 qi，八 ba，九 jiu，十 shi
   (3) 子 zi，丑 chou，寅 yin，卯 mao，辰 chen，巳 si，午 wu，未 wei，申 shen，酉 you，戌 xu，亥 hai

2. 以下の文のピンインに声調記号を打ち，発音しなさい。
   (1) 故曰，知彼知己者，百戰不殆，不知彼而知己，一勝一負，不知彼不知己，每戰必殆。
   Gu yue, zhi bi zhi ji zhe, bai zhan bu dai, bu zhi bi er zhi ji, yi sheng yi fu, bu zhi bi bu zhi ji, mei zhan bi dai.
   （故に曰く，彼を知りて己を知れば，百戰して殆うからず，彼を知らずして己を知れば，一勝一負す，彼を知らず己を知らざれば，戰う每に必らず殆うし。）
   (2) 故其疾如風，其徐如林，侵掠如火，不動如山，難知如陰，動如雷震。
   Gu qi ji ru feng, qi xu ru lin, qin lüe ru huo, bu dong ru shan, nan zhi ru yin, dong ru lei zhen.
   （故に其の疾きことは風の如く，其の徐なることは林の如く，侵掠することは火の如く，動かざることは山の如く，知り難きこと陰の如く，動くことは雷の震うが如し。）

（出典は『孫子兵法』。訓読は金谷治訳注『孫子』を参照した。岩波文庫，1963年）

コラム02

鼻音韻母

　前鼻音 [-n] と後鼻音 [-ng] を含む韻母の発音要領を解説するとき，よく見られる方法は，まず主韻母から独立した形で [-n] と [-ng] の発音要領を解説したのち，改めて両者を含む韻母の解説に移るやり方である。an と ang のペアを例に取ってみよう。
　まず，[-n] と [-ng] の発音要領を解説する。
　　[-n] 日本語で「あんない（案内）」というときの「ん」のように，舌先を上の歯茎のあたりにぴたりと押しあてて発する。
　　[-ng] 日本語で「あんがい（案外）」というときの「ん」のように，舌のつけ根をもちあげ，舌先はどこにもつけず声を鼻に抜いて発する。
　続いて，an と ang の説明に移る。
　　an「あ」を明るく響かせたあと，舌先を上の歯茎にぴたりとあてて「ん」を発音する。「あんない（案内）」というときの「あん」に近い。
　　ang やや暗く深めの「あ」のあとに，声を鼻に抜いていって「ん」を発音する。「あんがい（案外）」というときの「あん」に近い。
　このような解説の問題点は「あんないのあん」「あんがいのあん」というくだりにある。確かに「あんない」と「あんがい」の「ん」は違う。しかし，両者の「あ」に違いはまったく認められない。つまり「ん」は，後方の「な」と「が」から影響を受けはするが，その影響を前方の「あ」に及ぼすことはないのである。よって，「あんない」「あんがい」を利用した an と ang の説明は，下手をすると，学習者に [-n] と [-ng] の違いのみに頼って an と ang を発音し分けなければならないと思わせることになりかねない。実際そのように錯覚する学習者も少なからずいて，[-n] と [-ng] を発音し分けようとするあまり，主母音 [a] の違いを忘れ，おまけに [-n] と [-ng] が強くなりすぎて「あんー」とやってしまう。その結果，[a] が短くなってしまい，声調がうまくのらなくなってくる。
　an と ang の [a] は大きく異なる。極論すれば，英語の can と car の [a] の違いに似ている。an の [a] は「いやー，それは困りましたね」の「やー」で聞かれる「あ」に近く，ang の [a] は歯医者さんで奥歯の治療を受けるときくらいに口と舌をセットして発音する。これほどに [-n] と [-ng] は主母音の音色に大きな影響を与えるのである。[i][u][ü] も主母音とみなせば，[-n] と [-ng] をともなった主母音の音色の違いは，ほぼ以下のような序列になる。

　　　　en：eng　　an：ang　　un：ong　　ün：iong　　in：ing
　　　　大――――――主母音の音色のちがい――――――小

　in と ing の [i] に音色上の違いは聞き取れない。よって，鼻音韻母の聞き分けも in と ing が一番難しい。ただし，in は [i] と [n] の間にかすかな「え」が聞こえ，ing は [i] と [ng] の間にかすかな「お」が聞こえるので，それを手がかりとすることができる。

小学校に貼られたポスター
「国旗を愛そう
　国歌を唱おう
　　標準語を話そう」

道端のマントー屋（→第4課）

4 出会いの挨拶

打招呼
Dǎ zhāohu

早上，邻居大娘和6岁的外孙女儿圆圆，遇见正要出门的今井。

大娘：这么早，上课呀？
今井：欸，是呀。大娘，早上好！
大娘：（对孙女儿）圆圆，叫"阿姨"。
圆圆：阿姨好！
今井：真乖！
大娘：来，这个花卷儿给你。路口儿馒头店的花卷儿很好吃。
今井：哎呀，真不好意思，太谢谢您了！
大娘：没事儿。路上小心，啊！
今井：谢谢。那我走了。大娘，再见！
大娘：再见！

語句

打招呼	dǎ//zhāohu	挨拶する
早上	zǎoshang	朝。昼は"中午 zhōngwǔ"、晩は"晚上 wǎnshang"。
邻居	línjū	近所の人
大娘	dàniáng	既婚婦人に対する尊称，おばさん
和	hé	……と……
六岁	liù suì	6歳
的	de	→4.4
外孙女儿	wài sūnnǚr	娘にできた娘，外孫で女
遇见	yùjiàn	出会う
正要	zhèng yào	ちょうど…しようとするところである
出门	chū//mén	出かける，外出する
这么	zhème	こんなに
早	zǎo	（時刻・時期が）早い
上课	shàng//kè	授業に出る，学校に行く
欸	èi	応答あるいは同意を表す

状況 真琴の下宿のお隣のおばさんと6歳になる孫の圓圓ちゃんが朝の軽食を買って戻ってきた。授業に出かけようとする真琴と一階階段の入り口で出会い，朝の会話が交わされる。

Zǎoshang, línjū dàniáng hé liù suì de wàisūnnǚr Yuányuan, yùjiàn zhèng yào chū mén de Jīnjǐng.

Dàniáng	:Zhème zǎo, shàng kè ya?
Jīnjǐng	:Èi, shì ya. Dàniáng, zǎoshang hǎo!
Dàniáng	:(duì sūnnǚr) Yuányuan, jiào 'Āyí'.
Yuányuán	:Āyí hǎo!
Jīnjǐng	:Zhēn guāi!
Dàniáng	:Lái, zhèi ge huājuǎnr gěi nǐ. Lùkǒur mántoudiàn de huājuǎnr hěn hǎochī.
Jīnjǐng	:Aiya, zhēn bù hǎoyìsi, tài xièxie nín le!
Dàniáng	:Méi shìr, lù shang xiǎoxīn, ā!
Jīnjǐng	:Xièxie, nà wǒ zǒu le. Dàniáng, zài jiàn!
Dàniáng	:Zài jiàn!

是呀	shì ya	はい，そうです。
早上好！	Zǎoshang hǎo!	朝食時のフォーマルな挨拶
对	duì	……に対して，……に向かって
叫	jiào	……と呼ぶ
阿姨	āyí	親族関係にない若年から中年にかけての婦人に対する呼称
真	zhēn	本当に，本当である
乖	guāi	（子供が）利口である，賢い
来	lái	軽い行為の遂行に取りかかる際の合図的な呼びかけ。訳せば，「はい」あるいは「さあ」。ここでは「(あげるから，) はい（受け取ってちょうだい）」。
这个	zhèi ge	これ，この，それ，その（→5.1）
花卷儿	huājuǎnr	こねた小麦粉を薄く延ばし，螺旋状に巻いて蒸した食品
给	gěi	与える，あげる
你	nǐ	第二人称単数代名詞
路口儿	lùkǒur	交差点，辻

馒头店	mántoudiàn	マントー屋
很	hěn	とても，ずいぶん
好吃	hǎochī	（食べ物が）美味しい
哎呀	aiya	（驚きを表す）あれまあー
不好意思	bù hǎoyìsi	恐縮である，すまない
太……了	tài ...... le	とても…である，…すぎる
谢谢	xièxie	ありがとう，感謝する
您	nín	"你"の敬語体
没事儿	méi shìr	大したことはない
路上	lù shang	道中，途中
小心	xiǎoxīn	気をつける，注意する
啊	ā	間投詞，直前に行ったアドバイスに対し念押しを行う。
那	nà	それでは
我	wǒ	第一人称代名詞，単数。
走	zǒu	歩く，今いる場所を立ち去る
了	le	助詞。新事態の発生を表す。"那我走了。"で「それじゃ，私は行きます」。（→ 8.3）
再见	zài jiàn	またお会いしましょう，さようなら
今井	Jīnjǐng	人名
圆圆	Yuányuan	人名

4.1 文末語気助詞

"上课呀？——欸，是呀。"で"呀"は文末語気助詞と呼ばれる成分である。英語などと同じくSVOの語順をもつ言語でありながら，一方で日本語などと同じく，このような文末の助詞をもつ。これに主題提示の容易さや文成分の省略も含めると（→ 4.5），中国語の文法は英語などよりもむしろ日本語に近いと言える。

4.2 人称代名詞

中国語は人称代名詞がしっかりと根をおろした言語で，幼稚園に上がる前の子供がもう親に向かって"你"と言い，自分を指して"我"と言っている。人称代

名詞の用法は，日本人が中国語をマスターするポイントの一つである。

	個体形	集合形
第1人称	我 wǒ	我们　wǒmen
第2人称	你 nǐ	你们　nǐmen／大家　dàjiā
第3人称	他 tā	他们　tāmen

① "们"は「人間の集合体」を表す接尾辞で，口語の発音では"m"としか聞こえないほど崩れる。
② "你"には"您"という敬語体があるが，集合形は"你们"のままである。北京の口語はこの"您"をよく使う。年長者や初対面の相手と話すときは，意識して"您"を使いたい。
③ 第3人称に男性・女性・事物の区別はない。文字の上では，女性は"她"，事物は"它"と書くが，"他，她，它"の発音はすべて同じである。
④ "大家"はほぼ「みなさん，みんな」に相当する。

4.3　修飾

修飾語が単純であるか，複雑であるかを問わず，また被修飾語が動詞であるか，形容詞であるか，名詞であるかを問わず，修飾語は常に被修飾語の前に置かれる。

修飾語	被修飾語	
这么	早	こんなにも早い
真	乖！	ほんとうにお利口さんね！
真	不好意思	ほんとうに申し訳ない
很	好吃	とてもおいしい
太	谢谢您了！	ほんとうにありがとうございます！
再	见！	またお会いしましょう！（→じゃ，また）
路上	小心啊！	道すがら気をつけるんだよ！
		（→気をつけていきなさいよ）

4.4 名詞の修飾語と"的"

六岁的外孙女　　　　六歳の孫娘
馒头店的花卷儿　　　マントー屋のホアジュア
正要出门的今井　　　ちょうど出かけようとする今井さん

"的"は名詞句を作る助詞で，日本語の「の」に似た側面と英語の関係代名詞に似た側面をあわせもつ。"的"が作るフレーズは，単独で使うことも，他の名詞の修飾語として使うこともできる。

我有手机。　　　　　わたしは携帯をもっている。（→5.3）
我的　　　　　　　　わたしの
我的手机　　　　　　わたしの携帯

馒头店卖花卷儿。　　マントー屋でホアジュアを売っている。
馒头店卖的　　　　　マントー屋で売っているの
馒头店卖的花卷儿　　マントー屋で売っているホアジュア

"路口儿馒头店的花卷儿"は，"路口儿的馒头店"（交差点のマントー屋）と"馒头店的花卷儿"（マントー屋のホアジュア）が重なってできている。このような場合，"路口儿的馒头店的花卷儿"のようには作らず，二つ目の"的"だけを残して"路口馒头店的花卷儿"と作ることが多い。

4.5 主題の提示と文成分の省略

"来，这个花卷儿给你。"この文は「はい，このホアジュア（は）あなたにあげる」という意味である。中国語の文法も日本語と同じく，文の主題提示（この文では"这个花卷儿"）が容易に行えるようにデザインされている。

"给你。"は"我给你。"から"我"が省略されている。この感覚は日本語と同

有　yǒu　所有している　　　　　卖　mài　売る
手机　shǒujī　携帯電話

じである。日本語はさらに「あなた」も省略して，「はい，このホアジュア，あげる」とまで言うことができるが，中国語の場合，"来，这个花卷儿给你。"から"你"を省略するのは難しい。このような省略の感覚を養うのも，中国語をマスターするポイントの一つである。（→コラム〈省いて補って〉p.81）

4.6　述語

"路口儿馒头店的花卷儿很好吃。"では形容詞句"很好吃"が述語となっており，"我走了。"は動詞句"走了"が述語となっている。中国語の形容詞は日本語の形容詞と同じく，「be 動詞」に当たる成分を必要とせず述語となる。

主題	述語
路口儿馒头店的花卷儿	很好吃。
我	走了。
圆圆	真乖！
你	真聪明！
这个花卷儿	给你。

4.7　動詞＋名詞

"打招呼"は「挨拶をする」，"上课"は「授業に出る」，"叫阿姨"は「叔母さんと呼ぶ」，"给你"は「あなたにあげる」，"谢谢您"は「あなたに感謝する」，"没事儿"は「事がない→なんでもないよ」という意味を表す。〈動詞＋名詞〉は中国語がものごとを表現する基本パターンで，包容力に富み，さまざまな意味関係をこの中に盛りこむことができる。このうち，"给"や"叫"などは「二重目的語」を伴うことがある。

聪明　cōngming　聪明である，賢い

你再给我一点时间,再给我一次机会!
(もう一度わたしに少しの時間と一度の機会をください)
朋友们都叫我"中国小姐"。
(友人たちみんなわたしのことを「ミス・チャイナ」と呼んでいる)

"再给我一点时间,再给我一次机会!"の"再"はまたの再会を願って"再见!"と言うように,未然の事態の繰り返しを言う。(→12.6)"朋友们都……"の"都"は数量的な表現や選択的な表現をうけて用い,その表現で指示される人や事物のすべてに述部の表す状況が該当することを言う。(→10.2)

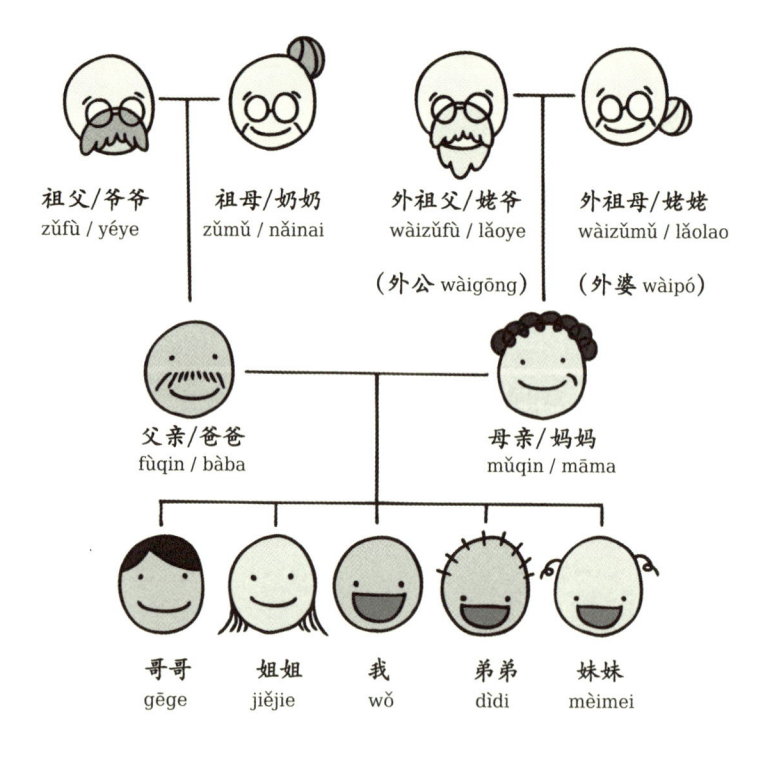

祖父/爷爷	祖母/奶奶	外祖父/姥爷	外祖母/姥姥
zǔfù / yéye	zǔmǔ / nǎinai	wàizǔfù / lǎoye	wàizǔmǔ / lǎolao
		(外公 wàigōng)	(外婆 wàipó)

父亲/爸爸 fùqin / bàba
母亲/妈妈 mǔqin / māma

哥哥 gēge
姐姐 jiějie
我 wǒ
弟弟 dìdi
妹妹 mèimei

一点　yīdiǎn　　少し,少量
时间　shíjiān　　時間
一次　yī cì　　一度,一回
机会　jīhuì　　機会
朋友　péngyou　　友人,友達
中国小姐　Zhōngguó xiǎojiě　　ミス中国

練 習 問 題

1. 以下の〈動詞＋名詞〉の意味を確認し，朗読しなさい。(参考：p.185)

    (1)　学汉语　　xué//Hànyǔ　　　(2)　查字典　　chá//zìdiǎn
    (3)　写作业　　xiě//zuòyè　　　　(4)　吃饭　　　chī//fàn
    (5)　喝茶　　　hē//chá　　　　　(6)　打电话　　dǎ//diànhuà
    (7)　上课　　　shàng//kè　　　　(8)　下课　　　xià//kè
    (9)　回家　　　huí//jiā　　　　　(10)　听音乐　　tīng//yīnyuè
    (11)　看电影　　kàn//diànyǐng　　(12)　买东西　　mǎi//dōngxi

2. 以下の語句を用いて置き換え練習をしなさい。

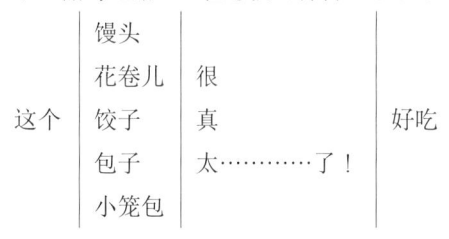

这个	馒头 花卷儿 饺子 包子 小笼包	很 真 太…………了！	好吃

3. 以下の文のピンインを書き，日本語に訳しなさい。

    (1)　同学们好！——老师好！
    (2)　老师再见！——同学们再见！
    (3)　圆圆叫我"今井阿姨"。
    (4)　大娘给今井的花卷儿很好吃。
    (5)　大娘的外孙女儿叫圆圆。

饺子　jiǎozi　餃子　　　　　　　　小笼包　xiǎolóngbāo　小籠包
包子　bāozi　肉まん　　　　　　　同学　　tóngxué　　　学友，学生

はじめまして

おはよう！

| nǐ hǎo | qǐngwèn láojià | zǎoshang hǎo |
| 你好 | 请问（劳驾） | 早上 好 |

bú yào le
不要（了）

すみません〜

いえ、結構です。

bú kèqi
不客气

xièxie
谢谢

ありがとう！

どういたしまして

duìbuqǐ
对不起

méi guānxi
没关系

ごめんなさい

大丈夫！

おやすみなさい

またね！

zài jiàn
再见

wǎn'ān
晚安

コラム 03

[o] を含む韻母に注意！

　一時期，文字による発音の解説に興味をもったことがある。その時の話である。ある教材は [o] の発音方法を「日本語の『オ』より，唇をまるくして前に突き出す」と説明した後で，韻母 [ou] の発音方法を，

　　　　唇をまるくして「オ」を出してから，口をやや突き出し「ウ」という。

と説明していた。無茶な話である。これでは [o] から [u] への動程があまりにも小さく，おそらくなにを言っているかわからないことになる。

　[ou] は音韻論的には /ɣu/ と解釈される韻母であるが（[ɣ] はピンインの [e]），前方にある [ɣ] が後方の [u] の同化を受けて円唇化（「唇をすぼめる」）しているということはない。試しに"豆 dòu"や"狗 gǒu"を発音してみてほしい。決して「唇をまるくして『オ』を出してから，口をやや突き出し『ウ』」とはやっていないはずである。むしろ [ɣ] はそのままで，[u] のほうが前方の [ɣ] に同化され（「順行同化」と言う），唇のすぼめ方が弱くなっている。

　上の現象は /au/ の [u] が前方にある [a] の影響を受けて円唇化が弱まり，[ao] となることと平行する。[ao] の [o] は日本語の「オ」とほとんど変わらなくなっている。同じ伝で，/uɣ/（ピンインでは [uo]）でも前方から後方への順行同化が起こり，円唇音 [u] が [ɣ] を同化するため，軽微ではあるけれども [ɣ] に円唇化が認められる。若干唇を突き出し気分で「オ」を発音すればよい。この [uo] に近いのが [bo, po, mo, fo] の [o] である。ただし，声母の [b, p, m, f] がすでに唇を閉じて発音する音であるため，[u] はあまり響かない。

　最後に [ong] の [o] であるが，この [o] は [u] と同じように発音する。[u] は円唇化と奥舌化を同時に行って出す音である。火傷しそうな焼芋を口に入れ（奥舌化），吐き出してしまわないように唇をしぼって（円唇化），口の中でころがす，そんな感じである。奥舌化を忘れると正しい [u] は発音できない。そして，あえて円唇化と奥舌化を天秤にかければ，奥舌化のほうがより大事であるとさえ言える。[u] が捲舌音 [zh][ch][sh][r] と極めて自然に結合するのは，舌の中央が大きくくぼむという [u] の特徴による。[ong] を発音するときも，唇の円唇化と舌の奥舌化は非常に強い。

　[ou], [ao], [uo], [o], [ong], それぞれに含まれる [o] はすべて異なる音を表している。ピンインの中に [o] が出てきたら要注意というわけである。ここで忘れてならないのは，発音の正確さは聞き取りの正確さに直結するということである。正しく発音し分けることができない音は正しく聞き分けることもできない。この意味において，発音練習は「労多けれど，功また多し」の作業なのである。アルファベットの形状に惑わされることなく，漢字と聴覚で中国語に浸る時間をもちたい。そして，そのときもしあなたの心の中に，どうして複数の異なる音を一つの記号で表したりするのだろう，どうしてそんなことが可能なのだろうという疑問が芽生えたとしたら，あなたは楽しい学習モードに入ったと言える。

5 自己紹介

自我介绍
Zìwǒ jièshào

开学第一天，班里共有15个学生，以日本人和韩国人为主。老师点名，同学们彼此介绍来自哪些国家。

今井：同学，你好！请问，多媒体教室在这儿吗？
尚美：对。你也是国际交流学院的学生吗？
今井：是啊，那么我们是同班同学喽。我叫今井真琴，我是日本人。
尚美：我叫朴尚美，我是韩国人。
今井：你知道我们班有多少学生吗？
尚美：知道，我们班一共有15个学生。
　　　（上课铃声响，李老师走进教室）
李玲：同学们好！
大家：老师好！
李玲：我是你们这个学期会话课的老师。我姓李，叫李玲。今天我们第一次上课，请同学们先自我介绍一下吧。

語句

开学	kāi//xué	新学期が始まる
第一天	dì-yī tiān	初日
班	bān	クラス
……里	…… li	……の中。"班里"はクラスを複数の学生を含む「容器」ととらえた表現。
共	gòng	全部で，合わせて（文章語）
有	yǒu	もっている，ある，いる
个	ge	量詞，なかば汎用的に用いる。
学生	xuésheng	学生
以……为主	yǐ …… wéi zhǔ	……を主とする
老师	lǎoshī	先生，教師
点名	diǎn//míng	点呼する，出欠を取る

状況 授業1日目，クラスの学生は15人，日本人と韓国人が多数を占める。会話の授業で，担任の先生の名前は李玲。最初の授業なので，李玲先生は学生たちに自己紹介を求める。

Kāi xué dì-yī tiān, bān li gòng yǒu shí wǔ ge xuésheng, yǐ Rìběnrén hé Hánguórén wéi zhǔ. Lǎoshī diǎn míng, tóngxuémen bǐcǐ jièshào láizì něi xiē guójiā.

Jīnjǐng	:Tóngxué, nǐ hǎo! Qǐngwèn, duōméitǐ jiàoshì zài zhèr ma?
Shàngměi	:Duì. Nǐ yě shì Guójì Jiāoliú Xuéyuàn de xuésheng ma?
Jīnjǐng	:Shì a, nàme wǒmen shì tóngbān tóngxué lou. Wǒ jiào Jīnjǐng Zhēnqín, Wǒ shì Rìběnrén.
Shàngměi	:Wǒ jiào Piáo Shàngměi, Wǒ shì Hánguórén.
Jīnjǐng	:Nǐ zhīdào wǒmen bān yǒu duōshao xuésheng ma?
Shàngměi	:Zhīdào, wǒmen bān yīgòng yǒu shíwǔ ge xuésheng.
	（Shàng kè língshēng xiǎng, Lǐ lǎoshī zǒujìn jiàoshì.）
Lǐ Líng	:Tóngxuémen hǎo!
Dàjiā	:Lǎoshī hǎo!
Lǐ Líng	:Wǒ shì nǐmen zhèi ge xuéqī huìhuàkè de lǎoshī. Wǒ xìng Lǐ, jiào Lǐ Líng. Jīntiān wǒmen dì-yī cì shàng kè, qǐng tóngxuémen xiān zìwǒ jièshào yīxià ba.

同学	tóngxué	学生（小学生から大学生まで）。呼びかけにも使える。"同学们"はその集合形。
彼此	bǐcǐ	互いに
介绍	jièshào	紹介する
来自……	láizì	……から来た
哪些	něi xiē	どれ（複数形）
国家	guójiā	国，国家
请问	qǐng wèn	"请问"は「質問させてください」が本来の意味。ていねいに質問を発するときに用い，話し相手を目的語にして使うこともできる。"请问李老师，您是北京人吗？"（李先生，あなたは北京の方ですか）
多媒体教室	duōméitǐ jiàoshì	マルチメディア教室
在	zài	……にいる，……にある

这儿	zhèr	ここ
吗	ma	文末助詞，肯定か否定かの返事を求める。
对	duì	正しい，合っている
也	yě	……であるのと同様に
是	shì	……は……である
国际交流学院	Guójì Jiāoliú Xuéyuàn	国際交流学院
那么	nàme	そうなら（推論の過程を表す）
同班同学	tóngbān tóngxué	同級生
喽	lou	（……なら）……ということになるなあ。推論を経た上である結論が得られたときに使う。
知道	zhīdao	知っている
多少	duōshao	どれだけ，いくら
上课	shàng//kè	授業が始まる，授業に出る，授業をする
铃声	língshēng	ベルの音
响	xiǎng	響く
走进……	zǒujìn	歩いて……に入る
一共	yīgòng	全部で，合わせて
学期	xuéqī	学期
会话课	huìhuà kè	会話の授業
今天	jīntiān	今日
第一次	dì-yī cì	初めて（→22.3）
请	qǐng	→5.8
先	xiān	先に，前に
自我介绍	zìwǒ jièshào	"自我……"は自ら発する行為が自らをその対象にするとき用い，"自我介绍"は"自己 zìjǐ 介绍自己"と言うのに等しい。
一下	yī xià	→5.8
吧	ba	→5.8
今井真琴	Jīnjǐng Zhēnqín	人名
日本	Rìběn	国名
朴尚美	Piáo Shàngměi	人名
韩国	Hánguó	国名
李玲	Lǐ Líng	人名

5.1 "一"と"不"の変調

"一"は単独では"yī"と第一声で発音するが，第四声の前にくると第二声に変化し，第一・二・三声の前では第四声に変化する。ただし，固有名詞や序数および二桁以上の数の末位の場合には，この変化は起こらない。

	変調前		変調後
一生	yīshēng	→	yìshēng
一瓶	yī píng	→	yì píng
一匹	yī pǐ	→	yì pǐ
一共	yīgòng	→	yígòng
第一次	dì-yī cì		
十一瓶	shí yī píng		

"不"の本来の声調は第四声であるが，後に第四声の文字が続くと第二声に変化する。

	酸 suān。	→	bù suān	酸っぱくない。
这个菜 cài 不 bù	甜 tián。	→	bù tián	甘くない。
	苦 kǔ。	→	bù kǔ	苦くない。
	辣 là。	→	bú là	辛くない。

注意

変調はピンイン表記には反映されないので注意が必要である。

5.2 量詞

(1) "个"

"15 个学生"は"15"と"个"と"学生"からできている。日本語と同じく中国語も，人や事物の数を数えるのに数詞だけでは不十分で，"个"のような成分を必要とする。これを日本語では「助数詞」と呼び，中国語では「量詞」と呼

ぶ。また，日本語では〈名詞＋数詞＋助数詞〉という語順（「学生 15 人」）が基本だが，中国語では"15 个学生"のように〈数詞＋量詞＋名詞〉と並べるのが基本である。この語順は"我们班有<u>多少学生</u>？"にも活きていて，「学生＋どれくらい」ではなく，「どれくらい＋学生」と並べる。

> 数詞＋量詞＋名詞

　　　一只猫　　　一头牛　　　一条狗

目の前に「学生が三人」いるとして，「この三人の学生」と言うには，"这"を"三个学生"の前に加え"这 zhè/zhèi 三个学生"と言う。離れたところにいる三人の学生は"那 nà/nèi 三个学生"となる。さらに，「どの三人の学生か？」と指定を求めるときは，"哪 nǎ/něi 三个学生"と言う。なお，「二人」は"二 èr 个"ではなく"两 liǎng 个"と言う。

学生の数が一人の場合，日本語では数詞も助数詞も使わず「この学生」と言うが，中国語では，通常，数詞のみ省略し，量詞は残すことが多い。

> 指示詞＋（一）量詞＋名詞

　　　　　　　　这一个学生　　这个学生；这学生　　この学生，その学生
　　一个学生　　那一个学生　　那个学生；那学生　　あの学生，その学生
　　　　　　　　哪一个学生　　哪个学生　　　　　　どの学生

(2) 数量疑問詞

数量を問うとき，10 以内の小さい数を意識すれば"几 jǐ＋量詞"を用い，それ以外の場合は"多少"を用いる（"几"は"幾"の簡体字）。

　　你们班有多少学生？—— 我们班有 15 个学生。
　　几位老师教你们？—— 三位老师教我们。

只　zhī　量詞　　　　　　　　牛　niú　ウシ
猫　māo　ネコ　　　　　　　　条　tiáo　量詞
头　tóu　量詞　　　　　　　　狗　gǒu　イヌ

5.3 所有兼存在文と所在文

"有"は「所有」と「存在」を表し，日本語の「(……は……を) もつ」「(……に……が) ある／いる」などに相当する。否定形は"没有 méiyǒu"となる。漢文で習った"無 wú"は成語や文章語の中でのみ使用される（簡体字は"无"）。

> 你有手机吗？——我没有手机。
> 我们班有 15 个学生，他们班也有 15 个学生。
> 苹果有红的，也有绿的。

人や事物の存在を前提とし，そこから一歩進んで，人や事物の所在を言うには"在 zài"を用いる。日本語の「(……は……に) ある／いる」に相当する。"在"の否定形は"不在"となる。

> 馒头店在哪儿？——馒头店在路口。
> 李老师在多媒体教室吗？——她不在那儿，她在图书馆。

5.4 判断文

"是"は文法用語で「判断詞」と呼ばれ，「……は……である」という確認判断を表す。否定形は"不是 bù shì"で，漢文で言えば"非 fēi"（……にあらず）に当たる。"非"は成語や文章語の中でのみ使用される。

> 问：她是谁？
> 答：林霖老师。
> 问：她是你们的老师吗？
> 答：不是。我们的老师姓李，不姓林。

位　wèi　量詞
教　jiāo　教える
苹果　píngguǒ　リンゴ
红　hóng　赤

绿　lǜ　緑色である
那儿　nàr　あそこ，そこ
图书馆　túshūguǎn　図書館
林霖　Lín Lín　人名

"是"はピンインの表記上は第四声の記号を付すが,非常に軽く発音される。"不是"の"是"も同様で,「第二声＋軽声」の感じで発音する。

> 我是学生，不是老师。
> 她是汉语老师，不是英语老师。
> 这是邻居大娘给我的花卷儿。

5.5　諾否疑問文

"……吗？"は「はい」あるいは「いいえ」で答える疑問文（諾否疑問文）を作る。一見,日本語の「……か？」と同じもののように映るが,「……か？」が,諾否・指定・選択という3種の疑問文すべてに使われるのに対し,"……吗？"は諾否の場合にのみ用いる。

> 你是今井吗？　　あなたは今井さんですか？……………………………諾否
> 你是哪一位？　　あなたはどなたですか？………………………………指定
> 你是今井，还是尚美？
> 　　　　　　　　あなたは今井さんですか，尚美さんですか？………選択

5.6　同一・類似の事態

"也"は「……であるのと同様に」という意味で,ある事態と同一あるいは類似の事態が存在したり発生したりすると,"也"を用いて双方が同一・類似であることを示す。

> 馒头店卖馒头，也卖花卷儿。
> 今井学习汉语，朴尚美也学习汉语。
> 朴尚美不是国际关系学院的学生，今井也不是国际关系学院的学生。

英语　Yīngyǔ　英語　　　　　　　　关系　guānxi　関係
还是　háishi　→10.6

我们的老师姓李，他们的老师也姓李，中国人姓李的太多了！

5.7　文を目的語にする

"你知道我们班有多少学生吗？"この文は"你知道……吗？"（あなたは……知っていますか？）の点線部に"我们班有多少学生？"（私たちのクラスには学生が何人いるか？）が代入されてできあがっている。

> 主語＋知道＋……文……（吗）？

你知道中国有多少人口吗？　　→我知道中国有多少人口。
你知道多媒体教室在哪儿吗？　→我知道多媒体教室在哪儿。
你知道朴尚美的父亲是谁吗？　→我不知道朴尚美的父亲是谁。
你知道会话老师叫什么名字吗？→我知道会话老师叫什么名字。
你知道朴尚美是韩国人吗？　　→我不知道朴尚美是哪国人。

5.8　柔らかい要求と勧誘

"请同学们先自我介绍一下吧。"の"请"は，話相手を自分の希望する行為へと導くときに用いる。パターンは以下のようになるが，依頼する側とされる側，とりわけ依頼する側はよく省略される。

> 依頼する側＋"请"＋依頼される側＋希望する行為

我请你吃饭！
请你再说一遍。
我们先念生词，请大家跟我念：开学，第一天，班里…………

人口	rénkǒu	人口	遍	biàn	動量詞
父亲	fùqin	父親	念	niàn	声を出して読む
说	shuō	話す	生词	shēngcí	新出単語

请进！
请坐！

"吧"は最終的決定を自分から積極的に下さず，話相手に下駄を預けるときに用いて，柔らかい要求や勧誘の表現を作る。

休息一下吧。
坐一下吧。
认识一下吧，我叫朴尚美，你叫什么？

"一下"は「一度ノックをする」とか「一度うなずく」のような瞬間的動作の1回を言うのが基本であるが，そこから「ちょっと休憩する」とか「ちょっと紹介する」のような用法が派生している。

进　jìn　入る
坐　zuò　坐る

休息　xiūxi　休憩する
认识　rènshi　知り合う

練習問題

1．以下の語句を使って置き換え練習をしなさい。

		一		学生
		两		老师
我们班		三		中国人
他们班		四		日本人
今井		五		韩国人
朴尚美	"有"	六	"个"	馒头
教室里		七		花卷儿
碗里		八		饺子
		九		肉包子
		十		小笼包

2．"也"を用いて文を完成しなさい。

(1) 今井学习汉语，朴尚美……………………………………。

(2) 这个字（"寒"）念"hán"，这个字（"韩"）……………。

(3) 我们班有 15 个学生，他们班………………………………。

(4) 今井没有手机，朴尚美……………………………………。

3．問いに答えなさい。

(1) 问：你叫什么名字？

　　答：我叫…………。

(2) 问：他姓什么？

　　答：他姓……。

碗　wǎn　　皿
肉包子　ròubāozi　肉まん

什么名字　shénme míngzi
　　　　　何という名前
姓　xìng　　姓，苗字

(3) 问：你们的老师叫什么名字？
答：我们的老师叫…………。
问：你们的老师姓什么？
答：我们的老师姓…………。

4．以下の語句を使って置き換え練習しなさい。

(1) 问：请问，……………？　　您是李玲老师吗？
答：………………。　　这儿是李玲老师的家吗？
　　　　　　　　　　　　李玲老师的办公室在这儿吗？
　　　　　　　　　　　　先生您贵姓？

(2) 问：你知道……………吗？　　那个人叫什么名字？
答：我………………。　　李老师的办公室在哪儿？
　　　　　　　　　　　　这个馒头是谁的？
　　　　　　　　　　　　这个学生是哪个班的？

5．以下の文のピンインを書き，意味を日本語に訳しなさい。
(1) 馒头店在路口儿。
(2) 我们班里没有韩国学生。
(3) 这个学期的教室在那儿。
(4) 今井是我的同班同学。
(5) 这是多媒体教室吗？

家　jiā　家，宅　　　　　　　　您贵姓？　Nín guìxìng?
办公室　bàngōngshì　オフィス　　　　姓は何とおっしゃいますか？
先生　xiānsheng　　　　　　　　学习　xuéxí　勉強する
　　成人男性に対する尊称

コラム04 「姓」と「名」の尋ねかた答えかた

　日本語でもそうであるが，相手の名前を聞くにはお互いの人間関係と聞くタイミングに留意しなければならない。特に大人に名前を聞く場合はそうである。勿論，今は名刺（"名片 míngpiàn"）の交換があるため，そういう配慮はかなり省けているが。

　教師対学生や学生対学生は最も気楽な状況で，"你叫什么名字？Nǐ jiào shénme míngzi?"と聞けばいい。この疑問文は相手の「姓名」あるいは「名」を聞いている。日本語では，「お名前は？」という問に対して「姓」だけ答えて平気であるが，"你叫什么名字？"という問には「姓名」あるいは「名」で答えなければならない。

　この"你叫什么名字？"という疑問文，まず語順に注意しておきたい。"你的名字"で始めず，"你"で始めて文を展開している。次に，明らかに"名字"が話題となっている状況では，"名字"を省略し"你叫什么？"としても意味は十分に通じるのだが，"名字"がないと表現がぞんざいになり，大人相手には使えない。"你"を省いて"叫什么名字？"としてもやはりぞんざいな表現になり，子供に対しては問題ないが，大人に対しては使えない。なお，"叫"は本来「大きな声を出す」という意味の動詞で，"你叫什么名字？"という用法はその発展形になる。

　初対面の大人に対しては，ちょっと気張った表現であるが，"请问尊姓大名？Qǐng wèn zūnxìng dàmíng?"と聞いてみよう。"尊姓"と"大名"は「姓」と「名」の敬語体である。問に対して相手が名乗れば，"幸会幸会！Xìnghuì xìnghuì!"と（お会いできて光栄です）と応じる。相手が聞いたことのある名前の持ち主であれば，"久仰久仰！Jiǔyǎng jiǔyǎng!"（ご高名はかねがね）と応じる。

　「姓」のみを尋ねる文は"你姓什么？Nǐ xìng shénme?"で，敬語を使う必要のある状況では"您贵姓？Nín guìxìng?"と言う。ちょっと紛らわしいが，"你姓什么？"における"姓"は「…姓をなのる」という意味の動詞であり，"贵姓"における"姓"は名詞である。

　敬語には謙譲で応じるのが礼儀である。たとえば張姓の人が話し相手から"您贵姓？"と問われた場合，それに対する完璧な返答は"免贵，敝姓张，弓长张。Miǎn guì, bìxìng Zhāng, gōng cháng Zhāng."となる。"免贵"は「"贵"を冠していただくにはおよびません」で，今ではほとんど公的な場面でのみ使われる。"敝姓"の"敝"は"贵"の反義語で，日本語で「貴社」に対し「弊社」を用いるのと同様である。"弓长张"は"张"という文字を分解して説明している。音だけの説明では伝達に不安が生じるときに言い添えるのが本来の目的であろうが，ある程度常套化してもいる。"张"には"章"という同音の姓があり，こちらは"立早章 lì zǎo Zhāng"と分解する。

6 ちょっと体を動かしたい

我想运动运动
Wǒ xiǎng yùndòng yundong

今井和朴尚美上课前在教室里聊天儿

今井：我胖了。我想运动运动。
尚美：中国菜太好吃了，是吗？
今井：可不是嘛！自从我来到中国以后，短短一个月就胖了三公斤呢。
尚美：我也胖了一点儿，不过，我对运动不感兴趣。
今井：我知道你喜欢做手工。
尚美：是啊，对了，你喜欢打羽毛球吗？我认识一个羽毛球队的同学，可以给你们介绍介绍。
今井：太好了，你的意见真好！老师也说留学生应该多多参加活动。
尚美：嘘！老师来了，上课了。
今井：说曹操，曹操就到。我下了课就去看看。

語句

前	qián	……前，……以前
聊天儿	liáo//tiānr	世間話しをする
胖	pàng	（人が）太い，太っている
了	le	完了を表す助詞
运动	yùndòng	運動する
中国菜	zhōngguócài	中華料理
可不是嘛！	kě bù shì ma!	「その通り！」相槌表現で，"不"は軽く発音される。
自从……以后	zìcóng ...... yǐhòu	……してから後，……してより以降
来到……	láidào	……に到る
短	duǎn	短い
就	jiù	接続副詞，二つの事態が遅滞なくスピーディに結ばれることを表す。(→7.6)
公斤	gōngjīn	キログラム
呢	ne	文末助詞，事態の展開を自ら確認しつつ，その存在に念を押すような気持ちを表す。

> **状況** 中華料理の食べすぎか,太り始めた真琴,運動でもしようかと思っているところへ,尚美からバドミントン部は留学生も参加できるという情報がもたらされた。

Jīnjǐng hé Piáo Shàngměi shàng kè qián zài jiàoshì li liáo tiānr

Jīnjǐng : Wǒ pàng le. Wǒ xiǎng yùndòng yundong.
Shàngměi : Zhōngguó cài tài hǎochī le, shì ma?
Jīnjǐng : Kě bù shì ma! Zìcóng wǒ láidào Zhōngguó yǐhòu, duǎnduǎn yī ge yuè jiù pàng le sān gōngjīn ne.
Shàngměi : Wǒ yě pàng le yī diǎnr, bùguò, wǒ duì yùndòng bù gǎn xìngqù.
Jīnjǐng : Wǒ zhīdao nǐ xǐhuan zuò shǒugōng.
Shàngměi : Shì a. Duì le, nǐ xǐhuan dǎ yǔmáoqiú ma? Wǒ rènshi yī ge yǔmáoqiúduì de tóngxué, kěyǐ gěi nǐmen jièshào jieshao.
Jīnjǐng : Tài hǎo le, nǐ de yìjiàn zhēn hǎo! Lǎoshī yě shuō liúxuéshēng yīnggāi duōduō cānjiā huódòng.
Shàngměi : Xū! Lǎoshī lái le, shàng kè le.
Jīnjǐng : Shuō Cáo Cāo, Cáo Cāo jiù dào. Wǒ xià le kè jiù qù kànkan.

胖了一点儿	pàng le yīdiǎnr	少し太った
对……感兴趣	duì…… gǎnxìngqù	……に興味を持つ。"对……有兴趣"とも言う。
做	zuò	……をする
手工	shǒugōng	手芸のような手作業
对了	duì le	「あ,そうそう……」「あ,そうだ……」。話題の転換に用いる。
喜欢	xǐhuan	好む,好きである
打羽毛球	dǎ//yǔmáoqiú	バドミントンをする
羽毛球队	yǔmáoqiúduì	バドミントンクラブ
可以	kěyǐ	→6.7
给	gěi	前置詞,受領者と受益者を導く。ここでは人を紹介される側を導いている。〔→8.4〕
意见	yìjiàn	意見
留学生	liúxuéshēng	留学生
应该	yīnggāi	→6.8
参加	cānjiā	参加する

活动	huódòng	活動
嘘	xū	しー（黙って！）
说曹操，曹操就到。	Shuō Cáo Cāo, Cáo Cāo jiù dào.	曹操を語れば，曹操到る→噂をすれば影。民間では曹操は猜疑心の強い人物とされている。(→ 7.6)
去	qù	行く

6.1　動詞の重畳形式

"运动运动"は動詞"运动"を重ねて作ったものである。このような形式を「重畳形式」と呼び，重ねた部分は軽声で発音する。重畳形式の意味と用法は，日本語の「ちょっと／ひとつ……してみる」にほぼ等しく，「ちょっと」は動作の性質によって，回数が「ちょっと」であったり，継続時間が「ちょっと」であったりする。重畳形式がそなえる「ちょっと」という意味は，勧誘・依頼・命令などの表現に使われると，口調に柔らかさを添える働きをする。

　　我认识一个羽毛球队的同学，可以给你们介绍介绍。
　　我下了课就去看看。
　　你再想想这个字是什么意思。
　　你先听听大家的意见，考虑考虑。

6.2　形容詞の重畳形式 (→ 14.4)

"短短一个月"は「わずか一ヶ月」という意味で，"短短"は形容詞"短"の重畳形式である。「わずか」というような評価的主観，や「まるい」に対する「まるまるしている」や「まんまるだ」のような感覚的主観が事物の属性の中に読み込まれると，形容詞や副詞は重畳形式を取る。"留学生应该多多参加活动"の"多多"も同様で，「できるだけ多く」という主観的表現である。

意思	yìsi	意味	考虑	kǎolǜ	考える

重畳形式は"的"という語尾をもつことが多く，"短短一个月"は"短短的一个月"と言うこともよくある。特に重畳形式が名詞を直接修飾したり，述語となる場合は，必ず"的"を伴った形式を用いる。

今井的邻居大娘是一位胖胖的老年妇女。
邻居大娘的外孙女儿圆圆有一双大大的眼睛。
路口儿有一家小小的馒头店。
这苹果甜甜的，酸酸的，很好吃。

6.3 「そういうこと（こういうこと）なんだね？」

"是吗？"は自分の推論の正しさを確認するために用いる。「太った——なぜ？きっと中華料理が美味しすぎるんだ——そういうことだね？」という論理の展開である。

你喜欢打羽毛球，是吗？
你今天不想回家，是吗？
你不想谈这个，是吗？
你对中国历史很感兴趣，是吗？

6.4 「私は太った」（→コラム〈風が吹けば桶屋がもうかる〉p.152）

"胖"は「（人が）太っている」という状態を表すが，「太っている」のは「太った」結果として今ある状態である。"瘦"（瘦せている）も「瘦せた」結果としてある状態である。このような「変化の結果として今ある状態」を表す語に助詞"了"が付くと，変化が完成してそういう状態になったという意味を表す。"了"はなんらかの区切りや一定のまとまりをもった事態の完成を表す助詞である。

老年妇女　lǎonián fùnǚ　年寄の女性
双　shuāng　量詞
眼睛　yǎnjing　目

谈　tán　……について話す
历史　lìshǐ　歴史

你瘦了，老了。
　　我饿了，吃饭吧。
　　你的病好了吗？

変化は時の経過とともに自然にもたらされるものもあれば，なんらかの営為の結果としてもたらされるものもある。たとえば，病気は自然に治癒する場合もあるが，通常は治療の結果である。また，汚れた服は洗わなければ清潔にはならない。このような場合，結果に営為を加えて表現する。

　　治病　→　你的病治好了吗？
　　洗衣服　→　衣服洗干净了。

中国語は〈営為＋結果〉のパターンで事態を把握し表現することが極めて発達した言語で，中国語学習における大きなポイントの一つである。自然にもたらされる変化でさえ営為と結果を合わせて表現することがある。

　　孩子们都大了。
　　孩子们都长大了。

6.5 「少し太った」

"胖了一点儿"は「少し太った」という意味になる。語順に注意したい。

　　我胖了三公斤。
　　我瘦了六公斤。
　　他早上吃了一斤饺子。
　　我买了三两烧卖。

瘦　shòu　やせている
饿　è　お腹がすく
治病　zhì bìng　病気を治療する
洗衣服　xǐ yīfu　洗濯する

干净　gānjing　清潔である
长　zhǎng　成長する
烧卖　shāomài　シュウマイ

日常使う度量衡の単位には，以下のようなものがある（下線は常用されるもの）。

一<u>公分</u>	gōngfēn	（1cm）	一厘米	límǐ	（1cm）
一公尺	gōngchǐ	（1 m）	一<u>米</u>	mǐ	（1 m）
一<u>公里</u>	gōnglǐ	（1 km）	一<u>里</u>	lǐ	（500m）
一克	kè	（1 g）			
一<u>公斤</u>	gōngjīn	（1 kg）	一<u>斤</u>	jīn	（500g）
一两	liǎng	（50g）	一钱	qián	（5 g）

"两"は"饺子"（ギョーザ）や"烧卖"（シュウマイ）等の麺食品，また"面 miàn"（麺）や"米饭 mǐfàn"（ご飯）等の主食を注文するときに用いる。中国では，小麦粉の食品や米飯は重さで注文する。"四两米饭"だと，ほぼどんぶりに山盛りのご飯である。

6.6 「授業が終わったら……」

"我下了课就去看看。"は「授業が終わったら，行ってちょっと様子を見てくる」という意味で，"了"は授業のような区切りをもった事態の完成を表している。"……了……就……"は一つの事態の区切りが新たな事態へのターニングポイントとなるパターンの代表である。（→ 7.6）

我下了课，就回宿舍。
有了手机，就不用写信了。
有了车位，就可以买车了。
有人说，结了婚，爱情就淡了。

宿舍	sùshè	寮の建物，寮の部屋	车位	chēwèi	停车位置，駐車場
不用	bù yòng	……する必要がない	结婚	jié//hūn	結婚する
写信	xiě xìn	手紙を書く	淡	dàn	薄い，希薄である

6.7 「引きあわせてあげられるよ」

"我可以给你们介绍介绍"の直訳は「わたしは二人のためにちょっと紹介してあげることができる」で，自然に訳せば「二人を引きあわせてあげられるよ」くらいになる。"可以"は極めて使用頻度の高い助動詞で，「……する条件を備えている，……することが許されている，……してもかまわない」という意味を表す。

　　（敲门）可以进来吗？
　　我可以抽烟吗？
　　我可以发言吗？
　　我是你姐姐，你有什么话不可以对我说？

"可以"と並んで使用頻度の高い助動詞に"能 néng"がある。主として，生理的・肉体的・知的な面から可能を表すが，環境や規約などの面にも適用されるため，用法に"可以"との重なりが見られる。

　　他能喝一斤白酒。
　　他能吃六两米饭。

6.8 「できるだけ課外活動に参加すべきだ」

"留学生应该多多参加活动"の"应该"は助動詞で，「……は理の当然である」「……すべきである」という意味を表す。

　　我作为老师，应该关心你们的生活。
　　尚美，你的手真巧！你不应该学外语，你应该去学工艺美术。
　　我的事，你应该问我，不应该问别人。

敲门　qiāo mén　ドアをノックする	关心　guānxīn　…に気を配る
抽烟　chōu//yān　タバコを吸う	巧　qiǎo　巧みである
发言　fā//yán　発言する	去　qù……　……の方向に思考する
姐姐　jiějie　姉，お姉さん	外语　wàiyǔ　外国語
白酒　báijiǔ　焼酎	工艺美术　gōngyì měishù　工芸美術
作为　zuòwéi　…として	别人　biérén　他の人

練習問題

1. 発音を聞いて，以下の語句に声調をつけなさい。

    (1) pang   (2) neng   (3) yumaoqiu   (4) zicong
    (5) xihuan   (6) yinggai   (7) duo   (8) Cao Cao
    (9) shuo   (10) dui le   (11) laoshi   (12) renshi
    (13) keyi   (14) duan   (15) yijian   (16) yundong

2. 以下の例文と語句を用いて，置き換え練習をしなさい。

    例：中国话学好了，就可以跟中国人直接谈话了。

    (1) 日语～日本人   (2) 蒙古话～蒙古人
    (3) 越南话～越南人   (4) 西班牙语～西班牙人
    (5) 阿拉伯语～伊拉克人   (6) 波斯语～伊朗人
    (7) 韩语～韩国人   (8) 意大利语～意大利人

3. 以下の文を朗読し，日本語に訳しなさい。

    (1) 朴尚美说，我应该感谢他，应该请他吃饭。
    (2) 李老师说，我们应该知道学外语最重要的是什么。
    (3) 我尊重你的意见，你也应该尊重我的意见。
    (4) 你这样做太不应该了！

中国话　Zhōngguóhuà　中国語　　　　　直接　zhíjiē　直接
学好　xuéhǎo　マスターする　　　　　谈话　tán//huà　話す，会話をする

4．以下の例文と語句を用いて置き換え練習をしなさい。

　　例：我喜欢打羽毛球，我想参加羽毛球队。

　　⑴　打棒球　～　棒球队
　　⑵　踢足球　～　足球队

　　例：我对服装设计很感兴趣，我想参加服装表演队。

　　⑶　国际关系　～　时事学习社
　　⑷　新闻报道　～　校报记者团

豆知識

中国は多民族国家で，漢民族と55の少数民族から成る。総人口は約13億5000万人で，漢民族が約91％を占め，また農村人口が約64％を占める。近年の人口増加率は約0.5％。

小張・老王・大李

　中国人の姓には，张 Zhāng（張），王 Wáng，李 Lǐ，赵 Zhào（趙）のような一字の姓（「单姓」）と，诸葛 Zhūgě（諸葛），司马 Sīmǎ（司馬），端木 Duānmù のような二字の姓（「複姓」）がある。単姓はそのままでは呼びかけの表現として使えず，小张（若年），老王（壮年以降），大李（男性で巨体の持ち主）のように二文字二音節に作る必要がある。「小，老，大」などは文字通りの意味を表す一方で，単姓を自由に使える表現単位に変える役割もはたしているのである。ときには"大老李"のような呼称も耳にする。これは「男性＋壮年以降＋巨体」の李さんである。複姓はそのまま呼びかけに使う。もし張氏と諸葛氏が久方ぶりの再会を果たせば，"老张！""诸葛！"と声をかけあうことになる。日本人の姓も同様に扱われ，複姓はそのまま呼び名になる。今井さんは"今井！"と呼ばれても，決して呼び捨てにされたと腹を立ててはいけない。呼び捨てにされているのではなく，"今井！"は親しみを込めた呼びかけなのである。

　このように，日本人の二文字以上の姓は中国語の中でそのまま呼称として使用されるのであるが，それが時に中国人に苦笑を強いることになる。筆者のかつての留学仲間にオイタ君という人がいる。オイタは「老田」と書く。そこで Lǎotián がオイタ君の呼び名となるのだが，これを耳で聞けば，中国人で壮年以降の由さん Lǎo Tián となんら変わらない。オイタ君が老成した大男であればまだよかったのだが，彼は小柄な上，当時まだ二十代前半，「小」づけで呼ばれてしかるべき若者であった。そんな彼を，彼と同年代のクラスメートはもとより，彼よりずっと年長の"老师"までが「老」づけで呼んでいるのである。なんともバツの悪い話である。同じ理由で，お年寄りの小田さんも困るし，小柄な大田さんもちょっと変である。

　中国語と日本語は漢字を共有している。これは日本人が中国語を学ぶ上で大変な利点なのであるが，いろいろな泣き笑いもそこに生じる。まあ，笑い話のタネが増えていいと割り切って楽しむことにしよう。

7 バトミントン部に入りたい
我想参加羽毛球队
Wǒ xiǎng cānjiā yǔmáoqiúduì

地点：学生活动中心"羽毛球队"，"咚、咚、咚"三声敲门声。

张强：请进！

今井：请问，这是羽毛球队吗？

张强：是啊！你找谁？有什么事儿吗？

今井：你好！我是国际交流学院的留学生。我想参加羽毛球队，请问留学生也可以参加吗？

张强：喔，当然可以，欢迎，欢迎！我是队长，我姓张，单名一个强字，叫我"小张"就可以了。你叫什么名字？

今井：我姓今井，叫今井真琴。请问，您是什么系的？

张强：我是数学系的，今年三年级。

今井：以后请多多帮助。

张强：哪里哪里，你太客气了，大家互相帮助。

今井：羽毛球队平时在哪儿练习？

张强：有时候在活动中心练习，有时候在体育馆练习。

今井：我不知道体育馆在什么地方。

张强：你知道外语学院有一个食堂吧，体育馆就在外语学院食堂的旁边。

今井：啊！我知道了。

张强：这是我的手机号码，以后要是有什么事儿就尽管找我。

今井：0909-123-321，我记住了。

张强：你的电话号码是多少？

語句

地点	dìdiǎn	地点，位置
学生活动中心	Xuéshēng Huódòng Zhōngxīn	課外活動センター
咚	dōng	擬音語

| 状況 | 善は急げで、真琴はさっそくバトミントン部の部室を訪ねた。入部を申し出ると、キャプテンの张强君が気持ちよく入部を認めてくれた。 |

Dìdiǎn : Xuéshēng Huódòng Zhōngxīn 'Yǔmáoqiúduì', 'dōng, dōng, dōng' sān shēng qiāo mén shēng.

Zhāng : Qǐng jìn!
Jīnjǐng : Qǐngwèn, zhè shì Yǔmáoqiúduì ma?
Zhāng : Shì a! Nǐ zhǎo shéi? Yǒu shénme shìr ma?
Jīnjǐng : Nǐ hǎo! Wǒ shì Guójì Jiāoliú Xuéyuàn de liúxuéshēng. Wǒ xiǎng cānjiā Yǔmáoqiúduì. Qǐngwèn liúxuéshēng yě kěyǐ cānjiā ma?
Zhāng : O, dāngrán kěyǐ. huānyíng, huānyíng! Wǒ shì duìzhǎng, wǒ xìng Zhāng, dānmíng yī ge Qiáng zì, jiào wǒ Xiǎo Zhāng jiù kěyǐ le. Nǐ jiào shénme míngzi?
Jīnjǐng : Wǒ xìng Jīnjǐng, jiào Jīnjǐng Zhēnqín. Qǐngwèn, nín shì shénme xì de?
Zhāng : Wǒ shì shùxué xì de, jīnnián sān niánjí.
Jīnjǐng : Yǐhòu qǐng duōduō bāngzhù.
Zhāng : Nǎli nǎli, nǐ tài kèqi le, dàjiā hùxiāng bāngzhù.
Jīnjǐng : Yǔmáoqiúduì píngshí zài nǎr liànxí?
Zhāng : Yǒu shíhou zài Huódòng Zhōngxīn liànxí, yǒu shíhou zài tǐyùguǎn liànxí.
Jīnjǐng : Wǒ bù zhīdào tǐyùguǎn zài shénme dìfang.
Zhāng : Nǐ zhīdào Wàiyǔ Xuéyuàn yǒu yī ge shítáng ba, tǐyùguǎn jiù zài Wàiyǔ Xuéyuàn shítáng de pángbiān.
Jīnjǐng : A, Wǒ zhīdào le.
Zhāng : Zhè shì wǒ de shǒujī hàomǎ, yǐhòu yàoshi yǒu shénme shìr jiù jǐnguǎn zhǎo wǒ.
Jīnjǐng : 'Líng jiǔ líng jiǔ - yāo èr sān - sān èr yāo', wǒ jìzhu le.
Zhāng : Nǐ de diànhuà hàomǎ shì duōshao?

声	shēng	量詞
这	zhè	近称指示詞。遠称指示詞は"那"(→5.2)
找	zhǎo	探す、訪ねる
事儿	shìr	用事

喔	o	合点がいったことを表す語気助詞
队长	duìzhǎng	キャプテン
欢迎	huānyíng	歓迎する
单名	dānmíng	一字の名前。二字の名前は"双名"と言う。
系	xì	学部。"您是什么系的？"は"您是什么系的学生？"から"学生"を省略したもの。中国語の話し言葉では"……的"の形で所属先を表現することが多い。"什么系"は"哪个系"（どの学部）とも言う。
数学	shùxué	数学
年级	niánjí	学年
小张	xiǎo Zhāng	→コラム〈姓と名の尋ね方と答え方〉p.51
哪里哪里	nǎli nǎli	どういたしまして，謙遜表現。
客气	kèqi	遠慮する
互相	hùxiāng	互いに
帮助	bāngzhù	助ける，援助する
平时	píngshí	普段
练习	liànxí	練習する，練習
有时候……	yǒu shíhou ……	時には……，……の時もある
体育馆	tǐyùguǎn	体育館
地方	dìfang	場所，ところ
食堂	shítáng	会社や学校の施設としての食堂
旁边	pángbiān	側，横
电话	diànhuà	電話
号码	hàomǎ	番号
要是	yàoshi	→7.6
尽管	jǐnguǎn	なにも気にせずに，構わずに
记住	jìzhu	→7.7
张强	Zhāng Qiáng	人名

7.1 「大歓迎ですよ」

　"欢迎，欢迎！"は歓迎を表し，"哪里哪里"は謙遜を表すが，話者が気持ちを強く表現しようとすると，中国語ではこのような繰り返しがおこる。着席を勧める場合も，"请坐，请坐！"と重複してはじめて，早く腰を下ろしてお休みくだ

さいといういたわりの気持ちを言葉に託すことができる。同様に,"谢谢,谢谢!","再见,再见!"と繰り返すことで,感謝の気持ちや再会を願う気持ちが文法を超えた感情のレベルから放出される。そこで,

　　老师,再见!——同学们,再见!

のような,日々繰り返される形式的なあいさつ表現には重複が起こらない。

7.2　番号の言い方

〇	一	二	三	四	五
líng	yī / yāo	èr	sān	sì	wǔ
六	七	八	九		
liù	qī	bā	jiǔ		

0909-123-321 "líng jiǔ líng jiǔ – yāo èr sān – sān èr yāo" と読む。"一"を"yāo"と読むのは,番号を拾い読みするときで(3桁以上に限る),"7"との聞き間違いを避けるためである。

　　我们在 4011 教室上课。
　　失火了,快打 119。
　　交通事故,请打 110。

7.3　遠称指示・近称指示

"这是羽毛球队吗?"や"这是我的手机号码。"の"这"は近称指示詞で,遠称指示詞は"那"と言う。"这"と"那"は独立性に乏しい成分で,他の成分と結合した形でないと使えない。よく使われるのは,"这个手机"のように量詞をと

失火　shī//huǒ　失火する　　　　　　交通事故　jiāotōng shìgù　交通事故
快　kuài　速く,急いで(……する)

もなった形と，判断詞"是"をともなった形である。なお，"这，那"は量詞や数詞の前では"zhèi, nèi"，"是"の前では"zhè, nà"と発音することが多い。

这是谁的手机号码？——这是李老师的手机号码。
这个手机号码是谁的？——这个手机号码是李老师的。
那是谁？——那是朴尚美。
那个女生是谁？——她是今井，是国际交流学院的日本留学生。

7.4 「だれにどんな御用？」

中国語の疑問代名詞を整理しておこう。

谁 shéi	人	多少 duōshao	数量
什么 shénme	事物，属性	怎么 zěnme	方式
哪儿 nǎr	場所（指示的）	怎么样 zěnmeyàng	状態

这是什么？——这是药。
这是什么药？——这是治感冒的药。
这个药怎么吃？
你最近身体怎么样？胃病好了吗？

このうち"什么"は以下のような複合疑問表現を作る。〔"几"→5.2〕

什么时候 shénme shíhou	時間
什么地方 shénme dìfang	場所（説明的）
为什么 wèi shénme	理由

药　yào　くすり
感冒　gǎnmào　風邪，風邪を引く
最近　zuìjìn
　　最近。「近過去」だけでなく，「近未来」にも用いる。

身体　shēntǐ　からだ
胃病　wèibìng　胃病

你什么时候来？——我明天来。
这是什么地方？——这是内科医院。
我请你回信，你为什么不回信？

7.5　東西南北中……

	北边 běibian	
西边 xībian	中间 zhōngjiān	东边 dōngbian
	南边 nánbian	

	后边 hòubian	
右边 yòubian 旁边 pángbiān	中间 zhōngjiān	左边 zuǒbian 旁边 pángbiān
	前边 qiánbian	

"外语学院食堂的旁边"は「外国語学部の食堂の横」であるが，中国語では基準点（食堂）と方位（横）を"食堂旁边"のように直接結合させることが多く，"食堂的旁边"のように"的"を使うことは少ない。

办公室（的）北边有游泳池，体育馆在游泳池（的）旁边。
我知道多媒体教室在哪儿，就在图书馆（的）北边。
馒头店在邮局（的）旁边。

7.6　「張君って呼んでくれたらいいよ」

"就"は条件と結果を接続するための副詞である。ある条件が満たされ，そこ

明天　　míngtiān　　明日
内科医院　nèikē yīyuàn　内科病院

回信　huí//xìn　返信を出す
游泳池　yóuyǒngchí　プール

から「自然に・楽に・早々と」ある結果が生まれるという状況で用いる。"叫我小张就可以了"では、"叫我小张"（わたしを「小张」と呼ぶ〔なら〕）が仮定された条件で、"可以了"（〔それで〕OKになる）がその結果である。

  说曹操，曹操就到。
  我下了课就去看看。

形式的な仮定表現には"要是……就……"や"如果……就……"がある。

  你要是喜欢就给你吧。
  我要是有个哥哥就好了。
  你如果有什么事，有什么想法，就告诉我，好吗？

次の最初の例では、「短い一ヶ月」と「3キロ太った」を事態のスムーズな展開として捉え、"就"で接続している。（→6.2）

  自从我来到中国以后，短短一个月就胖了三公斤呢。
  有什么事尽管说好了。
  今井，你有话尽管说吧！

> **注意**
> "有什么事尽管找我。"も仮定表現である。"有什么事"（何事かが生じる）に、その対応措置である"尽管找我"（遠慮せずわたしを訪ねる）が接続しているが、意味のみで両者が結ばれ、文法的な成分の介在を必ずしも必要としないことに注意したい。

如果　rúguǒ　もし
想法　xiǎngfǎ　考え方
告诉　gàosu　告げる、言う

话　huà　話
特别　tèbié　特別である、変わっている
金鑫　Jīn Xīn　人名

7.7 「ちゃんと覚えました」
(→コラム〈風が吹けば桶屋がもうかる〉)

"记住了"は知識が記憶として定着したことを言う。単に"记"だと、「記憶しようとする」ことを言うにすぎない。もし覚えられなければ、"记不住 jìbuzhù"と言えばよい。(→15.5)

 他的名字很特别，叫金鑫，我一下子就记住了。
 张强的E-mail地址很长，我老也记不住。

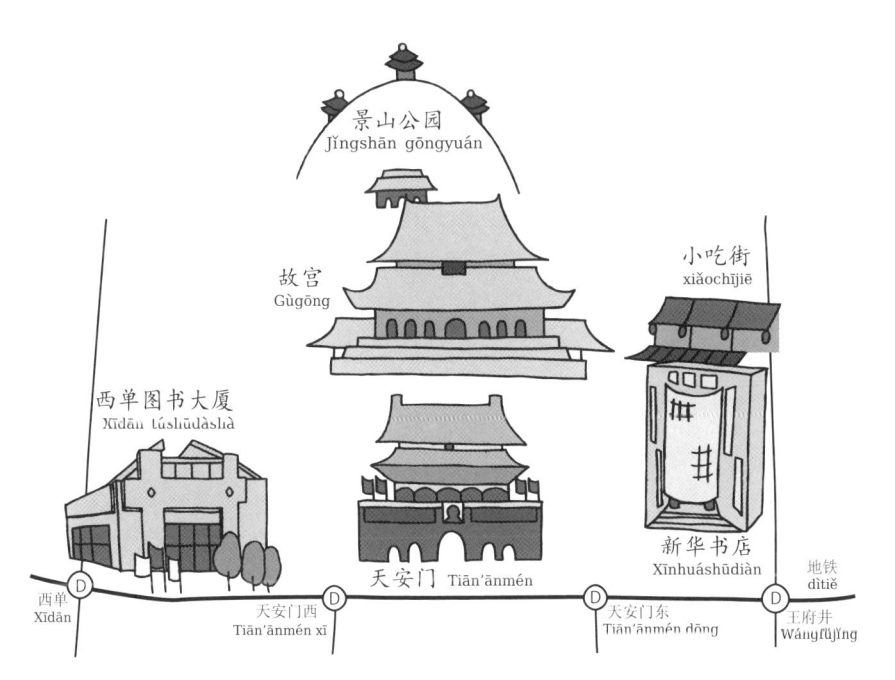

北京故宫の東西南北

景山公园 Jǐngshān gōngyuán
故宫 Gùgōng
小吃街 xiǎochījiē
西单图书大厦 Xīdān túshūdàshà
天安门 Tiān'ānmén
新华书店 Xīnhuáshūdiàn
地铁 dìtiě
西单 Xīdān
天安门西 Tiān'ānmén xī
天安门东 Tiān'ānmén dōng
王府井 Wángfǔjǐng

地址　dìzhǐ　住所，アドレス
老也……　lǎo yě　いつまでたっても（……ない）

練習問題

CD-I 35

1. 以下の語句のピンインを聞き取り，置き換え練習をしなさい。

   (1) 巧克力　　（　　　　）口香糖　　（　　　　　　）
   　　酸牛奶　　（　　　　）饼干　　　（　　　　　　）

   　　问：这是什么？　　　答：……。

CD-I 36

   (2) 鱼香茄子　（　　　　）西红柿炒蛋（　　　　　　）
   　　青椒肉丝　（　　　　）古老肉　　（　　　　　　）

   　　问：这是什么菜？　　答：……。

CD-I 37

   (3) 孔雀　　　（　　　　）猴子　　　（　　　　　　）
   　　骆驼　　　（　　　　）海豚　　　（　　　　　　）

   　　问：那是……吗？　　答：对，那是……。

CD-I 38

2. 以下の語句のピンインを聞き取り，置き換え練習をしなさい。

   　外语系（　　　　）法律系（　　　　　　）
   　中文系（　　　　）哲学系（　　　　　　）
   　经济系（　　　　）物理系（　　　　　　）
   　历史系（　　　　）医学系（　　　　　　）

   　问：请问同学，你是什么系的？　答：我是…………的。
   　问：几年级？　　　　　　　　　答：……年级。

   　※専攻を聞くときは"你学什么专业 zhuānyè?"を使うことも多い。

3．以下の語句を聞き取り，置き換え練習をしなさい。

　　　北京ダック→北京烤鸭（　　　　）　　フカヒレ→鱼翅（　　　　）　　CD-I 39
　　　ツバメの巣→燕窝　　（　　　　）　　イセエビ→龙虾（　　　　）
　　　ナマコ→海参　　　　（　　　　）　　アワビ→鲍鱼　（　　　　）

　　　问：…………，中国话怎么说？　答：…………。

　　　卫（　　）办（　　）书（　　）岁（　　）灭（　　）　　CD-I 40
　　　飞（　　）帅（　　）从（　　）龙（　　）凤（　　）

　　　问：请问老师，这个字怎么念？　答：这个字念…………。

4．文を完成しなさい。
　　(1)　我要是有…………，就好了。
　　(2)　你要是想吃北京烤鸭，…………。
　　(3)　你要是想学打太极拳，…………。
　　(4)　你要是想学好汉语，…………。
　　(5)　你要是想看北极光，…………。

5．文を完成しなさい。

　　例："我不想学了。"——"中国话发音太难，是吗？"

　　(1)　我不想参加羽毛球队了。——…………，是吗？
　　(2)　我一下子就记住了她的名字。——…………，是吗？
　　(3)　我老也记不住他的E-mail地址。——…………，是吗？

北京烤鸭　Běijīng kǎoyā　北京ダック　　　　　发音　fāyīn　発音
打太极拳　dǎ Tàijíquán　太極拳をする　　　　　难　nán　難しい
看北极光　kàn běijíguāng　オーロラを見る

8 メールします

我给你发个短信
Wǒ gěi nǐ fā ge duǎnxìn

今井下课后给张强打电话,问社团活动的时间。

今井:喂,请问张强在不在?
某某:这儿没有这个人,你打错了。
今井:对不起。
某某:没关系。

··········

今井:喂,请问,是张强吗?
张强:我就是。您是哪位?
今井:你好,我是今井,我想请问下次活动的时间。
张强:我现在不在家,没有时间表。这样吧,回家以后我给你发个短信。
今井:那就麻烦您了,谢谢!
张强:这是应该的,不用谢。

(张强给今井发短信)
> 我们这个星期三和星期五从下午两点半到五点在学生活动中心练习两个半小时。明天是星期三,记着来呀,我还要给你介绍其他队友呢。

(今井给张强回信)
> 谢谢您,明天下午两点半我一定到。

(张强给今井回信)
> 一言为定!明天见。

状況 今井さんも携帯を手に入れたようです。放課後、バトミントン部の練習時間を聞こうと思い立ち、張強君に電話をかけます。

Jīnjǐng xià kè hòu gěi Zhāng Qiáng dǎ diànhuà, wèn shètuán huódòng shíjiān.

Jīnjǐng ：Wéi, qǐngwèn Zhāng Qiáng zài bu zai?
Mǒu mǒu：Zhèr méiyǒu zhèi ge rén. Nǐ dǎcuò le.
Jīnjǐng ：Duìbuqǐ.
Mǒu mǒu：Méi guānxi.
…………
Jīnjǐng ：Wéi, qǐngwèn shì Zhāng Qiáng ma?
Zhāng ：Wǒ jiù shì. Nín shì něi wèi?
Jīnjǐng ：Nǐhǎo Wǒ shì Jīnjǐng, wǒ xiǎng qǐngwèn xià cì huódòng de shíjiān.
Zhāng ：Wǒ xiànzài bù zài jiā, méiyǒu shíjiānbiǎo. Zhèyang ba, huí jiā yǐhòu wǒ gěi nǐ fā ge duǎnxìn.
Jīnjǐng ：Nà jiù máfan nín le, xièxie!
Zhāng ：Zhè shì yīnggāi de, búyòng xiè.

(Zhāng Qiáng gěi Jīnjǐng fā duǎnxìn)

> Wǒmen zhèi ge xīngqī-sān hé xīngqī-wǔ cóng xiàwǔ liǎng diǎn bàn dào wǔdiǎn zài Xuéshēng Huódòng Zhōngxīn liànxí liǎng ge bàn xiǎoshí. Míngtiān shì xīngqī-sān, jì zhe lái ya, wǒ hái yào gěi nǐ jièshào qítā duìyǒu ne.

(Jīnjǐng gěi Zhāng qiáng huí xìn)

> Xièxie nín, míngtiān xiàwǔ liǎng diǎn bàn wǒ yīdìng dào.

(Zhāng Qiáng gěi Jīnjǐng huí xìn)

> Yī yán wéi dìng! Míngtiān jiàn!

語句

问	wèn	尋ねる，質問する
社团活动	shètuán huódòng	クラブ活動
喂	wéi	もしもし，ちょっと（呼びかけ語）
某	mǒu	某。不特定の人物を指す。
打错了	dǎcuò le	かけまちがった。"打［电话］"（[電話を]掛ける）と"错了"（まちがった）が結合したもの。
对不起	duìbuqǐ	すまない，申し訳ない
你是哪位？	Nǐ shì nǎ wèi?	どなたですか？
下次	xià cì	次回，この次
时间表	shíjiānbiǎo	時間表
这样吧	zhèyang ba	じゃ，こうしよう。提案をする前の枕詞で，すぐ後に具体的な提案を続ける。
发短信	fā//duǎnxìn	携帯電話のショートメッセージを送る
麻烦	máfan	めんどうをかける，めんどうくさい
这是应该的。	Zhè shì yīnggāi de.	"这是我应该做的事。"（これはわたしが当然やるべきことである）の省略形。
不用	bùyòng	→8.5
星期三	xīngqī sān	水曜日
下午	xiàwǔ	午後
从	cóng	……から。起点・経過点を導く前置詞。
两点半	liǎng diǎn bàn	二時半
到	dào	到達する，至る
在	zài	→8.6
练习	liànxí	練習する，練習
小时	xiǎoshí	1時間を表す単位
明天	míngtiān	明日。「昨日」は"昨天"，「今日」は"今天"。「一昨日」と「明後日」はそれぞれ"前天"と"后天"。
记着来呀	jì zhe lái ya	来る（こと）を記憶しているんだよ。「忘れずに来てください」をこのように表現する。
还	hái	→8.8
要	yào	→8.8
其他	qítā	その他，その他の
队友	duìyǒu	チームメート
回信	huí//xìn	返信（する）
一定	yīdìng	必ず

| 一言为定 | yī yán wéi dìng | これで決まり！ |
| 明天见！ | Míngtiān jiàn! | 「明日会おう」。"再见"の"再"の代わりに"明天"が入っている。"北京见！"のように場所を入れることもできる。 |

8.1　「張強さんはおられますか」

"请问张强在不在？"は述語"在"の肯定形と否定形を重ねて作った疑問文で、「反復疑問文」と呼ばれる。文法的な特徴から言うと、反復疑問文は述語の肯定形と否定形を選択肢とした選択疑問文の一種であると理解するのがよい。(→10.6)

张强<u>在</u>活动中心。＋张强<u>不在</u>活动中心。→张强<u>在不在</u>活动中心？
你是不是日本留学生？
你有没有电子词典？
明天，你来不来？

8.2　「わたしが張強です」

"我就是。"は"我就是张强。"の省略形で、「わたしが張強です」という意味を表す。"就"は強い指示限定の作用をもち、その対象は"就"の前方あるいは後方に置かれる。

他就是今井的哥哥吗？
什么？她就在这儿？
就在这个时候，嘭的一声，门开了。

哥哥　gēge　兄，お兄さん　　　　　嘭　pēng　バタン

8.3　「それじゃ面倒をおかけします」

"那就麻烦您了。"で"那"は"我给你发个短信。"という張強君の申し出をうけており，"就"はそれを条件として次につなげる。文末の"了"は，「わたしが申し出を受ければ，あなたの手を煩わせることになります」という意味を表す。

　　　那就谢天谢地了！
　　　那就大错特错了。

8.4　「僕の方から君にメールを打つよ」

"回家以后我给你发个短信。"で"给你"の"给"は「受領者」を導く前置詞である。「受領者」の範囲は広く，電話や郵便物の「受け取り人」，さらに人を「紹介される側」などもその中に含まれる。

　　　今井常常给家里写信。
　　　今井昨天给家里写了一封信。
　　　今井给张强打了一个电话。
　　　张强给今井发了一个短信。
　　　张强要给今井介绍其他队友。

"发个短信"は"发一个短信"の省略形である。「"一"＋量詞」が目的語の修飾語になるとき，特に"一"という数量にこだわらない限り，"一"は省略することができる。

　　　我给你发一个短信。→ 我给你发个短信。
　　　我昨天给家里写了一封信。→ 我昨天给家里写了封信。

　事態が未然である場合，"个"は様々な名詞と自由に結合し，「ひとつやってみ

谢天谢地　xiètiān-xièdì
　　　　願ったりかなったり
常常　chángcháng　しばしば，よく

大错特错　dàcuò-tècuò
まちがいもはなはだしい

よう」「ちょっと……でもしてみよう」というニュアンスを伝えることができる。

　　明天下了课以后去吃个饭吧。
　　明天我给李玲写个信吧，她是我大学同学，现在是大学老师……

8.5　「どういたしまして，当然のことだよ」

"这是应该的，不用谢。"の"不用"は助動詞で，「……するには及ばない，……するまでもない」という意味を表す。

　　太晚了，我要走了。你不用送我了，我自己可以坐公共汽车。
　　李老师，你不用说了，我知道了。
　　你要是没有问题，就不用来了。

8.6　「……で……する」

"在活动中心练习"は「課外活動センターで練習する」という意味である。「……で……する」を中国語で表現するには，状況に応じて「で」を具体的な動詞に置き換えればよい。

　　ここで待つ　　　　　→　在这儿等
　　中国語で言う　　　　→　用中文说
　　携帯メールで知らせる→　发短信通知
　　地下鉄で行く　　　　→　坐地铁去

> **注意**
> 英語の習慣にひきづられて"×我们练习在活动中心。"としてはいけない。

送　sòng　見送る　　　　　　　　等　děng　待つ
自己　zìjǐ　自分　　　　　　　　通知　tōngzhī　知らせる
公共汽车　gōnggòng qìchē　路線バス　　地铁　dìtiě　地下鉄

「ひとりで……」は"一个人……","「自分で……」は"自己……"と表現する。

你一个人住吗？
我做的事，我自己负责任。

前置詞句を含む述部を否定するには，述部全体の前に否定詞を置く。

明天我们不在多媒体教室上课。
李老师不给我们上口语课了。

8.7 「水曜日と金曜日の午後2時半から5時まで」

"星期三和星期五"の"和"は「AとB」の「と」に相当する。「AあるいはB」は「A 或者 huòzhě B」と言う。"下午两点半到五点"は「午後2時半から5時（に到る）まで」であるが，「から」に当たる成分（"从"）の使用は任意である。

一年有四个季节：春天，夏天，秋天和冬天。
一年有十二个月：一月，二月，三月，四月，五月，六月，七月，八月，九月，十月，十一月，十二月。
一个月有三十一天或者三十天。大月有三十一天，小月有三十天。
一个星期有七天：星期一，星期二，星期三，星期四，星期五，星期六，星期天。
今天几月几号，星期几？ —— 今天一月二十一号，星期三。
一天有二十四个小时，一个小时有六十分钟，一分钟有六十秒。
你的表，现在几点？ —— 2∶04（两点零四分）。
　　　　　　　　　　 —— 2∶14（两点十四分）

住　zhù　住む，宿泊する
负责任　fù zérèn　責任をとる
给　gěi
　　……のために，受益者を導く前置詞
季节　jìjié　季節

春天　chūntiān　春
夏天　xiàtiān　夏
秋天　qiūtiān　秋
冬天　dōngtiān　冬

"年 nián"，"天 tiān"，"分钟 fēnzhōng"，"秒 miǎo"は量詞として働き，数詞と直接結合する。"小时 xiǎoshí"は名詞としても量詞としても使われる。口語では"星期 xīngqī"を"礼拜 lǐbài"，"小时 xiǎoshí"を"钟头 zhōngtóu"と言うことも多い。

8.8　「それに他の部員も君に紹介したいしね」

"我还要给你介绍其他队友呢。"の"还"は「その上になお（……も）；その他にまだ（……も）」という「つけ足し」を表す副詞である。この文では，「単に練習するだけでなく，チームメートの紹介もしたい」という意味が"还"によって伝えられている。

　　我还想给你介绍一个男朋友呢。
　　我买了一本字典和两本词典，我还想再买一本语法书。

"要"は外部からの要請に応じて「……しなければならない」という意味と，自らの欲求にもとづく「……したい」という意味を表す。前者の否定には"可以不……"（……しなくてもかまわない）あるいは"不用……"を，後者の否定には"不想…"（……したいと思わない）を用いる。

　　我要学车。…………自動車の免許を取らなければならない。；取りたい。
　　我可以不学车。……取らなくてもかまわない。
　　我不想学车。………取りたいとは思わない。

词典　cídiǎn　辞典　　　　　　语法书　yǔfǎshū　文法書

練習問題

1. 以下のパターンを使って会話練習をしなさい。
   A：喂，请问是……吗？
   B：你打错了。
   A：喂，请问是……吗？
   B：我就是。您是哪位？
   A：我是……，我想………。

2. 文を完成しなさい。
   1．我（什么时候）给（谁）发了一个 E-mail，告诉他（什么）。
   2．我（什么时候）给（谁）打了一个电话，告诉他（什么）。
   3．我（什么时候）给（谁）写了一封信，告诉他（什么）。

3. 対話を完成しなさい。
   …………。── 那就谢谢你了。(それではお言葉に甘えさせていただきます。)
   …………。── 那就不客气 kèqi 了。(それでは遠慮なくいただきます。)
   …………。── 那就不知道了。(そうなるとわかりませんね。)
   …………。── 那就来不及 láibují 了。(それでは間に合いませんね。)

4. 文を完成しなさい。
   (1) …………，我还想买 …………。
   (2) …………，我还想吃 …………。
   (3) …………，我还想看 …………。
   (4) …………，我还想去 …………。

コラム 06 省いて補って

　話し相手の説得に同意し、「考えてみればそれもそうだ」と相槌を打つとき、中国語では"想想也是。Xiǎngxiang yě shì."と言う。この相槌は"想想"（少し考えてみる）と"也是"（同様に正しい）からできているのだが（"是"は"是非"の"是"）、「誰が」「何を」考えるのか、「何が」そうなのか、いずれも省略され表面に出ていない。日本語の文法もそうであるが、中国語の文法においても英文法で馴染み深い五文型に当たるものがない。そういうものを提示することができない大きな理由の一つは、主語や目的語のような文成分の省略が頻繁に起こることである。

　どのような状況でどのような成分の省略が起こるか、日本語と大きくは違わないが、微妙にずれることも少なくない。「考えてみればそれもそうだ」と"想想也是"を例に取ると、日本語では「も」を使い、中国語では"也"を使って、正しいと思える考え方が他にも存在することを示している。しかし、日本語の「も」はなにかに後置して使う成分であるため、「それ」が必要となる。「それ」がないと「も」の行き場所がなくなってしまう。一方、中国語の"也"は述語に前置して使う成分であるため、「それ」に当たる成分を必要としない。

　第4課のポイント4.5で"来，这个花卷儿给你。"（はい、このホアジュア、あなたにあげる）を解説して、「"给你。"は"我给你。"から"我"が省略されている。この感覚は日本語と同じである。日本語はさらに『あなた』も省略して、『はい、このホアジュア、あげる』とまで言うことができるが、中国語の場合、"来，这个花卷儿给你。"から"你"を省略するのは難しい」と述べた。"我"や"你"は人称代名詞である。中国語は人称代名詞が文法の中にしっかりと根づいた言語で、その使用頻度は極めて高い。一方で文脈情報に頼り頻繁に文成分を省略し、一方で人称代名詞を用いて文成分を補う。この相反する作業がどのようにバランスを保っているのかを知ることはなかなか難しい。

　人称代名詞の用法で有名な例を一つ紹介する。「私が花束を贈った先生」を中国語で言ってみてほしい。「贈る」には"送"、「花束」には"一束花儿"（一束の花）を用いる。直訳した"我送一束花儿的老师"は残念ながら誤りで、以下のように言わなければならない。

　　我送他一束花儿的老师　wǒ sòng tā yī shù huār de lǎoshī

日本語には「私が彼に花束を贈った先生」という言い方は存在しないが、中国語ではどうしてもそのように表現しなければならないのである。

　省略と人称代名詞、どちらも厄介な現象である。厄介なものに出会ったときは、「あー、厄介だ」ではなく、「へえ、そうなんだ、面白いなあ」と切り替えることにしたい。省略と人称代名詞に敏感になることは、中国語に習熟するキーの一つである。

9 私の中国語はまだへたです

我汉语还说得不好
Wǒ Hànyǔ hái shuō de bù hǎo

活动中心，下午两点20分，羽毛球队在练习，今井一进门就听到队员的"加油！"声。夏爱华和张强对打。

队员：加油！加油！张强，加油！
队员：好球！得分。你们看，这球杀得多漂亮啊！真不愧是咱们的队长。
队员：是啊，小张实在是太酷了。
队员：爱华打得也不错啊！
队员：他们两个打得都不错。

　　　　　　　…………

今井：练习已经开始了？我来晚了吗？
张强：不，你来得正好。刚才我们是闹着玩儿的，现在才要开始呢。
　　　各位，给大家介绍一下，这位是新加入的同学——今井真琴。大家欢迎！

（大家鼓掌欢迎）

今井：大家好，我是从日本来的留学生，现在在国际交流学院学习。我在国内学过两年汉语，但是我汉语还说得不好……
爱华：你汉语说得很不错！
张强：（对今井）爱华是从美国回来的华侨子弟，去年也在国际交流学院学汉语，现在是中文系的研究生了。
爱华：你在国内练过羽毛球吗？
今井：没有练过，只在上体育课的时候打过几次，打得不好。
爱华：没关系！咱们队长可以教你打球，我们队里他打得最好。小张，你说是不是啊？

状況 約束時間の10分前,真琴が活動センターに到着すると,張強君が留学生を相手に熱戦の最中。張強君のバトミントンは腕前はなかなかのものである。バトミントン部の部員たちに囲まれ,真琴は中国に来て2度目の自己紹介をすることになった。

Huódòng Zhōngxīn, xiàwǔ liǎng diǎn èrshí fēn, Yǔmáoqiúduì zài liànxí, Jīnjǐng yī jìn mén jiù tīngdào duìyuán de 'jiā yóu!' shēng. Xià Àihuá hé Zhāng Qiáng duìdǎ.

Duìyuán : Jiā yóu! Jiā yóu! Zhāng Qiáng, Jiā yóu!
Duìyuán : Hǎo qiú! Dé fēn. Nǐmen kàn, Zhè qiú shā de duō piàoliang a! Zhēn bù kuì shì zánmen de duìzhǎng.
Duìyuán : Shì a, Xiǎo Zhāng shízài shì tài kù le.
Duìyuán : Àihuá dǎ de yě bùcuò ya!
Duìyuán : Tāmen liǎng ge dǎ de dōu bùcuò.
　　　　　　　　　..................
Jīnjǐng : Liànxí yǐjīng kāishǐ le? Wǒ láiwǎn le ma?
Zhāng : Bù, nǐ lái de zhèng hǎo. Gāngcái wǒmen shì nàozhe wánr de, xiànzài cái yào kāishǐ ne. Gèwèi, gěi dàjiā jièshao yīxià, zhèi wèi shì xīn jiārù de tóngxué—Jīnjǐng Zhēnqín. Dàjiā huānyíng!
　　　　　　　(Dàjiā gǔ zhǎng huānyíng)
Jīnjǐng : Dàjiā hǎo! Wǒ shì cóng Rìběn lái de liúxuéshēng, xiànzài zài Guójì Jiāoliú Xuéyuàn xuéxí. Wǒ zài guónèi xué guo liǎng nián Hànyǔ, dànshì wǒ Hànyǔ hái shuō de bù hǎo……
Àihuá : Nǐ Hànyǔ shuō de hěn bùcuò!
Zhāng : (duì Jīnjǐng) Àihuá shì cóng Měiguó huílai de huáqiáo zǐdì, qùnián yě zài Guójì Jiāoliú Xuéyuàn xué Hànyǔ, xiànzài shì Zhōngwén xì de yánjiūshēng le.
Àihuá : Nǐ zài guónèi liàn guo yǔmáoqiú ma?
Jīnjǐng : Méiyou liànguo, zhǐ zài shàng tǐyùkè de shíhou dǎ guo jǐcì, dǎ de bù hǎo.
Àihuá : Méi guānxi! Zánmen duìzhǎng kěyǐ jiāo nǐ dǎ qiú, wǒmen duì li tā dǎ de zuì hǎo. Xiǎo Zhāng, nǐ shuō shì bu shì a?

語句

在……	zài	……している。進行中であることを表す。(→11.1)
一……就……	yī ...... jiù	……したとたん……，……すればすぐ……(→11.6)
听到	tīngdào	聞こえる，耳に入る (→第10課語句"看见")
队员	duìyuán	部員
加油！	jiā//yóu!	頑張れ！
对打	duìdǎ	1対1で打ち合う
好球！	hǎoqiú!	ナイススマッシュ！球技でいいスマッシュ，投球等に対する称賛のことば
得分	dé//fēn	得点する
杀球	shā//qiú	反撃して"球"を打ち返す
得	de	→9.1
多……啊！	duō ...... a!	本当に……だ，なんと……か
漂亮	piàoliang	きれいである，見事である
真不愧是……	zhēn bù kuì shì	本当に……の名に恥じない。
咱们	zánmen, záman	"咱们"は「聞き手を内に取り込んだ私たち」を表す。"我们"で十分な状況でも，話し手と聞き手の親密度を高める効果をねらって"咱们"を使うことがある。
实在是太……了	shízài shì tài ... le	本当に……だ (→23.1)
酷	kù	格好いい，様になっている
打球	dǎ//qiú	"打"はhitあるいはsmashとplayの両方の意味を含む。
不错	bùcuò	いい，悪くない
已经……了	yǐjīng ...... le	すでに……した，すでに……になっている
开始	kāishǐ	開始する，着手する，し始める
来晚了	lái wǎn le	来るのが遅れた，遅刻した
正……	zhèng	ちょうど……している最中である
刚才	gāngcái	いまさっき，先ほど
是……的	shì ...... de	→9.3
闹着玩儿	nàozhe wánr	ふざけて遊ぶ("着"→10.1)
才……	cái	→9.4
各位	gè wèi	各位，みなさん
新	xīn	新しい
加入	jiārù	加入する
欢迎	huānyíng	歓迎する

鼓掌	gǔ//zhǎng	拍手する
国内	guónèi	国外に出て自国に言及するときによく用いる。
过	guo	→9.5
没有	méiyou	→9.5
但是	dànshi	しかし
回来	huílai	帰ってくる，返ってくる
华侨子弟	huáqiáo zǐdì	華僑の若い世代
去年	qùnián	去年
练	liàn	練習する
只……	zhǐ	ただ……だけ
没关系	méi guānxi	差し支えない，大丈夫である，かまわない
你说是不是？	Nǐ shuō shì bu shi?	そうだろう。話し相手に同意を求める表現で，直訳は「イエスかノーか言いなさい」。
爱华	Àihuá	人名
美国	Měiguó	国名

9.1 「見事な切り返しだね！」

"这球杀得多漂亮啊！"は張強の鮮やかな切り返しに対する称賛である。"杀球"で相手が攻撃してきた"球"に反撃することを言うが，"这球"で反撃の"球"を，"杀得"で反撃の動作を，"多漂亮啊！"で動作の鮮やかさを表している。

動作や行為を評価・説明の対象としてとり上げ，その程度や結果などを説明するとき，動詞に"得"を付加し，その後に評価・説明の表現を続ける。"得"は日本語で巧みな比喩を指して使う「言い得て妙」の「得」である。

"杀得多漂亮啊！"のような述語がさらに目的語を伴う場合，3種類の処理方法がある。使用頻度が高いのはⅡとⅢで，Ⅰはあまり使われない。

Ⅰ. 张强　　打　　羽毛球　　打得　　很好。
Ⅱ. 张强　　的　　羽毛球　　打得　　很好。
Ⅲ. 张强　　　　　羽毛球　　打得　　很好。

你来得正好！
张强这球，杀得多漂亮啊！

我们队里，张强（的）球打得最好，爱华（的）球打得也不错。
我（的）汉语还说得不好。——你（的）汉语已经说得很不错了。

9.2 「なんと鮮やかな！」

"多漂亮啊！"は「なんと鮮やかな！」という感嘆表現であるが、〈"多"＋形容詞〉は本来数量を問う疑問表現である。〈"有"＋"多"＋形容詞〉と作ることも多い。また、口語では"多"はよく第2声で発音される。〔"多少"→5.2〕

你今年（有）多大？	年齢・面積などを問う
你（有）多高？	高さを問う
你（有）多重？	重さを問う
长江（有）多长？	長さを問う
长安街（有）多宽？	幅の広さを問う
琵琶湖（有）多深？	深さを問う
这本书（有）多厚？	厚さを問う

このタイプの疑問表現が名詞を修飾することは少ないが、数をたずねる"多少＋名詞"、年配の人に年齢をたずねる"多大年纪"、時間の長さをたずねる"多长时间"はよく使われる。

中国现在有多少人口？
您多大年纪了？
你中国话学了多长时间了？

感嘆表現になった"多"は"多么"とも言う。

大	dà	大きい	长	cháng	長い	厚	hòu	厚い
高	gāo	高い	宽	kuān	広い	年纪	niánjì	年齢，歳
重	zhòng	重い	深	shēn	深い			

> 你看，天气多（么）好！
> 你看，这花儿开得多（么）好！

9.3 「さっき僕たちはふざけて遊んでいたんだ」

"刚才我们是闹着玩儿的"，この文は「先ほどの我々」がどういうものであったかを説明している。"的"を用いて"闹着玩儿的"（ふざけて遊んでいたもの）という類を作り，"是"を用いてさっきの我々はその類に属すると言っている。このような構文は強い説明・解釈のニュアンスをもつ。（→ 11.7）

> 我的名字是我爷爷给我起的。
> 你的病是可以治好的。
> 近亲结婚是法律不允许的。
> 人死，是有一个过程的。

9.4 「今からやっと始めるんだよ」（→ 6.6）

"现在才要开始呢！"の"才"は"就"の反義語である。ある条件がようやく満たされ，そこで「やっと・苦労して・遅れて」ある事態につながるという状況で用いる。

> 这件白衬衫，我洗了三遍才洗干净。
> 李老师办公室的电话号码，我记了五次才记住。
> 我是考虑了一个晚上才决定这么做的。
> 我不知道体育馆在哪儿，我找了两个小时才找到。
> 她告诉我，我才知道，留学生也可以参加中国学生的社团活动。

天气　tiānqì　天気
花儿　huār　花
起名字　qǐ míngzi　名前をつける
近亲结婚　jìnqīn jiéhūn　近親婚

允许　yǐnxǔ　許す
死　sǐ　死ぬ
过程　guòchéng　過程

9.5　「私は日本で中国語を二年間勉強しました」

　"学过两年汉语"は「中国語を二年間勉強した」という意味であるが，語順に注意したい。期間を表す成分"两年"が動詞"学过"と目的語"汉语"の間に割り込んでいる。さらに，期間が"的"を帯びて目的語を修飾することもある。

　　我小时候学过五年（的）书法。
　　他在中国当过几年（的）翻译。
　　我在贸易公司干过几年（的）外贸工作。
　　她吃了一个星期（的）药，感冒才好。

　"学过"の"过"は事態が過ぎ去り，過去のものとなったことを表す。過去は近い過去から遠い過去まで幅広くカバーすることができるが，"过"の典型的な用法は日本語の「……したことがある」「（過去において）……している」という回顧表現と対応する。否定形は"没（有）……过"となる。

　　你在国内练过羽毛球吗？——没有练过，只在上体育课的时候打过几次，打得不好。

　"过"が表す事態に限らず，時間の流れの中で無から有的に発生した事態（進行中／持続中の事態も含む）を否定するには"没（有）"を用いる。とりあえずは，肯定形が"了"，"着"，"过"を含んでいれば，"没（有）"で否定すると覚えておけばよい。

书法　shūfǎ　書道
当　dāng　……を務める
贸易公司　màoyì gōngsī　貿易会社
干　gàn　する，やる
吃药　chī yào　薬を飲む
感冒　gǎnmào　風邪，風邪をひく

你看天气预报了吗？——没有，我没有看天气预报。
你吃饭了吗？——还没呢。
今年春天来得晚，到现在，柳条还没绿呢。
（比较：今年秋天来得早，树上的叶子已经红了。）

9.6 「まだじょうずに話せません」

"我汉语还说得不好。"の"还"は，今ある状態に同じ状態を「つけ足し」することで，「まだ……という状態のままである」という意味を表す。よって，"还说得不好"は"我的汉语"がいまだ"说得不好"の状態から抜け出られていない，つまり「まだ下手である」という意味になる。(→8.8)

现在北京的天气还不太冷。
今井对新的生活环境还不太适应。
今井对尚美的脾气还不太了解。

天气预报　tiānqì yùbào　天気予報
还没呢．　Hái méi ne.　まだです。
绿　lǜ　緑色である
柳条　liǔtiáo　柳の枝
冷　lěng　寒い

环境　huánjìng　環境
适应　shìyìng　適応する
脾气　píqi　気質
了解　liǎojiě　理解する

練 習 問 題

1．例をまねて文を作りなさい。

   例：今井汉语说得（很好；不错；非常好；还不太好）。

   说英语　　　　写汉字　　　　做中国菜　　　　包饺子
   弹钢琴　　　　打太极拳　　　打乒乓球　　　　打麻将

2．例をまねて問答練習をしなさい。

   问：你今年多大？你的生日是几月几号？
   答：我今年27岁。我的生日是4月14号。
   问：你有多高？（身高）
   答：我有1米63。
   问：你有多重？（体重）
   答：我有55公斤。（我有110斤。yībǎi yīshí jīn）

3．自分の状況に合わせて問いに答えなさい。

   问：你去过中国吗？　　——答：……………。
   问：你吃过麻婆豆腐吗？——答：……………。
   问：你看过中国电影吗？——答：……………。
   问：你学过打太极拳吗？——答：……………。
   问：你看见过熊猫吗？　——答：……………。

4．文を完成しなさい。

(1) 因为我喜欢…………………，所以…………………。
(2) 因为我对……………很感兴趣，所以…………………。
(3) 因为我没有去过………………，所以…………………。
(4) 因为我不会………………，所以…………………。
(5) 因为我不知道………………，所以…………………。

留学生クラスの授業風景

10 手に持っているのはなに

你手上拿着什么？
Nǐ shǒu shang ná zhe shénme?

尚美打扮得特别漂亮来到活动中心门口。

今井打完羽毛球，从活动中心出来，看见尚美在门口等人。平时上课都穿着T恤和牛仔裤的尚美，今天打扮得特别漂亮。她身上穿着一件白色衬衫，配着一条款式新颖的花短裙，脚上穿着一双短靴。肩膀上斜挎着一个皮包，手上拿着一个包装精美的礼盒。梳理得整整齐齐的短头发上别着一个金色的小发夹，耳朵上戴着一副耳环，脸上化着淡妆，大大的一双眼睛，望着活动中心的大门。在夕阳余晖中，显得特别亮眼。

今井：尚美，你怎么来了？今天穿得好漂亮啊！
尚美：嗯……你身上穿着运动服，已经开始打球了吗？
今井：我听了你的意见之后，马上就来报名了。
尚美：你动作还真快。
今井：欸，你手上拿着什么？包装得好精美！这是谁送给你的礼物吗？还是你要送给谁的？
尚美：……

語句

打扮	dǎban	おめかしをする，着飾る
特別	tèbié	特別である，特に
打完羽毛球	dǎwán yǔmáoqiú	バトミントンをやり終える
出来	chūlai	出てくる
看见	kànjian	……が目に入る。"看"は視線に事物を捉えようとする動作を言い（「……に目を遣る」），"看见"はその結果を言う。聴覚の"听"と"听见"（「……が耳に入る」），嗅覚の"闻 wén"と"闻见"（「……の臭い・香りがする」）も同様の対立である。微妙

| 状況 | 真琴が練習を終え課外活動センターから外に出ると，Tシャツにジーパンという普段のいでたちとは打って変わった尚美の姿がそこにあった。夕陽の中に佇み，大きな瞳はセンターの入り口をじっと見つめている。|

Shàngměi dǎban de tèbié piàoliang láidao Huódòng Zhōngxīn ménkǒu.

> Jīnjǐng dǎwán yǔmáoqiú, cóng Huódòng Zhōngxīn chūlai, kànjian Shàngměi zài ménkǒu děng rén. Píngshí shàng kè dōu chuān zhe T-xù hé niúzǎikù de Shàngměi, jīntiān dǎban de tèbié piàoliang. Tā shēn shang chuān zhe yī jiàn bái sè chènshān, pèi zhe yī tiáo kuānshì xīnyǐng de huā duǎnqún, jiǎo shang chuān zhe yī shuāng duǎnxuē. Jiānbǎng shang xié kuà zhe yī ge píbāo, shǒu shang ná zhe yī ge bāozhuāng jīngměi de lǐhé. Shūlǐ de zhěngzhěngqíqí de duǎn tóufà shang bié zhe yī ge jīnsè de xiǎo fàjiā, ěrduo shang dài zhe yī fù ěrhuán, liǎn shang huà zhe dànzhuāng, dàdàde yī shuāng yǎnjing, wàng zhe Huódòng Zhōngxīn de dàmén. Zài xīyáng yúhuī zhōng, xiǎnde tèbié liàngyǎn.
>
> Jīnjǐng : Shàngměi, nǐ zěnme lái le? Jīntiān chuān de hǎo piàoliang a!
> Shàngměi : Ńg……, nǐ shēnshang chuān zhe yùndòngfú, yǐjīng kāishǐ dǎ qiú le ma?
> Jīnjǐng : Wǒ tīng le nǐ de yìjiàn zhī hòu, mǎshàng jiù lái bàomíng le.
> Shàngměi : Nǐ dòngzuò hái zhēn kuài.
> Jīnjǐng : Éi, Nǐ shǒu shang ná zhe shénme? Bāozhuāng de hǎo jīngměi! Zhè shì shéi sònggěi nǐ de lǐwù ma? Háishi nǐ yào sònggěi shéi de?
> Shàngměi : ……

		な違いはあるが，"见"はしばしば"到"に置き換わる。（→コラム〈風が吹けば桶屋がもうかる〉p.152）
门口	ménkǒu	入り口
等	děng	待つ
都	dōu	→10.2
穿	chuān	上着から靴まで，最も基本的な被覆物を身につける。
着	zhe	→10.1
T恤	T-xù	Tシャツ。"T恤衫"とも言う。

牛仔裤	niúzǎikù	ジーパン，ジーンズ
身上	shēn shang	からだ（の表面）
件	jiàn	量詞
白色	báisè	白色
衬衫	chènshān	ブラウス，シャツ
配	pèi	取り合わせる
条	tiáo	量詞
款式	kuǎnshì	デザイン，様式
新颖	xīnyǐng	斬新である
花短裙	huā duǎnqún	模様の入ったミニスカート
脚	jiǎo	足（靴を履く部分）。ズボンを履く部分は"腿"。
双	shuāng	量詞
短靴	duǎnxuē	ショートブーツ
肩膀	jiānbǎng	肩
斜挎	xié kuà	斜めに掛ける
皮包	píbāo	革製のバッグ
手	shǒu	手
拿	ná	持つ，手にする
包装	bāozhuāng	包装する
精美	jīngměi	精緻で美しい
礼盒	lǐhé	贈答品を入れる箱
梳理	shūlǐ	櫛ですく
整齐	zhěngqí	整然としている
短头发	duǎn tóufà	短髪，ショートカット
别	bié	ピンなどで留める
金色	jīnsè	金色
发夹	fàjiā	ヘアピン
耳朵	ěrduo	耳
戴	dài	帽子・眼鏡・腕時計・装飾品などを身につける
副	fù	量詞
耳环	ěrhuán	イアリング
脸	liǎn	顔
化淡妆	huà dànzhuāng	薄化粧をする
望	wàng	見つめる，ながめる
大门	dàmén	正門，表門
夕阳	xīyáng	夕日
余晖	yúhuī	残光
显得	xiǎnde	……に見える

亮眼	liàngyǎn	人目を引く
好……啊！	hǎo ...... a!	感嘆表現。若い女性が好んで用いる。
运动服	yùndòngfú	スポーツウエア
……之后	...... zhīhòu	……の後
马上就……	mǎshàng jiù	すぐさま……する
报名	bào//míng	申し込む
动作	dòngzuò	行動，動く
还真快	hái zhēn kuài	なかなか速いじゃない。"还"は「なかなかのものだ」というニュアンスで，意外な感じを伝える。
送给	sònggěi	→10.5
礼物	lǐwù	プレゼント
还是	háishi	→10.6

10.1　「彼女は白いブラウスを着ている」(→ 20.1)

"她身上穿着一件白色衬衫。"の"着"は，ある事態が動作行為の開始後あるいは実現後にそのままの状態を保っていることを表す。主に静的でヴィジュアルな状況の描写に用い，以下の形式に用いられると，人や事物の存在を報告する。否定には"没（有）"を用いる。(→コラム〈数量詞の個体化機能〉p.100)

場所＋動詞＋"着"＋（数量詞）｜人／事物

朴尚美身上穿着一件白色衬衫。
活动中心门口站着一个女孩子。
信封上没有写着寄信人的名字。
他的桌子上没有放着书包，只放着一个作业本子。

"大大的一双眼睛，望着活动中心的大门。"の"望着"はじっと凝視する様を描いている。

作业本子　zuòyè běnzi　練習帳

10.2 「普段授業に出るときはいつもTシャツとジーパンである」

"平时上课"は1日1日，1回1回の積み重ねである。"平时上课都穿着T恤和牛仔裤"の"都"は，その1日1日，1回1回，朴尚美がつねに"穿着T恤和牛仔裤"であることを伝えている。

尚美平时上课都戴着一副金丝边近视眼镜。
我们每个人都有自己喜欢的生活方式。
李老师给每个外国学生都起了一个中国名字。
每天晚上他都睡得很晚，所以每次上课他都要打瞌睡。

10.3 「どうしてこんなところにいるの」

"怎么"は，本来，「方法」や「方式」を問う疑問詞であるが，"你怎么来了？"の"怎么"は，いぶかって「どうしてなのか」と疑念をぶつける用法である。

你知道去体育馆怎么走吗？
你知道"T-xù"的"xù"字怎么写吗？
你怎么还不明白呀！
你怎么可以自作主张呢？

より客観的に理由を問うときは"为什么"を用いる。

太阳为什么从东边出来？
你父亲姓李，你母亲姓林，你为什么叫朱红呢？
女人为什么要有自己独立的节日？

金丝边近视眼镜	jīnsībiān jìnshì yǎnjìng 金縁眼鏡	自作主张	zì zuò zhǔzhāng 自分勝手に事を運ぶ
生活方式	shēnghuó fāngshì 生活スタイル	朱红	Zhū Hóng 人名
睡	shuì 寝る	独立	dúlì 独立する
打瞌睡	dǎ kēshuì 居眠りをする	节日	jiérì 祝日

你为什么相信神呢？

10.4 「これはだれかがあなたにくれたプレゼント？」

"这是谁送给你的礼物吗？"の"谁"は「だれが」ではなく，「だれかが」という意味である。日本語の疑問代名詞は接尾辞「か」を伴ってはじめて不定代名詞となるが，中国語の疑問代名詞はそのままの形で不定代名詞としても使える。

我点名的时候，要是谁没来，你们就说"没来"，好吗？
你们要是有什么不明白的地方，就举手提问，好吗？
我好像在哪儿见过你。
星期天去哪儿走走，好吗？

10.5 "送"と"送给"

"送"と"送给"の意味は基本的に等しいが，"送给"は必ず目的語を伴う。また，"送给"のほうがよりフォーマルで，さまざまな構文に対する適応力も高い。(→ 14.3)

我想送你一个皮包。
他听了她的演奏，特地送了她一束白郁金香。
同学们送给他一个外号，叫"事后诸葛亮"。
你要是喜欢这件衬衫，就送给你吧。

神　shén　神
举手　jǔ shǒu　挙手する
提问　tíwèn　質問する
好像　hǎoxiàng　……のようである
演奏　yǎnzòu　演奏する

特地　tèdì　わざわざ
束　shù　量詞
郁金香　yùjīnxiāng　チューリップ
事后诸葛亮　Shìhòu Zhūgě Liàng
　　結果が出てからしたり顔をする人間

10.6 「それともあなたがだれかにプレゼントするもの？」

"还是你要送给谁的？"の"还是"は選択肢を導いている。中国語の最も典型的な選択疑問の形式は"是……，还是……？"で、「……」の箇所に選択肢が入る。"吃饭"（ご飯にする）と"吃面"（麺にする）を選択肢とし、「ご飯にするか，それとも麺にするか」という選択疑問文を作れば，次のようになる。

　　　是吃饭，还是吃面？

最も略式の選択疑問文は選択肢を単に並べただけのものとなる。

　　　吃饭？吃面？（ご飯にする？　麺にする？）

疑問のニュアンスを強めたいときは，文末助詞"呢"を用いる。

　　　你到底是怜悯她呢，还是爱她呢？

"是"が述語となる場合，述語の"是"は"是……，还是……？"の"是"と一つに重なる。

　　　你是［是人］，还是［是鬼］？→ 你是人，还是鬼？

選択疑問文が圧縮されると反復疑問文になる。この二つの疑問文は選択肢を畳み掛けて問いを発するため，しばしばきっぱりとした答えを要求する文になる。"到底"（いったいぜんたい）と相性がよいのはそのせいである。（→ 8.1）

　　　明天你到底是来，还是不来？→明天你到底来不来？
　　　你到底是喜欢我，还是不喜欢我？→你到底喜欢不喜欢我？
　　　你到底是同意我的意见，还是不同意我的意见？→你到底同意不同意我的意见？

鬼　guǐ　幽霊
到底　dàodǐ　結局のところ

怜悯　liánmǐn　同情する

練習問題

1. 文を完成しなさい。

	身体部位		描写	
朴尚美	身上	穿着	一顶	鸭舌帽
	头上	斜挎着	一副	礼盒
	脚上	戴着	一双	短靴
	肩膀上	别着	一件	小发夹
	头发上	化着	一个	耳环
	耳朵上	拿着		淡妆
	脸上			皮包
	手上			白色衬衫

2. 自分の状況に合わせて問いに答えなさい。

问：星期一到星期五，你每天都有课吗？
答：…………。
问：每次上课，你们都做什么？
答：…………。
问：每个学校都有自己的校徽。请问，你们学校的校徽是什么？
答：
问：我们每个人都有自己的习惯动作。你的习惯动作是什么？
答：…………。

3．自分の状況に合わせて問いに答えなさい。

問：你为什么要学汉语呢？

答：……………。

問：你为什么每次上课都要睡觉呢？

答：……………。

問：你为什么还不戒烟呢？

答：……………。

問：你为什么不喜欢穿裙子呢？

答：……………。

4．以下の文を朗読し、日本語に訳しなさい。

(1) 你的手机是 AU 的，还是 DoCoMo 的？

(2) 这次活动，你是参加呢，还是不参加，由你自己决定。

(3) 你是真不知道，还是装糊涂？

(4) 电话没打通，是拨错了号码，还是记错了号码？

(5) 是我误会了，还是你没说清楚？

コラム 07

数量詞の個体化機能

本書第10課の状況説明に以下のような文がある。
(1) 她身上穿着一件白色衬衫，配着一条款式新颖的花短裙，脚上穿着一双短靴。Tā shēn shang chuān zhe yī jiàn báisè chènshān, pèi zhe yī tiáo kuǎnshì xīnyǐng de huā duǎnqún, jiǎo shang chuān zhe yī shuāng duǎnxuē.（彼女は白いブラウスを着て、デザインの斬新なプリント地のミニスカートを合わせ、足元はショートブーツである）
日本人がこの文を読めば、だれもが「なぜ、いちいち"一件""一条""一双"と断わらなければならないのか」という疑問を抱くはずである。
では、次の例の"一只"はどうだろうか？これは第24課の状況説明からの引用である。

(2) 前面路口突然窜出来一只小猫，把他吓了一大跳。Qiánmiàn lùkǒu tūrán cuànchulai yī zhī xiǎomāo, bǎ tā xià le yī dà tiào.（前方の横町から突然子猫が一匹跳び出してきて，彼を跳び上がらんばかりに驚かせた）

　この"一只"に対してはなにも不思議に思わない。「小ネコ一匹」が"一只小猫"に置き換わっただけ，そういう理解で話がすんでしまいそうに思えるからである。

　さて，"一件""一条""一双"に不思議を感じ，"一只"にそれを感じないのはなぜだろうか？答えは簡単に出るように思える。前者は数量が一に決まっている状況で，いちいち一と断っている。ブラウスを二枚着たり，ブーツを二足履いたりすることはありえない。"一件""一条""一双"に対する疑問はそこに由来する。それに対し，後者は"两只小猫，三只小猫……"の可能性がある中で"一只小猫"と言っているため，不思議でもなんでもないわけである。換言すれば，日本語においては，数量的に一以外の可能性のある状況であれば一と断って不思議はないが，数量的対立がなく，一でしかありえない状況で一と断るのは不思議であるということになる。

　しかし，話はそれだけでは終わらない。例(2)で言うと，日本語では，数量的対立がありえるにも関わらず数量を指定せず，「突然子猫が跳び出してきて……」と言えるが，中国語では"一只"を落とすことができない。"一只"は必須の成分なのである。例(1)の"一件，一条，一双"も"一只"ほどではないが，落とすのは難しい。"一只"の使用と"一件，一条，一双"の使用が，中国語では同じ動機づけを有しているということである。

　"一只小猫"は次の例の"猫"と対立する。

(3) 我听说，猫有九条命。Wǒ tīngshuō, māo yǒu jiǔ tiáo mìng.（ネコは8回生まれ変わると聞いたことがある）

　例(3)の"猫"は，言うまでもなく類概念としての"猫"である。一方，例(2)の"一只小猫"は具体的な個体として"猫"である。中国語はこの「類」と「個体」の対立を形式的に反映させる方向に傾いた言語で，例(1)や例(2)における数量詞の使用はその要求に対応したものなのである。そして，具体的な個体として存在が確立した子ネコは，この子ネコ，あの子ネコと指示することができるようになる。この子ネコ，あの子ネコが中国語で"这(一)只小猫"，"那(一)只小猫"と表現される所以はまさしくここにある。

※このコラムのアイデアは大河内康憲（1985）〈量詞の個体化機能〉（『中国語学』232）に負っている。

誕生日おめでとう
祝你生日快乐
Zhù nǐ shēngrì kuàilè

　　6月7日是夏爱华的生日，不常到活动中心的尚美带着生日礼物在门口等爱华。今井打完球出来正好看见手上拿着礼物的尚美，两人聊天儿的时候，爱华和张强也出现了。

爱华：你们在聊什么呢？（对尚美）咦，你不是最不爱运动吗？怎么也在这儿？

尚美：我……，今天6月7号，这个！这是我送给你的生日礼物。

（尚美一边儿在心里说"人家可是专程给你送礼物来的"，一边儿递礼物。）

爱华：（收下礼物略显腼腆）连我自己都忘了！

今井：原来今天是爱华的生日啊！我也祝你生日快乐！

张强：你不打开看看吗？

今井：是啊，快打开看看吧。

爱华：好吧！既然大家都这么说，那我就恭敬不如从命了。

今井：哇，好别致的手机吊饰！

爱华：真谢谢你！

张强：一看就知道，是尚美亲手做的吧？做得真漂亮！

尚美：（对小张、今井）你们要是喜欢的话，就给你们每个人都做一个。你们的生日几月几号？

今井：太好了，我也想要一个。

张强：打了两个多小时的球，我看大家都饿了吧。为了庆祝爱华的生日，我请各位去吃全聚德的北京烤鸭，怎么样？

尚美：好啊！我也饿了，大家一起走吧。

爱华：好！我正饿得要命呢。

状況 今日は6月7日，夏愛華の誕生日。尚美が手に持つのは夏愛華への誕生プレゼント——手製の携帯ストラップ——であった。

Liù-yuè qī-rì shì Xià Àihuá de shēngrì, bù cháng dào Huódòng Zhōngxīn de Shàngměi dài zhe shēngrì lǐwù zài ménkǒu děng Àihuá. Jīnjǐng dǎwán qiú chūlai zhènghǎo kànjian shǒu shang ná zhe lǐwù de Shàngměi, liǎng rén liáo tiānr de shíhou, Àihuá hé Zhāng Qiáng yě chūxiàn le.

Àihuá	: Nǐmen zài liáo shénme ne? (duì Shàngměi) Yí, Nǐ bù shì zuì bù ài yùndòng ma? Zěnme yě zài zhèr?
Shàngměi	: Wǒ……jīntiān liù-yuè qī-hào, Zhèi ge! Zhè shì wǒ sònggěi nǐ de shēngrì lǐwù. (Shàngměi yībiānr zài xīn li shuō 'Rénjia kěshì zhuānchéng gěi nǐ sòng lǐwù lái de', yībiānr dì lǐwù.)
Àihuá	: (Shōuxià lǐwù lüè xiǎn miǎntiǎn) Lián wǒ zìjǐ dōu wàng le!
Jīnjǐng	: Yuánlái jīntiān shì Àihuá de shēngrì ya! Wǒ yě zhù nǐ shēngrì kuàilè!
Zhāng	: Nǐ bù dǎkāi kànkan ma?
Jīnjǐng	: Shì a, kuài dǎkāi kànkan ba.
Àihuá	: Hǎo ba! Jìrán dàjiā dōu zhème shuō, nà wǒ jiù gōngjìng bù rú cóng mìng le.
Jīnjǐng	: Wa, hǎo biézhì de shǒujī diàoshì!
Àihuá	: Zhēn xièxle nǐ!
Zhāng	: Yī kàn jiù zhīdào, shì Shàngměi qīnshǒu zuò de ba? Zuò de zhēn piàoliang!
Shàngměi	: (duì xiǎo Zhāng, Jīnjǐng) Nǐmen yàoshi xǐhuān de huà, jiù gěi nǐmen měi ge rén dōu zuò yī ge. Nǐmen de shēngrì jǐ-yuè jǐ-hào?
Jīnjǐng	: Tài hǎo le, wǒ yě xiǎng yào yī ge.
Zhāng	: Dǎ le liǎng ge duō xiǎoshí de qiú, wǒ kàn dàjiā dōu è le ba. Wèile qìngzhù Àihuá de shēngrì, wǒ qǐng gè wèi qù chī Quánjùdé de Běijīngkǎoyā, zěnmeyàng?
Shàngměi	: Hǎo wa! Wǒ yě è le, dàjiā yīqǐ zǒu ba.
Àihuá	: Hǎo! Wǒ zhèng è de yàomìng ne.

語句

生日	shēngrì	誕生日
不常……	bù cháng	あまり……しない
带	dài	身に帯びる，携帯する
正好	zhènghǎo	ちょうどよい，折よく…する
出现	chūxiàn	現れる，出現する
咦	yí	え？，あれ？
不是……吗？	bù shì ...... ma?	→11.2
最……	zuì	最も
快乐	kuàilè	楽しい
一边儿……一边儿……	yībiānr ...... yībiānr	……しながら，それと並行して……する
人家	rénjia	"人家"（"家"は軽声）は口語に用いられる代名詞。日本語で言えば「人様，人」に相当する。第一人称代名詞，あるいは第三人称代名詞として使用されるが，第一人称代名詞の場合は若い女性や子供の言葉に多く，半分甘えを含んだ抗議を行うときに用いられる。
可是	kěshì	「本当に……なのに！」と強く確認する。
专程	zhuānchéng	わざわざ……
给……送……	gěi ...... sòng	……に……を送り届ける
递	dì	差し出す，手渡す
收下	shōuxià	受け取る，手元に留める
略显腼腆	lüè xiǎn miǎntiǎn	少し恥ずかしがる
原来……	yuánlái	気がついてみると……だった（→23.7）
祝你生日快乐！	zhù nǐ shēngrì kuàilè	Happy birthday to you! の中国語訳
打开	dǎkāi	あける，ほどく
快	kuài	速い，急いで（……する）
既然……，那就……了	jìrán ...... , nà jiù ...... le	……である以上は……することにする
送礼	sòng//lǐ	贈り物をする
恭敬不如从命。	Gōngjìng bù rú cóng mìng.	恭しく敬うは命に従うに如かず。
哇	wa	ほー，へー。
别致	biézhì	ユニークで洗練されている。"好别致的手机吊饰！"は「なんて素敵なストラップ！」。このパターンに"真"は使えない。"×真别致的手机吊饰！"は誤りとなる。
手机吊饰	shǒujī diàoshì	携帯ストラップ

亲手	qīnshǒu	自分の手で，手ずから
要是……的话，就……	yàoshì …… dehuà, jiù ……	もし……ということなら……
饿	è	お腹がすく，お腹がすいている
庆祝	qìngzhù	祝う
北京烤鸭	Běijīngkǎoyā	北京ダック
一起	yīqǐ	一緒に
……得要命	…… de yàomìng	死にそうなくらい……だ
全聚德	Quánjùdé	店舗名

11.1 「なにを話しているの」

"你们在聊什么呢？"は「なにを話しているの」という意味で，"在……（呢）"は事態が進行中であることを表す。

朴尚美还在等夏爱华的电话呢。
朴尚美的目光一直在看夏爱华。
昨天我给你打电话的时候，你在做什么？

事態がある時点でまさに進行中であることを強調するには"正"を加える。

夏爱华正在到处找你呢！
同学们正在注意地听李老师讲课。
昨天他来宿舍找我的时候，我正在厨房里煮面条儿。

11.2 「あなたは運動がなにより嫌いじゃなかった」

"不是……吗？"は「……ではないのか」「……ではなかったか」と，自分がすでにもっている認識を再確認するために用いる。（→6.3）

一直	yīzhí	ずっと	厨房	chúfáng	台所
到处	dàochù	至るところ	煮面条儿	zhǔ miàntiáor	麺をゆでる

你的电话不是 6786-1914 吗？
你不是说你爱吃饺子吗？
你不是最不爱穿短裙吗？
你不是最不爱看恐怖电影吗？

11.3 「尚美は心の中で……と言いつつ，プレゼントを差し出した」

"尚美一边儿在心里说……一边儿递礼物。"の"一边儿……一边儿……"は「一方で……しつつ，一方で……する」という意味を表し，二つの事態の同時進行を言う。

我一边儿查字典，一边儿写作业。
爱华一边儿看报纸，一边儿吃早饭。
今井在图书馆一边儿看书，一边儿等朴尚美。
李老师一边儿擦黑板，一边儿问今井："你最喜欢的颜色是什么？"

11.4 「本人の僕でさえ忘れていたよ」

"连我自己都忘了。"の直訳は「僕自身でさえ忘れていた」であるが，人が自分の誕生日を忘れてしまう可能性は極めて小さい。そのような可能性の極めて低い事態の発生を言うとき，"连……都……"が用いられる。ただし，"连"はよく省略され，また"都"の代わりに"也"を使うことも多い。

连我自己都忘了。＝我自己都忘了。
现在连几岁的孩子也会用电脑了。

恐怖电影　kǒngbù diànyǐng　ホラー映画

擦黑板　cā//hēibǎn　黒板の字を消す
电脑　diànnǎo　パソコン

このような事態が目的語を含むときは，目的語を動詞の前に移動させる。"没敲门"（ノックをしなかった）と"没说一声'再见'"（「さようなら」を言わなかった）から，「ノックもせず」「さようならも言わず」を作ると，次のようになる。

他连门都没敲，就进来了！
他连（一）声"再见"都没说，就走出了屋子。

11.5 「開けて見てみないの」

"不打开看看"は"打开看看"（開けて見てみる）全体が"不"で否定されて「開けて見てみようとしない」という意味になり，それにさらに"……吗？"を加えて，相手の意思を問う疑問文を作っている。このような"不……吗？"は"不想……吗？"と言うことも多い。

你不想去中国留学吗？
你不想再去武汉看看吗？

また，相手が行動を起こさないことを不思議に思えば"怎么不……呢？"と聞く。

你怎么不问问李老师呢？
你怎么不看春节晚会呢？春节晚会是很有意思的。

11.6 「見ればわかる」

"一看就知道……"は「見ればわかる」という意味になる。"就"が結果につなげる条件はさまざまな形で提示されるが，"一"は条件の発生から結果の実現までの経過時間が極めて短いことを示す。"既然"は「実際がそういうことである以上」と今ある事態をそのまま受け入れ，それを条件として提示する。"要是

武汉　Wǔhàn　地名
春节晚会　Chūnjié wǎnhuì　日本の紅白歌合戦に当たるテレビ番組

……的话"は「もしも……ということなら」と，条件となる事態の仮定性を明確にする。

> 我一说他就明白了。
> 我一喝酒脸就红。
> 既然这样，那就试试看吧！
> 你既然来了，就一定有来的理由。
> 真要是这样的话，那件事情可就太可怕了。
> 要是爱华不愿意教你打球的话，那就请张强教你吧。

11.7 「尚美が自分で作ったものだろう」

"是尚美亲手做的吧？"は"这个手机吊饰是尚美亲手给爱华做的吧？"の省略形である。"尚美亲手给爱华做了一个手机吊饰"をベースとして，この携帯ストラップ（"这个手机吊饰"）は尚美が自ら愛華のためにこしらえたもの（"尚美亲手给爱华做的"）であると説明している。

> 尚美亲手给爱华做了一个手机吊饰。→
> 　　　　　　　　　　（这个手机吊饰）是尚美亲手给爱华做的。
> 李玲老师一个人做了这些菜。→（这些菜）都是李玲老师一个人做的。
> 国际交流学院自己编了这些教材。→
> 　　　　　　　　　　（这些教材）都是国际交流学院自己编的。
> 我在苏州给我父亲买了一条领带。→（这条领带）是我在苏州给我父亲买的。

可怕　kěpà　恐ろしい
愿意　yuànyì　……する気がある

编　biān　編集する
领带　lǐngdài　ネクタイ

練習問題

1. 以下の状況に合うように，"不是……吗？"を用いた疑問文を作りなさい。
   (1) "红烧肉"が好物であるはずなのに食べようとしない。
   (2) この映画を見たいといったくせにチケットを買った後で行かないと言いだした。
   (3) この本を読んだことがあると言ったくせに内容を知らない。
   (4) 教えてもらったアドレスに打ったメールが宛先不明で返送されてくる。

2. 以下の文の目的語を主語に置き換え，解説型の文に言い換えなさい。
   (1) 我在苏州定做了一件旗袍。→
   (2) 我在上海南京路拍了很多照片。→
   (3) 王老师亲手刻了一块图章。→
   (4) 张强的队友给他起了一个很好听的外号——"超强"。→

3. 以下の文を朗読し，日本語に翻訳しなさい。
   (1) 夏爱华连自己的生日都忘了。
   (2) 今井，你身体不舒服吗？怎么连早饭都不吃了？
   (3) 朴尚美不爱运动，连飞人乔丹的名字都没有听说过。
   (4) 你们这些大学生，怎么连这个都不知道！
   (5) 你们怎么连《三国演义》这么有名的小说都不知道？

4. 以下の文を朗読し，日本語に翻訳しなさい。
   (1) 李老师一进门，电话铃就响了。
   (2) 一想起这些，我就想哭。
   (3) 既然你们都没有时间参加明天的活动，那就改天吧。
   (4) 以后我要是想找你的话，可以去你们活动中心吗？
   (5) 夏爱华一边儿弹吉他，一边儿唱《我和你》："我和你，心连心，同住地球村，为梦想，千里行，相会在北京。来吧！朋友，伸出你的手，我和你，心连心，永远一家人。"

12 李先生の授業㈠
李老师上课（一）
Lǐ lǎoshī shàng kè

今井和尚美一起去上课，走到半路，上课铃儿响了。

今井：哎哟，糟糕，已经打上课铃儿了！
尚美：快走！快点儿走！
　　　　　　………………
李玲：同学们好！
学生：老师好！
李玲：现在我用中文点名。我叫谁的名字，谁就说声"到！"。今井！
今井：李老师！
李玲：怎么？你怎么了？
今井：刚才您说的话，我没听明白，请您再说一遍！
李玲：好，我再说一遍，大家仔细听。现在我用中文点名，我叫谁的名字，谁就说一声"到！"今井，你听明白了吗？（今井点头）很好，大家没听明白的时候马上就提问。好，咱们重来。今井！
今井：到！
李玲：很好。朴尚美！
尚美：到！
李玲：史泰龙！
学生：………………
李玲：史泰龙呢？
今井：史泰龙没有来。
李玲：为什么没来？
今井：我不知道。
李玲：难道他今天又不来了？以后要是谁没来，你们就说"没来！"，好吗？好，现在咱们开始学新课。请大家把书打开！都预习了吗？
学生：预习了。

状況 少し真琴たちの授業風景をのぞいてみよう。今日の授業は李玲先生の担当である。真琴はどうやら聞き取りと発音に難があるようである。

Jīnjǐng hé Shàngměi yīqǐ qù shàng kè, zǒu dào bànlù, shàngkè língr xiǎng le.

Jīnjǐng	: Aiyo, zāogāo, yǐjīng dǎ shàngkè língr le!
Shàngměi	: Kuài zǒu! Kuài diǎnr zǒu!
	....
Lǐ Líng	: Tóngxuémen hǎo!
Xuéshēng	: Lǎoshī hǎo!
Lǐ Líng	: Xiànzài wǒ yòng Zhōngwén diǎn míng. Wǒ jiào shéi de míngzi, shéi jiù shuō shēng 'dào!'. Jīnjǐng!
Jīnjǐng	: Lǐ lǎoshī!
Lǐ Líng	: Zěnme? Nǐ zěnme le?
Jīnjǐng	: Gāngcái nín shuō de huà, wǒ méi tīng míngbai, qǐng nín zài shuō yī biàn!
Lǐ Líng	: Hǎo, wǒ zài shuō yī biàn, dàjiā zǐxì tīng. Xiànzài wǒ yòng Zhōngwén diǎnmíng, wǒ jiào shéi de míngzi, shéi jiù shuō yī shēng 'dào!' Jīnjǐng, nǐ tīng míngbai le ma? (Jīnjǐng diǎn tóu) Hěn hǎo, dàjiā méi tīng míngbai de shíhou mǎshàng jiù tíwèn. Hǎo, zánmen chóng lái. Jīnjǐng!
Jīnjǐng	: Dào!
Lǐ Líng	: Hěn hǎo. Piáo Shàngměi!
Shàngměi	: Dào!
Lǐ Líng	: Shǐtàilóng!
Xuéshēng	: ....
Lǐ Líng	: Shǐtàilóng ne?
Jīnjǐng	: Shǐtàilóng méiyou lái.
Lǐ Líng	: Wèi shénme méi lái?
Jīnjǐng	: Wǒ bù zhīdào.
Lǐ Líng	: Nándào tā jīntiān yòu bù lái le? Yǐhòu yàoshi shéi méi lái, nǐmen jiù shuō 'méi lái!', hǎo ma? Hǎo, xiànzài zánmen kāishǐ xué xīn kè. Qǐng dàjiā bǎ shū dǎkāi! Dōu yùxí le ma?
Xuéshēng	: Yùxí le.

李　玲：我们先念生词，请大家跟我念。"邻居""女孩儿""青梅竹马""美丽""姑娘""心中"……。今井，请你再念一下第五个生词。
今　井："kūniang"。
李　玲：大家说，这个词应该怎么念？
尚　美：念"gūniang"。
李　玲：对了，今井，请你注意送气音和不送气音的区别。林肯，你来念头两段儿课文，要注意声调和语调。
林　肯："我家邻居有个女孩儿，跟我青梅竹马，现在她已经是个美丽的姑娘了。……我爱她 tā，我心中只有她 tā。"*
李　玲："爱她"、"只有她"的"她"，再念轻点儿，就是这样……。

*选自赖妙宽著《共同的故乡》。

語句

走到半路	zǒu dào bànlù	途中まで来る
上课铃儿	shàngkè língr	始業のベル
哎哟	aiyo	おや，あら
糟糕	zāogāo	まずい
打铃儿	dǎ língr	ベルが鳴る
快点儿	kuài diǎnr	もう少し速く（……する）
谁……谁……	shéi ...... shéi	→12.5
怎么了	zěnme le	どうしたの
没	méi	"没有"の短縮形（→9.5）
听明白	tīng míngbai	聞いてわかる
仔细	zǐxì	注意深い，細心である
……的时候	...... de shíhou	……のとき
马上就……	mǎshàng jiù	すぐ……する，間髪をいれず……する
提问	tíwèn	質問をする
重来	chóng lái	改めてやり直す
……呢？	...... ne	→12.1
难道……	nándào	「まさかそんなことがあってもいいのか」というニュアンスの反問文を作る。"难道……吗？"と言うことも多い。
又	yòu	→12.6
新课	xīnkè	新しい課

Lǐ Líng	: Wǒmen xiān niàn shēngcí, qǐng dàjiā gēn wǒ niàn. 'línjū', 'nǚháir', 'qīngméi-zhúmǎ', 'měilì', 'gūniang', 'xīnzhōng' …… Jīnjǐng, qǐng nǐ zài niàn yīxià dì-wǔ ge shēngcí.
Jīnjǐng	: 'kūniang'.
Lǐ Líng	: Dàjiā shuō, zhèi ge cí yīnggāi zěnme niàn?
Shàngměi	: Niàn 'gūniang'.
Lǐ Líng	: Duì le, Jīnjǐng, qǐng nǐ zhùyì sòngqìyīn hé bùsòngqìyīn de qūbié. Línkěn, nǐ lái niàn tóu liǎng duànr kèwén, yào zhùyì shēngdiào hé yǔdiào.
Línkěn	: 'Wǒ jiā línjū yǒu ge nǚháir, gēn wǒ qīngméi-zhúmǎ, xiànzài tā yǐjing shì ge měilì de gūniang le. …… Wǒ ài tā, wǒ xīnzhōng zhǐ yǒu tā.' *
Lǐ Líng	: 'Ài tā', 'zhǐ yǒu tā' de 'tā', zài niàn qīng diǎnr, jiùshì zhèiyang …….

* Xuǎn zì Lài Miàokuān《Gòngtóng de gùxiāng》.

把	bǎ	→12.7
预习	yùxí	予習する
生词	shēngcí	新出単語
跟我念	gēn wǒ niàn	わたしの後に続いて発音してください。"跟"は「…の後に続く」という動詞的意味、および「…に（尋ねる、借りる）」、「…と（…する）」という前置詞的意味をもつ。
青梅竹马	qīngméi-zhúmǎ	竹馬の友。日本語では男同士であるが、中国語では幼なじみの男女を言う。
美丽	měilì	美しい
姑娘	gūniang	若い娘、女の子
心中	xīn zhōng	心の中
注意	zhù//yì	注意する
区别	qūbié	区別する
你来念……	nǐ lái niàn ……	さあ、あなたから読んください。
头两段儿	tóu liǎng duànr	最初の2段落
课文	kèwén	教科書のテキスト
声调	shēngdiào	声調
语调	yǔdiào	イントネーション
轻	qīng	軽い
史泰龙	Shǐtàilóng	人名、Stallone の音訳。
林肯	Línkěn	人名、Lincoln の音訳。

12.1 「スターン君は？」

"史泰龙呢？"では述語が省略されているが，先行文脈を頼りに「どうして返事をしないの？どこに行ったの？」という述語を補うことができる。このように，先行文脈から質問の意図が明確に読み取れる場合は，"呢"を用いることによって，その推測可能部分を省略した簡略疑問文を作ることができる。

　　日本人的血型，A型占绝大多数。中国人呢？
　　那现在呢？
　　那后来呢？
　　要是再失败呢？
　　你说呢？

"你说呢？"は「あなたの意見はどうなのか？」くらいの意味で，話相手から意見を求められたとき，答えをはぐらかし時間稼ぎをするときに用いる。

もし"……呢？"が談話の冒頭に来れば，通常「…はどこにある／いる？」という意味で理解します。

　　妈，茶叶呢？
　　尚美，你的手机呢？
　　爱华，张强呢？

12.2 「みんな予習はできてる？」

"都预习了吗？"は"今天要学习的内容，大家都预习了吗？"の省略形である。「誰が」と「なにを」が字面から消えているが，このあたりの感覚は日本語に近い。特に"都"の存在に注意しておきたい。"都"の存在により"大家"の省略が容

血型　xuèxíng　血液型
占　zhàn　占める
失败　shībài　失敗する

绝大多数　juédà duōshù　絶対多数
茶叶　cháyè　茶の葉

易になっている。「なにを」に当たる"今天要学习的内容"も言葉にするなら，動詞の後に置くのではなく，文頭に提示するのが中国語の文法に合致する。

　　（同学们）都来了吗？
　　（今天学的课，大家）都没有问题吗？
　　（给你们的礼物）都喜欢吗？

12.3　「始業のベルが鳴った」

"打上课铃儿了！"で「始業のベルが鳴った」という意味になる。"打雷了！"（雷が鳴った）と同じ発想の表現である。人や事物（音響なども含む）の無から有への突然の出現を言うとき，このパターンを用いる。

　　下雨了！………… 雨だ！
　　起风了！………… 風が出てきた！
　　漏水了！………… 水漏れだ！
　　来客人了！……… お客さんだよ！

12.4　「もう少し速く！」

"快点儿"や"轻点儿"は相対比較に用いる形式で，今の程度より少しだけ速い，軽いという意味を表す。（→ 15.6の(2)）"点儿"は"一点儿"の省略形である。この形式は動詞と組み合わせて使うことも多いが，そのままの形でも命令や請求に使うことができる。

　　快点儿！………… もう少し速く！
　　轻点儿！………… もう少し軽く！

一度程度を調節して更にもう一度調節する場合や，かなり理想に近いがあと少しという場合は"再"を加える。

再快点儿！………… あともう少し速く！
　再轻点儿！………… あともうすこし軽く！

"念轻点儿"は"念得轻点儿"の省略形である。このパターンは，今すでに行われた，あるいは今進行最中の動作行為に対し，程度を調節するように要求する。

　李老师，您说得太快了，我听不懂，请您说慢点儿。
　师傅，请你把车开快点儿，好吗？

形容詞が"多"と"少"の場合は，"点儿"が目的語と結合するため，語順は以下のようになる。

　这个菜太淡了，多放点儿盐！
　这个菜太辣了，少放点儿辣椒！

12.5 「名前を呼ばれた人は『到！』と答えてください」

"我叫谁的名字，谁就说声'到！'"は「わたしが誰かの名前を呼ぶ，誰かが一声『到！』と言う→名前を呼ばれた人は『到！』と答えてください」という意味である。中国語では「噂をすれば影」を"说曹操，曹操就到."と言うが，曹操を劉備，孫権と入れ替えてゆくと，次のようになる。

　说曹操，曹操就到；说刘备，刘备就到；说孙权，孙权就到。

この3文を1文ですませるには，曹操・劉備・孫権の3人を"谁"で置き換え，次のように言う。

　说谁，谁就到。

同様に，「なんでも食べたいものを食べる」だと"想吃什么，就吃什么."と作

盐　yán　塩
辣椒　làjiāo　唐辛子

刘备　Liú Bèi
孙权　Sūn Quán

り，"什么"は任意の食べたい料理を代表する。"要多少，就给多少。"だと「要求しただけ与える」という意味になり，"多少"は任意の数量を代表する。

12.6　「もう一度言ってください」と「え，また来ていないの」

"请您再说一遍！"の"再说一遍"は「もう一度言う」で，"再"は「未然・未遂」の繰り返しを表す。学生がコンパでよく使う「アンコール！アンコール！」は"再来一个！再来一个！"となる。

一方，"难道他今天又不来了？"のようにすでに実現を見た繰り返しには"又"を用いる。近過去に"史泰龙不来上课"（スタローンが授業に来ない）という事態が発生しており，今日また同じことが繰り返されたので，"今天又不来了"となる。なお，"不来"には「授業に出ようとしない，サボる」という意味まで読み込んでおく。

　　因为今井没听明白，所以李老师又说了一遍。
　　你又听错了。
　　我们又见面了。
　　史泰龙又喝醉了！

12.7　「本を開けてください」

"请大家把书打开！"は「みなさん，本を開けてください」という意味である。この文のように，前置詞"把"を用いて，動作行為の対象を導く文を「どうする文」と呼ぶ。「どうする文」は「なにをする」ではなく，「（確定ずみのなにかを）どうする」に対応する表現である。（→コラム〈「なにをする」と「これをどうする」〉p.128）

喝醉　　hēzuì　　飲んで酔っ払う

練 習 問 題

1．"㈠点儿"を用いて程度の調整を要求する文を作りなさい。

    ⑴　字写得太小了。→

    ⑵　鼻子画得太大了。→

    ⑶　肉切得太厚了。→

    ⑷　香蕉卖得太贵了。→

    ⑸　妆化得太艳了。→

2．疑問詞を用いて一つの文にまとめなさい。

    ⑴　丈夫先回家，丈夫做饭；妻子先回家，妻子做饭；孩子先回家，孩子做饭。

    　　→ 谁……，谁……。

    ⑵　想买衣服，就买衣服；想买化妆品，就买化妆品；想买首饰，就买首饰。

    　　→ ……什么，……什么。

    ⑶　想去西安，就去西安；想去大连，就去大连；想去昆明，就去昆明。

    　　→ ……哪儿，……哪儿。

    ⑷　我要一万，爸爸就给我一万；我要两万，爸爸就给我两万；我要三万，爸爸就给我三万。

    　　→ ……多少，……多少。

    ⑸　爱这么写，就这么写；爱那么写；就那么写。

    　　→ 怎么……，怎么……。

画鼻子　huà bízi　鼻を描く
切肉　qiē ròu　肉を切る
卖香蕉　mài xiāngjiāo　バナナを売る
丈夫　zhàngfu　夫
妻子　qīzi　妻

化妆品　huàzhuāngpǐn　化粧品
首饰　shǒushi　装身具
西安　Xī'ān　地名
大连　Dàlián　地名
昆明　Kūnmíng　地名

3．例をまねて置き換え練習をしなさい。

〔一台笔记本儿电脑；一台打印机；一架录像机；一台电冰箱；一套茶具〕

我没有摩托车。
　　　↓
我想买一辆摩托车。
　　　　　↓　×我想把一辆摩托车买。
我买了一辆摩托车。
　　　　　↓　×我把一辆摩托车买了。
我有摩托车了。
　　　↓
我有一辆摩托车。
　　　↓
我不要摩托车了。
　　　↓
我想把摩托车卖掉。
　　　　　↓　×我想把摩托车卖。
我把摩托车卖了。

摩托车　mótuōchē　オートバイ
台　tái　量詞
笔记本儿电脑　bǐjìběnr diànnǎo
　　　　　　　ノート型パソコン
打印机　dǎyìnjī　プリンター
架　jià　量詞
录像机　lùxiàngjī　録画機
电冰箱　diànbīngxiāng　冷蔵庫
套　tào　量詞
茶具　chájù　ティーセット

李先生の授業(二)
李老师上课（二）
Lǐ lǎoshī shàng kè (èr)

今井汉语课进行得很顺利，这一天史泰龙也来上课了。照这个情形来看，大家都能学得很好。

李　玲：今天我们先复习第十二课。请同学们把书合上！我们来听写一段儿课文。

学　生：要交吗？

李　玲：交。现在我开始念了，请大家注意听！
　　　　从前，这个学校里有一位法国老师，性格很暴躁。有一天，这位老师上口语课，有一个学生光顾着看书，没怎么注意听。这位老师看见了，就走过去，把那个学生的书从窗户里扔出去了……

今　井：老师，请您念慢点儿！

李　玲：好。(念完) 今井，请你复述一下！

今　井：是。(复述完)

李　玲：听写就到这儿。你们把听写卷子交给我，从后面传过来。大家在家里复习的时候都有什么问题，请提出来。

今　井：李老师，倒数第三行的"没怎么"，我不会用。

李　玲："没怎么"后面接一个动作，表示做这件事的次数很少的意思。谁来举个例子？

尚　美："我上个月买的笔，没怎么用就坏了。"

李　玲：很好。今井，你会了吗？你也试试吧。

今　井："我来中国以后没怎么运动，所以胖了。"对不对？

李　玲：对了。大家都没有问题了吗？好，我们复习就到这儿。现在我们做练习，请大家把书翻到下一页。史泰龙，请你做第一句。

史泰龙："上课20分钟的时候，他才走进来教室。"

李　玲：大家觉得史泰龙造的句子怎么样？

林　肯：我想应该说："上课20分钟的时候，他才走进教室来。"

状況 真琴さんたちの授業，なかなか順調に進んでいるようです。今日は，史泰龙君も出席しています。この調子で行けば，大いに期待がもてます。半年後，もう一度教室をのぞいてみましょう。

Jīnjǐng Hànyǔkè jìnxíng de hěn shùnlì, zhè yī tiān Shǐtàilóng yě lái shàng kè le. Zhào zhèi ge qíngxíng lái kàn, dàjiā dōu néng xué de hěn hǎo.

Lǐ Líng	:Jīntiān wǒmen xiān fùxí dì-shí èr kè. Qǐng tóngxuémen bǎ shū héshang! Wǒmen lái tīngxiě yī duànr kèwén.
Xuésheng	:Yào jiāo ma?
Lǐ Líng	:Jiāo. Xiànzài wǒ kāishǐ niàn le, qǐng dàjiā zhùyì tīng! Cóngqián, zhèi ge xuéxiào li yǒu yī wèi Fǎguó lǎoshī, xìnggé hěn bàozào. Yǒu yī tiān, zhèi wèi lǎoshī shàng kǒuyǔ kè, yǒu yī ge xuésheng guāng gù zhe kàn shū, méi zěnme zhùyì tīng. Zhèi wèi lǎoshī kànjian le, jiù zǒuguoqu, bǎ nèi ge xuésheng de shū cóng chuānghu li rēngchuqu le ……
Jīnjǐng	:Lǎoshī, qǐng nín niàn màn diǎnr!
Lǐ Líng	:Hǎo. (niànwán) Jīnjǐng, qǐng nǐ fùshù yīxià!
Jīnjǐng	:Shì. (fùshù wán)
Lǐ Líng	:Tīngxiě jiù dào zhèr. Nǐmen bǎ tīngxiě juànzi jiāogěi wǒ, cóng hòumian chuánguolai. Dàjiā zài jiā li fùxí de shíhou dōu yǒu shénme wèntí, qǐng tíchulai.
Jīnjǐng	:Lǐ lǎoshī, dàoshǔ dì-sān háng de 'méi zěnme', wǒ bù huì yòng.
Lǐ Líng	:'Méi zěnme' hòumian jiē yī ge dòngzuò, biǎoshì zuò zhèi jiàn shì de cìshù hěn shǎo de yìsi. Shéi lái jǔ ge lìzi?
Shàngměi	:'Wǒ shàng ge yuè mǎi de bǐ, méi zěnme yòng jiù huài le.'
Lǐ Líng	:Hěn hǎo. Jīnjǐng, nǐ huì le ma? Nǐ yě shìshi ba.
Jīnjǐng	:'Wǒ lái Zhōngguó yǐhou méi zěnme yùndòng, suǒyǐ pàng le.' Duì bu dui?
Lǐ Líng	:Duì le. Dàjiā dōu méiyǒu wèntí le ma? Hǎo, wǒmen fùxí jiù dào zhèr. Xiànzài wǒmen zuò liànxí, qǐng dàjiā bǎ shū fāndào xià yī yè. Shǐtàilóng, qǐng nǐ zuò dì-yī jù.
Shǐtàilóng	:'Shàng kè èrshí fēnzhōng de shíhou, tā cái zǒujinlai jiàoshì.'
Lǐ Líng	:Dàjiā juéde Shǐtàilóng zào de jùzi zěnmeyàng?
Línkěn	:Wǒ xiǎng yīnggāi shuō: 'Shàng kè èrshí fēnzhōng de shíhou, tā cái zǒujin jiàoshì lai.'

李　玲：对，这就对了。

今天的课就上到这儿。同学们，下星期见！
学　生：下星期见！

語句

进行	jìnxíng	進む，進める
顺利	shùnlì	順調である
照……看来	zhào …… kànlái	……に照らして見れば，……から判断すれば
情形	qíngxing	情況
复习	fùxí	復習する
合上	héshang	閉じる。「開く」は"打开"。
听写	tīngxiě	聞き取る
交	jiāo	渡す，提出する
从前	cóngqián	前に，以前に
性格	xìnggé	性格，気性
暴躁	bàozào	気短で怒りっぽい
有一天	yǒu yītiān	過去のある1日→あるとき
口语课	kǒuyǔkè	会話の授業
光顾着……	guāng gù zhe	……だけに気を取られ，……に夢中で
没怎么注意听	méi zěnme zhùyì tīng	あまり注意して聞いていなかった
走过去	zǒuguoqu	歩いて寄っていく
从窗户里	cóng chuānghu li	窓（の中）から
扔出去	rēngchuqu	外へ投げ出す
复述	fùshù	復唱する
就到这儿	jiù dào zhèr	ここまでにする
卷子	juànzi	問題用紙
交给……	jiāogěi	……に渡す，……に提出する
后面	hòumian	後ろ
传过来	chuánguolai	リレー式に送ってくる
家里	jiā li	家，家族
问题	wèntí	質問
提出来	tíchūlai	出す，提起する
倒数第……行	dàoshǔ dì …… háng	下から数えて……行目
不会	bú huì	うまく使えない
接	jiē	つなげる，続ける

Lǐ Líng	:Duì, zhè jiù duì le.	
	....	
	Jīntiān de kè jiù shàngdao zhèr. Tóngxuémen, xià xīngqī jiàn!	
Xuéshēng	:Xià xīngqī jiàn!	

动作	dòngzuò	行為
表示	biǎoshì	表す
次数	cìshù	回数
意思	yìsi	意味
举例子	jǔ lìzi	例を挙げる
上个月	shàng ge yuè	先月
笔	bǐ	筆記具。鉛筆から万年筆まで筆記具全般を指す。
坏了	huài le	壊れた
试试	shìshi	試してみる
翻到下一页	fāndào xià yī yè	次の頁までめくる→次の頁をめくる
走进来	zǒujinlai	歩いて入ってくる
觉得	juéde	……だと思う
造句子	zào jùzi	文を作る
这就对了	zhè jiù duì le	そう，それで正解です。
法国	Fǎguó	国名

13.1 「そばに歩み寄り，その学生の本を窓の外に放り投げた」(→ 20.2)

　この課には，"走"（歩く）や"扔"（放り投げる）のような動詞と以下の表に見られる異空間転移動詞が結合した複合動詞が多く含まれている。異空間転移という概念を具体的に言うと，"进"と"出"は内と外を結ぶ移行を表し，"上"と"下"は上と下を結ぶ移行を表す。"回"は他所と本来の位置を結ぶ移行を表し，"过"は「こちら」と「そちら・あちら」を結ぶ移行を表す。また，"起"は下方から上方への移行を表す。

进来（中に入って来る）	进去（中に入って行く）
出来（外に出て来る）	出去（外に出て行く）
上来（上に上がって来る）	上去（上に上がって行く）
下来（下に下がって来る）	下去（下に下がって行く）
回来（元の位置に戻って来る）	回去（元の位置に戻って行く）
过来（境界を過ぎて来る）	过去（境界を過ぎて行く）
起来（下方から上方へ上がって来る）	

① "走过去"："老师"が"走"という行為を動力として，自らに属する空間と"学生"に属する空間の境界（心理的に設定されたもの）を越えて，"学生"の空間に入って行く。
② "扔出去"："扔"という行為を動力として，"书"が教室から外に出て行く。
③ "传过来"："传"という行為を動力として，"听写卷子"が"学生"に属する空間から"老师"に属する空間へやって来る。
④ "提出来"："提"という行為を動力として，"问题"が外（＝表）に出て来る。
⑤ "走进来"："走"という行為を動力として，"学生"が教室に入って来る。

述語がこのような形式を取り，かつ転移主体が既知の存在である場合，"这位老师走过去"や"把那个学生的书从窗户里扔出去了"に見られるように，述語の前方に現れる。また，"他才走进教室来"では，"走进来"が転移主体の出現空間である"教室"を内に含んでいる。

> **注意**
> "走进教室来"は"进教室"が核になって，前にその動力となる"走"を置き，後に話者の視点の位置を指示する"来"が続いている。"走进来教室"としないように注意したい。

13.2 「聞き取りの答案を私に渡してください」

"你们把听写卷子交给我"の"交给"は「……を……にわたす，……を……に任せる」という意味の動詞であるが，「……を」に当たる成分（直接目的語）が既知の存在である場合，"把"を用いて述語の前方に置くことが多い。（→ 14.3）

　尚美交给今井一封信。
　尚美从书包里拿出一封信交给了今井。
　尚美把信交给了今井。

13.3 「次のページを開けてください」

"把书翻到下一页"は"翻书"（本をめくる）と"到下一页"（次の頁に到る）から構成されている。動詞が目的語と到達点の両者を伴うとき，通常，到達点が動詞の後方の位置を占拠し，目的語を動詞の前方に追いやる。（→ 20.3）

　李老师一直把今井送到了天河国际机场。
　她把通讯录翻到了大学同学地址那一页。
　今井把小说看到最后一页才睡觉。

到達点の後に話者の視点の位置を指示する"来"と"去"を加えることができる。

　昨天他把电话打到我办公室来了！
　我想，你也许把信寄到我父母家里去了，跑回家去看，没有。

天河国际机场　Tiānhé Guójì Jīchǎng　空港名
通讯录　tōngxùnlù　住所録
地址　dìzhǐ　住所
也许　yěxǔ　ひょっとすると

13.4　「下から三行目の"没怎么"が使えません」

"倒数第三行的'没怎么'，我不会用。"の"会"は助動詞で，「……する技能を会得している」という意味を表す。

　　我真没想到，你还会做饭呢！
　　他是法国人，但是他的意大利语说得也非常棒，他还会说英语和德语。
　　他很会说话。

"说话"のように誰もが有する技能に対して"会"を用いると，「できる」から一歩進んで「……するのが上手い」という方向で理解される。
　"会"はさらに使用頻度の非常に高い「……する可能性がある」という意味を派生している。(→ 16.1)

　　冬天来了，春天还会远吗？
　　连你都不去，谁还会去呢？

13.5　「先月」と「来週」

"我上个月买的笔"の"上个月"は「先月」，"下星期见！"の"下星期"は「来週」という意味である。「日」「年」「週」「月」の序列表現は以下のようになる。

前天 qiántiān	昨天 zuótiān	今天 jīntiān	明天 míngtiān	后天 hòutiān
前年 qiánnián	去年 qùnián	今年 jīnnián	明年 míngnián	后年 hòunián
上上个星期	上个星期	这个星期	下个星期	下下个星期
上上个月	上个月	这个月	下个月	下下个月

> **注意**
> "个"は用いなくてもよいが，口語では用いることが多い。

棒　bàng　優れている（口語）　　　　　　德语　Déyǔ　ドイツ語

練 習 問 題

1. 以下のパターンをまね，動詞と場所を換えて表現の拡大練習をしなさい。
   (1) 进教室 → 走进教室 → 走进教室来
   (2) 出教室 → 走出教室 → 走出教室去 → 从教室里走出去
   (3) 上四楼 → 跑上四楼 → 跑上四楼来 → 从一楼跑上四楼来
   (4) 下楼 → 跳下楼 → 跳下楼去 → 从二楼跳下楼去
   (5) 回宿舍 → 跑回宿舍 → 跑回宿舍来 → 从教室跑回宿舍来
   (6) 过河 → 游过河 → 游过河去
   (7) 过一条街 → 穿过一条街 → 穿过一条街去 → 从这条街穿过一条街去

2. 以下のパターンをまね，動詞と目的語を換えて表現の拡大練習をしなさい。
   (1) 扔一个球 → 扔进一个球 → 扔进一个球来 → 从外面扔进一个球来
   (2) 拿一本书 → 拿出一本书 → 拿出一本书来 → 从书包里拿出一本书来
   (3) 想一个办法 → 想出一个办法 → 想出一个办法来
   (4) 说一句话 → 说出一句话 → 说出一句话来
   (5) 买一件旗袍 → 买回一件旗袍 → 买回一件旗袍来 → 从中国买回一件旗袍来
   (6) 拿一本杂志 → 拿起一本杂志 → 拿起一本杂志来 → 从书架上拿起一本杂志来

3. 以下の文を朗読し，日本語に訳しなさい。
   (1) 时间到了，把体温表拿出来吧！
   (2) 多自然，多简单，多巧妙，多聪明的办法！你快说说，你是怎么想出来的？
   (3) 你为什么不把你自己的意见说出来？
   (4) 朴尚美跑到校外的邮筒把信扔进去了。
   (5) 这些蔬菜都是我今天从菜市场买回来的。

4．以下の文を朗読し，日本語に訳しなさい。
　(1) 尚美把千纸鹤和一封信交给了爱华。
　(2) 今井从书包里拿出一篇作文交给了李老师。
　(3) 她很快把书翻到最后一页，上面写着："三十六计之三十六——走为上策。"
　(4) 同学们坐好，请把课本翻到第七十三页倒数第四行。

5．以下の文を朗読し，日本語に訳しなさい。
　(1) 你希望自己成为一个伟大的政治家，对不对？
　(2) 你的生日是四月十四号，差三个月零十八天，就二十周岁了，对不对？
　(3) 朋友归朋友，钱归钱。你说是不是？
　(4) 你们是不是没有复习，怎么连课文都念不好！
　(5) 我们暑假旅行去武汉，好不好？
　(6) 这种蘑菇会不会有毒？吃了会不会死？
　(7) 听见没有？喂？你怎么不说话？喂……

コラム 08　「なにをする」と「これをどうする」

　動作行為の対象を"把"という前置詞を用いて述語の前に置くことがよくある。これを〈S+把+O+V〉と表すと、中国語には同時に〈S+V+O〉と並べる文も存在するため、両者の使い分けが学習者の頭痛の種となる。ただし〈S+把+O+V〉と記号化するのは実は不正確で、正しくは〈V〉の前後になにがしかの成分を伴うように記号化する必要がある。以下、両者に共通する〈S〉を省略し、〈V+O〉および〈把+O+V〉と書く。

　さて、〈V+O〉と〈把+O+V〉の違いを一言で言えば、「なにをするか」と「これをどうするか」の対立である。たとえば、家に帰ってどんなふうに勉強しているかと先生に聞かれた場合、学生はおそらく、
　　复习旧课，预习新课，听录音，念课文……。Fùxí jiù kè, yùxí xīn kè, tīng lùyīn, niàn kèwén ……

というふうに答えるだろう。ここに用いられた〈V+O〉はすべて「なにをする」タイプの表現である。

一方、たとえば授業を進める過程において先生と学生の間に共有された"课文"、たとえば"第八课课文"とか"第十三课课文"とかがあり、さてそれをどうするか、朗読するか？翻訳するか？黒板に書くか？というような状況が生じて、「じゃあ、みんなで一度朗読してみよう」となった場合は、

　　　大家一起来把课文念一遍。Dàjiā yìqǐ lái bǎ kèwén niàn yī biàn.

という文が先生の口から出てくる。このとき、話の重点は言うまでもなく"课文"をどうするか（"念一遍"）の上に集中している。

状況を変えて、先生が学生からある語句の使い方に関する質問をうけた場面を考えてみよう。そういう場合、先生は先ず説明を求められた語句を含む典型的な用例を一、二黒板に書くだろう。このとき、「例文を書く」は「なにをする」に対応する行為であり、かつ「例文」は黒板に書かれてはじめて姿を現した初出の事物である。よって〈把+O+V〉の出る幕はまったくなく、〈V+O〉を用いて、

　　　李老师在黑板上写了两个例句。Lǐ lǎoshī zài hēibǎn shang xiě le liǎng ge lìjù.（李先生は黒板に例文を2つ書いた）

と作らざるをえない。続いて、先生は自分でいきなり例文の解説を始める前に、誰か学生を指名して例文を日本語に翻訳するよう求めるかもしれない。そうすると、話の焦点は今から「なにをする」ではなく、黒板に書かれた例文を「どうするか」に移る。〈把+O+V〉の出番である。先生の口から発せられる文は、

　　　今井，你把黑板上这两个句子翻成日语看看。Jīnjǐng, nǐ bǎ hēibǎn shang zhè liǎng ge jùzi fānchéng Rìyǔ kànkan.（今井さん、黒板のこの2つの文を日本語に翻訳してみて）

となる。

〈S+把+O+V〉の使用に際しては、述語にも行為の対象にも一定の制約が課せられる。述語に対する制約は次の二点で、どちらか一方を満たしていればよい。

ⅰ）対象の状態・位置・属性などに起きる変化を示す。
ⅱ）対象に対し意図をもって積極的に働きかける姿勢を示す。

対象に対する制約は、

ⅲ）行為の対象は事前に主語の支配下にあり、かつ誰を・どれを・どこを指して言っているかを、話し相手が容易に理解できなければならない。

このような制約は、いずれも〈把+O+V〉が「これをどうする」に対応する表現形式であることに発している。

14 めんどうだけどアドバイスをお願いしていい？
能不能麻烦你给我一点儿意见
Néng bu néng máfan nǐ gěi wǒ yīdiǎnr yìjiàn

张强看见今井在自习教室里一边儿查字典一边儿写着什么，就走过去打个招呼。

张强：哟，今井，这么专心，在写什么呢？

今井：我在写作文呢。李老师叫我们每个星期都得写一篇作文。

张强：李玲老师也教你们汉语吗？去年爱华也上过她的课，听他说，李老师是一位很好的老师，你很幸运，遇到了一位好老师，跟着她学习一定能学得又快又好。

今井：是啊，李老师把我们的问题用很简单的话解释得又仔细又清楚，我一听就懂。不过，李老师也很严格，说光背课文不够，叫我们一定要写作文。

张强：很有道理，想看懂文章不太难，但是要把自己的想法写出来就不容易了。你写写完了吗？

今井：写完是写完了，不过……有几个地方我没有把握，能不能麻烦你给我一点儿意见？

张强：没问题，让我来帮你看看吧。

今井：麻烦你了。

张强：句子通顺，语法正确。你写得不错呀！只要把这几个错字改一下就好了。

今井：谢谢你的夸奖，让我更有信心了。

語句

自习教室	zìxíjiàoshì	自習室
哟	yo	間投詞
专心	zhuānxīn	専念する
作文	zuòwén	作文
叫	jiào	→14.2

状況	真琴が自習室で宿題をしているところへ張強君が通りかかり、李玲先生の授業の様子から宿題の添削へと話が展開します。

Zhāng Qiáng kànjian Jīnjǐng zài zìxíjiàoshì li yībiānr chá zìdiǎn yībiānr xiě zhe shénme, jiù zǒuguoqu dǎ ge zhāohu.

Zhāng : Yo, Jīnjǐng, zhème zhuānxīn, zài xiě shénme ne?

Jīnjǐng : Wǒ zài xiě zuòwén ne. Lǐ lǎoshī jiào wǒmen měi ge xīngqī dōu děi xiě yī piān zuòwén.

Zhāng : Lǐ Líng lǎoshī yě jiāo nǐmen Hànyǔ ma? Qùnián Àihuá yě shàng guo tā de kè, tīng tā shuō, Lǐ lǎoshī shì yī wèi hěn hǎo de lǎoshī. Nǐ hěn xìngyùn, yùdào le yī wèi hǎo lǎoshī, gēnzhe tā xuéxí yīdìng néng xué de yòu kuài yòu hǎo.

Jīnjǐng : Shì ya, Lǐ lǎoshī néng bǎ wǒmen de wèntí yòng hěn jiǎndān de huà jiěshì de yòu zǐxì yòu qīngchǔ, wǒ yī tīng jiù dǒng. Bùguò, Lǐ lǎoshī yě hěn yángé, shuō guāng bèi kèwén bù gòu, jiào wǒmen yīdìng yào xiě zuòwén.

Zhāng : Hěn yǒu dàolǐ, xiǎng kàndǒng wénzhāng bù tài nán, dànshì, yào bǎ zìjǐ de xiǎngfǎ xiěchulai jiù bù róngyì le. Nǐ xiěwán le ma?

Jīnjǐng : Xiěwán shì xiěwán le, bùguò…… yǒu jǐ ge dìfang wǒ méiyǒu bǎwò, néng bu néng máfan nǐ gěi wǒ yìdiǎnr yìjiàn?

Zhāng : Méi wèntí, ràng wǒ lái bāng nǐ kànkan ba.

Jīnjǐng : Máfan nǐ le.

Zhāng : Jùzi tōngshùn, yǔfǎ zhèngquè. Nǐ xiě de bùcuò ya! Zhǐyào bǎ zhèi jǐ ge cuòzì gǎi yī xià jiù hǎo le.

Jīnjǐng : Xièxie nǐ de kuājiǎng, ràng wǒ gèng yǒu xìnxīn le.

作业	zuòyè	課題、宿題
得	děi	口語。意味は"要"と同じ、「……しなければならない」
篇	piān	量詞
幸运	xìngyùn	幸運である
遇到	yùdào	出会う、ぶつかる

又……又……	yòu …… yòu ……	……であり、また……でもある。同時に実現することが難しい、あるいは稀である2つの状況がともに実現しているときに用いる。
简单	jiǎndan	簡単である、やさしい
解释	jiěshì	説明する
清楚	qīngchu	明白である、はっきりしている
严格	yángé	厳しい
光……	guāng	……するだけ
背	bèi	暗記する
够	gòu	足りる、充分である
有道理	yǒu dàolǐ	道理がある
容易	róngyì	たやすい
自己	zìjǐ	自分
难	nán	難しい
写完	xiěwán	書き終わる
是……,不过……	shì ……, bùguò ……	→ 14.5
把握	bǎwò	物事に対する見込み、自信
没问题	méi wèntí	かまわないよ、問題がない
让我来……	ràng wǒ lái ……	→ 14.7
帮	bāng	助ける
句子	jùzi	文
通顺	tōngshùn	文章の筋が通っていて読みやすい
语法	yǔfǎ	文法
正确	zhèngquè	正確である
错字	cuòzì	誤字。当て字は"别字"と言い、両者合わせて"错别字"という。
改	gǎi	直す、改める
夸奖	kuājiǎng	褒める
更	gèng	さらに
有信心	yǒu xìnxīn	自信をもつ、自信がある

14.1 「ずいぶん一所懸命だね」

"这么专心,……"の"这么"は"那么"とともに疑問詞"怎么"に対応する指示詞である。"这么"は近称（空間的・時間的に近い）,"那么"は遠称（空間的・

時間的に遠い) に用い，方式の指示だけでなく，程度の指示にも使う。

你这么说就不对了。	そのように言う	〔方式〕
这么早，上课呀？	こんなにも早い	〔程度〕
一年就学得这么好，真不简单！	それだけ良い	〔程度〕
她那么想就对了。	あのように考える	〔方式〕
她为什么那么想要生男孩子？	あれほど欲しがる	〔程度〕

"那么"には，「そういうことであれば」という接続詞的用法もある。

<u>如果</u>一个人只陶醉于昨天，<u>那么</u>他就不会有今天和明天。

14.2 「李先生に毎週作文を書くように言われているの」

"李老师叫我们每个星期都得写一篇作文。"この文の直訳は「李先生は私たちに毎週作文を一編書かなければいけないと言っている」である。この文における"叫"は使役表現を作る動詞で，構文は以下のようなパターンになるが，「させられる側／なる側」が意味上"叫"の目的語であり，同時に後に続く「行為／状態」の主語でもあるため，「兼語文」と呼ばれる。(→ 14.7)

させる側 + "叫" + させられる側／なる側 + 行為／状態

日本語に訳すと「……が……にどうこうするように言う」あるいは「……は……にどうこうするように言われた」となる場合が多い。

张强叫今井星期六下午 2：00 去活动中心集合。
尚美叫今井在图书馆门口等她。
好，我听你的，你叫我干什么我就干什么。

陶醉于　táozuì yú　……に陶酔する

14.3 「教える」と「与える」

"李玲老师也教你们汉语吗？"で"教你们汉语"は「君たちに中国語を教える」という意味で，"教"が"你们"と"汉语"という二つの目的語を伴っているが，"汉语"の位置に行為を置くこともある。

　　当时我上小学五年级，林老师教我们音乐，教我们弹风琴，拉二胡，吹笛子。

"你给我一点儿意见"の"给"（与える）も二つの目的語を従える。"给"に与える方式を添えると，より詳しい与え方を表すことができる。

　　我送给他一个纪念品。（贈呈品として与える）
　　他借给我一万块钱。（貸し与える）
　　他递给我一瓶可口可乐。（手渡しで与える）
　　他教给我们一些方法。（知識として与える）
　　他扔给我一支圆珠笔。（投げて与える）

14.4 「わからないところを詳しくはっきり説明する」

"李老师能把我们的问题……解释得又仔细又清楚"では述語"解释"が助詞"得"を伴った上で，"解释"の状況がどうであるかを述べる成分"又仔细又清楚"を従えている（→9.1）。このような場合，目的語は"把"を使うなどして動詞の前方に置くことになる。（→コラム〈風が吹けば桶屋がもうかる〉p.152）

　　今井把作文写得又流畅又漂亮。
　　今井把鸡蛋炒得黄黄的，嫩嫩的，又好看又好吃。

弹风琴	tán//fēngqín	オルガンを弾く
拉二胡	lā//èrhú	二胡を弾く
吹笛子	chuī//dízi	笛を吹く
纪念品	jìniànpǐn	記念品
可口可乐	kěkǒukělè	コカコーラ
圆珠笔	yuánzhūbǐ	ボールペン
流畅	liúchàng	自然で明快である
嫩	nèn	新鮮でやわらかい
明晃晃的	mínghuǎnghuǎngde	きらきらと輝いている
暖暖的	nuǎnnuǎnde	ぽかぽか暖かい

早上的太阳把屋子照得明晃晃的，暖暖的。

14.5 「書き終わったのは書き終わったのですが」

"写完是写完了，不过……"は確認した内容に但し書きを加えるパターンである。以下の2点に注意したい。

(1) 確かに「書き終わった」という確認が"是"によって行われ、後続の逆接接続詞と呼応している。
(2) "写完了是写完了"とならず、"写完是写完了"となっている。

　　这台打印机旧是旧了，不过还能用。
　　我姓方是真的，不过是姓我妈妈的姓，我爸爸姓袁。
　　酒，他，喝是喝，但是从来没醉过。

14.6 「自信のないところがいくつかある」

"有几个地方我没有把握，……"を日本語の語順から直訳して"我有几个没有把握的地方"としても通じることは通じるが、いかにして長い修飾語の使用を避けながら複雑な内容を伝えるかに心がけたい。換言すれば、いかにして"的"を使わないですませるか、いかにして"的"を少なく使うかに留意するということである。

14.7 「めんどうだけどちょっとアドバイスをもらえる？」

"能不能麻烦你给我一点儿意见？"で"你"は"麻烦"の目的語と"给我一点儿意见"の主語を兼ねている。中国語はこのような「兼語」を含む表現が非常に

打印机　dǎyìnjī　プリンター
袁　Yuán　姓

从来没（有）……　cónglái méi (you) ……
　　これまで……したことがない

多く，中国語学習の重点の一つである。（→ 14.2）

　　张强，麻烦你告诉爱华，有个国际交流学院的留学生在外边等他。
　　尚美，麻烦你到阳台把我晾的两件衣服收回来。

次の文では"请"に続く"大家"が兼語になっている。

　　张强请大家去全聚德吃北京烤鸭。

"让我来帮你看看。"では"让"に続く"我"が兼語になっており，「僕に君を助けてちょっと見させる→僕がちょっと見てあげよう」という意味になる。"让"は「兼語文」を構成する使役動詞として使用頻度が極めて高く，"让我来……"は「わたしにやらせる」から「わたしがやってみよう」まで，広い範囲で用いることができる。

　　让我来帮你查吧，我查字快。
　　我不想让我父母知道我受伤了。
　　你不承认，那就让事实来说话吧！

なお，"帮你看看"では"帮你"も"看看"もともに"我"の行為である。連続した二つ以上の動作行為が同じ主体に属す表現は「連動文」と呼ばれる。

14.8　「誤字をいくつか治したらそれでもう OK だよ」

"只要把这几个错字改一下就好了。"この文の直訳は「このいくつかの誤字をちょっと治したらそれで OK だよ」となる。"只要……"は「……しさえすれば；……でありさえすれば」と，必要とされる条件をできるだけ軽く表現する。

　　只要李玲老师来上课，课堂上就有笑声。
　　只要有人的地方，就会有小偷儿。
　　只要是有人的地方，就有差别。人与人之间，永远是贫富不均的。

晾　liàng　陰干しにする	差别　chābié　格差
受伤　shòu//shāng　負傷する	永远　yǒngyuǎn　永遠に、いつまでも
承认　chéngrèn　認める，白状する	贫富不均　pín fù bù jūn　貧富の差がある
小偷儿　xiǎotōur　泥棒	

練 習 問 題

1. 要求に合わせて文を作りなさい。
   (1) 〔だれが〕给〔だれに〕〔数量〕〔なにを〕…………与える
   (2) 〔だれが〕卖给〔だれに〕〔数量〕〔なにを〕………売り与える
   (3) 〔だれが〕寄给〔だれに〕〔数量〕〔なにを〕………郵送し与える
   (4) 〔だれが〕递给〔だれに〕〔数量〕〔なにを〕………手渡し与える
   (5) 〔だれが〕扔给〔だれに〕〔数量〕〔なにを〕………投げ与える

2. 文を完成しなさい。
   (1) 这几个字，学过是都学过，不过……
   (2) 李老师刚才说的话，听明白是听明白了，不过……
   (3) 我爸爸的病，治好是治好了，但是……

3. 以下の文を朗読し，日本語に訳しなさい。
   (1) 夏爱华喜欢把头发弄得乱蓬蓬的。
   (2) 他把声音压得低低的说："隔墙有耳。"
   (3) 妈妈给女儿把眉毛拔得细细的，弯弯的。
   (4) 李老师的话，每一句、每一个字，我都记得清清楚楚。
   (5) 今井把宿舍收拾得干干净净的等朋友们来玩儿。

4．以下の文を朗読し，下線部に注意して日本語に訳しなさい。
   (1) 张强，我不知道这个地址的邮编号，麻烦你帮我查查。
   (2) 尚美，麻烦你打个电话告诉李玲老师，这是号码儿，告诉她，我生病住院了。
   (3) 今井，我要你回答我一个问题。
   (4) 今井，李老师让我叫你到办公室去找她。
   (5) 李老师让我帮你查资料。
   (6) 让大家久等了，真不好意思！
   (7) 今井，你肚子饿了吧？我请你吃馄饨怎么样？
   (8) 张强，你吃饭了吗？没有的话，我请你吃晚饭。
   (9) 别哭了，别哭了，我求你别哭了。
   (10) 李老师吩咐林肯，晚上要跟史泰龙一起出去吃晚饭。
   (11) 李老师嘱咐今井，下午去医院检查身体。

コラム09

封筒の書式

封筒に書く必要があるのは受取人と差出人の氏名、住所および郵便番号である。封筒の書式には横書きと縦書きがある。

a. **横書きの場合：**

切手は封筒の右上に貼る。

受取人の郵便番号と住所は封筒の左上に書く。

中国の郵便番号は6桁ある。郵便番号の下の行に住所を書くが、一行で書き終わらない場合は、続けて次の行に書く。

受取人の氏名は封筒の真ん中に少し大きく書く。普通、氏名の後に、男性の場合は"先生"xiānsheng、女性の場合は"女士"nǚshì と書く。その後に日本語の「様、御中」に相当する"收（shōu 受け取る）""启（qǐ 開封する）""收启（shōuqǐ 受け取って開封する）"等を書き添える。また、敬意を高めたければ、"台启（táiqǐ 開封してご覧ください）""台收"（táishōu 開封してご覧ください）と書いてもよい。自分と親戚関係にある人に送る場合でも、男性の場合は"×××　先生收"、女性の場合は"×××

"女士收"と書く。中国人の理解では，封筒に書く宛名は、差出人の受取人に対する宛名ではなく、手紙を郵送する郵便局員の受取人に対する宛名なのである。
　差出人の郵便番号と住所は封筒の右下に書く。その下に差出人の氏名を書く。また、差出人の氏名の後に"寄（jì 送る）"か"缄（jiān 封をする）"と書いてもよい。

b. 縦書きの場合：
　切手は封筒の左上に貼る。
　受取人の郵便番号と住所は封筒の右側に書く。郵便番号の下に住所を書く。
　受取人の氏名は封筒の真ん中に少し大きく書く。
　差出人の郵便番号と住所は封筒の左下に書く。
以下は横書きと縦書きの封筒の範例である。

横書きの封筒：

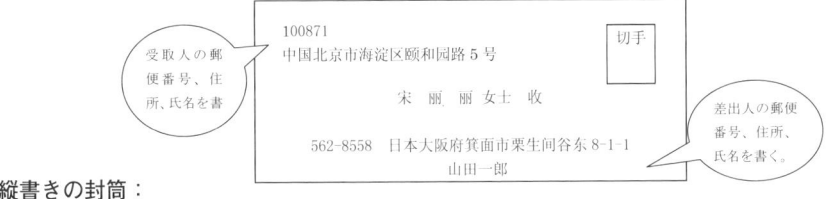

```
100871
中国北京市海淀区颐和园路5号         [切手]

        宋 丽 丽 女士 收

562-8558　日本大阪府箕面市栗生间谷东、8-1-1
                   山田一郎
```

- 受取人の郵便番号、住所、氏名を書く。
- 差出人の郵便番号、住所、氏名を書く。

縦書きの封筒：

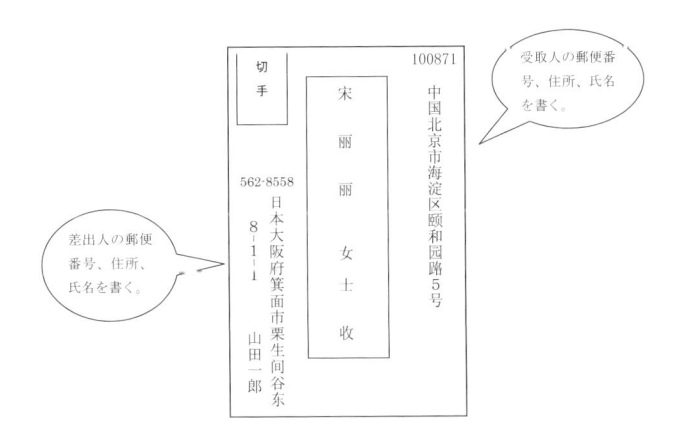

```
[切手]   宋           100871
         丽           中国北京市海淀区颐和园路5号
562-8558 丽
日本大阪府
箕面市栗生间谷东  女
8-1-1            士
山田一郎          收
```

- 受取人の郵便番号、住所、氏名を書く。
- 差出人の郵便番号、住所、氏名を書く。

15 真琴から王さんへの手紙

今井给小王的一封信
Jīnjǐng gěi Xiǎo Wáng de yī fēng xìn

今井在日本的时候，认识了一位中国留学生——小王。小王辅导今井汉语，今井辅导小王日语，她们互相帮助，互相学习，成了好朋友。今井给小王写了一封信。

亲爱的小王：

好久不见了。你好吗？

时间过得真快，来到中国一转眼已经过了三个月了。刚来的时候，中国人说的话我差不多都听不懂，不过现在我的汉语水平比以前提高了不少，能听懂的话也越来越多了。我们的汉语班一共有15个留学生，大部分是从日本和韩国来的，还有几位来自美国，加拿大和法国的同学，上课的气氛跟在日本学习的时候很不一样。老师让我们每天一定得用汉语发表自己的意见，上课有意思极了。

除了学习之外，我还参加了羽毛球队，认识了几位很谈得来的朋友，他们常常帮助我。虽然这儿的生活没有日本那么方便，不过，中国真是一个很有人情味儿的国家，除了学校的老师和同学以外，邻居大娘也非常照顾我。所以我很快地就适应了这里的生活，觉得一切都很新鲜，每天都过得很充实。

对了，我打算下个月买一台笔记本儿电脑。大学互联网又方便又便宜，有了电脑以后，我就可以经常给你发伊妹儿告诉你这儿的事儿。

好了，今天就写到这儿吧，附上我的邮箱，下次咱们网上见。

　　　　祝你
身体健康，学习进步！

　　　　　　　　　　　　　　　　　　你的朋友　　真琴
　　　　　　　　　　　　　　　　　　2010年11月23日

状況 真琴から王さんに宛てた手紙です。王さんは日本語を勉強するため真琴の所属する大学に交換留学生として一年間滞在していました。手紙の中で、真琴は留学生活を紹介します。

Jīnjǐng zài Rìběn de shíhou, rènshi le yī wèi Zhōngguó liúxuéshēng——Xiǎo Wáng. Xiǎo Wáng fǔdǎo Jīnjǐng Hànyǔ, Jīnjǐng fǔdǎo Xiǎo Wáng Rìyǔ, tāmen hùxiāng bāngzhù, hùxiāng xuéxí, chéng le hǎo péngyou. Jīnjǐng gěi Xiǎo Wáng xiě le yī fēng xìn.

Qīn'ài de Xiǎo Wáng：
　　Hǎojiǔ bú jiàn le. Nǐ hǎo ma?
　　Shíjiān guò de zhēn kuài, láidào Zhōngguó yī zhuǎnyǎn yǐjīng guò le sān ge yuè le. Gāng lái de shíhou, Zhōngguórén shuō de huà wǒ chàbuduō dōu tīngbudǒng, bùguò xiànzài wǒ de Hànyǔ shuǐpíng bǐ yǐqián tígāo le bùshǎo, néng tīngdǒng de huà yě yuè lái yuè duō le. Wǒmen de Hànyǔ bān yīgòng yǒu shíwǔ ge liúxuéshēng, dàbùfèn shì cóng Rìběn hé Hánguó lái de, hái yǒu jǐ wèi láizì Měiguó, Jiānádà hé Fǎguó de tóngxué, shàng kè de qìfēn gēn zài Rìběn xuéxí de shíhou hěn bù yīyàng. Lǎoshī ràng wǒmen měi tiān yīdìng děi yòng Hànyǔ fābiǎo zìjǐ de yìjiàn, shàng kè yǒuyìsi jíle.
　　Chúle xuéxí zhī wài, wǒ hái cānjiā le yǔmáoqiúduì, rènshi le jǐ wèi hěn tándelái de péngyou, tāmen chángcháng bāngzhù wǒ. Suīrán zhèr de shēnghuó méiyǒu Rìběn nàme fāngbiàn, bùguò Zhōngguó zhēn shì yī ge hěn yǒu rénqíngwèir de guójiā, chúle xuéxiào de lǎoshī hé tóngxué yǐwài, línjū dàniáng yě fēicháng zhàogu wǒ. Suǒyǐ wǒ hěn kuài de jiù shìyìng le zhèli de shēnghuó, juéde yīqiè dōu hěn xīnxian, měitiān dōu guò de hěn chōngshí.
　　Duì le, wǒ dǎsuan xià ge yuè mǎi yī tái bǐjìběnr diànnǎo. Dàxué hùliánwǎng yòu fāngbiàn yòu piányi, yǒu le diànnǎo yǐhòu, wǒ jiù kěyǐ jīngcháng gěi nǐ fā yīmèir gàosù nǐ zhèr de shìr.
　　Hǎo le, jīntiān jiù xiě dào zhèr ba, fùshang wǒ de yóuxiāng, xià cì zánmen wǎng shang jiàn.
　　Zhù nǐ
Shēntǐ jiànkāng, xuéxí jìnbù!

　　　　　　　　　　　　　　　　　Nǐ de péngyou Zhēnqín
　　　　　　　　　　　　　　èr líng yī líng nián shíyī yuè èrshí sān rì

語句

辅导	fǔdǎo	課外指導を行う，課外指導として教える
互相	hùxiāng	互いに
成	chéng	……になる
朋友	péngyou	友人，友達
亲爱的	qīn'ài de	英語"Dear"から中国語に入ったもの
好久不见了	hǎojiǔ bú jiàn le	→15.1
过	guò	（一定の時間が）過ぎる，経過する
一转眼	yī zhuǎnyǎn	一瞬の間に，あっという間に
刚……	gāng	……したばかりである
差不多	chàbuduō	あまり差がない，似たりよったりである
听不懂	tīngbudǒng	→15.5
汉语水平	Hànyǔ shuǐpíng	中国語のレベル，能力
比	bǐ	→15.6
以前	yǐqián	これまで，昔
提高	tígāo	上げる，高める
不少	bùshǎo	多い，少なくない
越来越……	yuè lái yuè	→15.7
来自……	láizì	……から来た
气氛	qìfēn	雰囲気，空気，気分，様子
跟……一样	gēn ...... yīyàng	→15.6
发表	fābiǎo	発表する，公開する
有意思极了	yǒuyìsi jíle	とても面白い。"……极了"は程度が極めて高いことを言う。
除了……之外	chúle ...... zhīwài	…を除いて，…のほかは。"除了……以外"とも言う。
谈得来	tándelái	話の馬が合う。否定形は"谈不来"。
虽然	suīrán	→15.9
生活	shēnghuó	生活
人情味儿	rénqíngwèir	人情味
照顾	zhàogu	面倒をみる，もてなす
很快地就……了	hěnkuài de jiù ...... le	すぐに……なった
觉得	juéde	……だと思う，……である気がする
一切	yīqiè	すべて，すべての
新鲜	xīnxian	新鮮である，珍しい
充实	chōngshí	充実している
打算	dǎsuan	……するつもりである

买	mǎi	買う
台	tái	量詞
笔记本儿电脑	bǐjìběnr diànnǎo	ノートパソコン
互联网	hùliánwǎng	インターネット
便宜	piányi	価格が安い
经常	jīngcháng	いつも，しょっちゅう
发伊妹儿	fā//yīmèir	E-mailを出す。"伊妹儿"はE-mailの音訳語。正式には"电子邮件"と言う。
附上	fùshang	添付する，付け加える
邮箱	yóuxiāng	メールアドレス
网上见	wǎng shang jiàn	ネット上で会いましょう
健康	jiànkāng	健康である
进步	jìnbù	進歩する，進歩

15.1 「久しぶりですね」

"好久不见了"は「久しぶりですね」という挨拶言葉である。直訳は「ずいぶん久しく会わないことになるね」で，"了"を使わず"好久不见"と言うこともあれば，"不见了"を"没见"に換え"好久没见"とも言う。"见"は目的語をもつことができる。

噢，史泰龙啊，我好久没见他了。

この表現では"好久"，"很久"（ずいぶん久しい）という時間の長さを言う表現が否定表現"不见"（会わない）の前に置かれている（月日の経過に感慨をこめず，客観的に長い間と言うときは，"好久"よりも"很久"のほうがよい）。「ある事態がどれだけの期間発生していない」，「あることをどれだけの期間行わない」，と言う場合，時間の長さを否定形述語の前に置く。

你好久没来了。
我好久没打羽毛球了。
今井很久没给小王写信了。

事態の発生がすでに確定し，かつ一年のうちどれだけ，一ヶ月のうちどれだけという状況であれば，"有"を使って期間を導くことも多い。

> 今井已经（有）一个月没给小王写信了。
> 史泰龙已经（有）三天没来上课了。
> 我一辈子不嫁人！

15.2 「中国に来たばかりの頃」

"刚来的时候"の"刚"は「……したばかり」という意味で，事態発生直後の時点を指す。「……したばかりである」「……したと思ったら」という主観的なニュアンスを強く出すには，重畳して"刚刚"と言う。

> 你看这台灯，我刚买了半个月就坏了。
> 我刚敲了一下门，屋子里的灯就亮了，我敲了第二下，门就开了。
> 今井刚刚回到宿舍，就接到了尚美的电话。

15.3 「すぐにここでの生活に適応できました」

"我很快地就适应了这里的生活"の"地"は連用修飾語を作る助詞である。

> 异口同声地说
> 不失时机地说
> 大声地练习发音

但し，"很快地就适应了……"の場合は，接続副詞"就"も"很快"と"适应了

一辈子　yībèizi　一生
嫁人　jià//rén　嫁ぐ
台灯　táidēng　電気スタンド
敲门　qiāo//mén　ドアをノックする
亮　liàng　光る

宿舍　sùshè　寮
异口同声　yìkǒu-tóngshēng　異口同音
不失时机　bù shī shíjī　タイミングをのがさず

……"を結合する成分として働いているため，"地"を用いる必要は必ずしもない。

15.4 「三ヶ月が過ぎました」

"过了三个月了"は「三ヶ月がたった」という意味であるが，三ヶ月という区切りが発言の時点に設定される。

 尚美，累了一天了，怎么还不睡？
 史泰龙在医院已经住了一个星期了。
 我这条牛仔裤已经穿了两年了。

単に"过了三个月"だと，三ヶ月という区切りがどの時点に設定されているのかわからない。

 我学了三个月就不学了。
 那本小说我看了三天就看完了。

動詞が目的語を伴う場合，目的語が代名詞や人名であれば時間の前に置き，普通名詞であれば時間の後に置く。（→ 16.7, 26.1）

 我等你，等了半个小时了。→ 我等了你半个小时了，你怎么才来？
 我等林肯，已经等了三个月了。→ 我已经等了林肯三个月了。
 我学汉语，已经学了两年多了。→ 我已经学了两年多汉语了。
 我小时候学钢琴，学了四年。→ 我小时候学了四年钢琴。

15.5 聞いてわかる（→コラム〈風が吹けば桶屋がもうかる〉）

"听不懂"のような表現形式は「可能補語」と呼ばれる。"听不懂"は「（中国語の力が不十分なため）聞いて理解できない」という意味を，その肯定形である

累 lèi 疲れる	小时候 xiǎoshíhou 子供のころ
医院 yīyuàn 病院	钢琴 gāngqín ピアノ
住 zhù 住む，泊る	

"听得懂"は「聞いて理解できる」という意味を表す。肯定形の用途は狭く，主に反復疑問文や反語文の述語として使われる。テキストでも，"听不懂"に対して肯定形は"能听懂"を使っている。

  a. 听懂了。   聞いて理解できた。
  b. 没听懂。   聞いて理解できなかった。
  c. 听懂了没有？   聞いて理解できた？できなかった？

  a. 听得懂。   聞いて理解できる。
  b. 听不懂。   聞いて理解できない。
  c. 听得懂听不懂？ 聞いて理解できる？できない？

なにかが「できる」とか「できない」とか言うのは，多くの場合，ある動作行為を通してなんらかの結果が生じるか，生じないかということである。可能補語はそれに対応した表現形式で，動作行為を通して，なんらかの事態をその結果として実現させる条件が整っているか否かを認定する。(→ 7.7)

15.6　比べる

(1)「AとBが同じである」

  二つのものが「同じ」であることを表すには"一样"という形容詞を用いる。"不一样"はその否定形で，"很不一样"は「大いに異なる」という意味になる。

> A跟B一样 / 不一样

  我的手机跟他的手机一样，都是中国制造的。
  从这儿走跟从那儿走一样。
  我第一次吃粽子，味道跟我想像的不一样。
  屋里关了灯，点了蜡烛，气氛就很不一样了。

制造　zhìzào　製造する　　　　　味道　wèidao　味
粽子　zòngzi　ちまき　　　　　　蜡烛　làzhú　蝋燭

「同じである」から一歩進み、「どのように同じであるか」を表すには、"一样"の後に形容詞を続ける。

> A跟B一样……

她说话跟唱歌一样好听。
他吓得脸跟纸一样苍白。
他的眼镜片儿跟瓶底一样厚。
前天，她生下我们的孩子，一个跟她一样漂亮的女儿。

(2) 「AはBより……だ」

> A比B +……（+ 差分）

尚美的个子比今井高。
尚美的个子比今井高9公分。
张强比今井大两岁，高两个年级。
我的感冒比昨天好一些了。

(3) 「AはBほど……ではない」

比較は一定の目標値を設定し、その目標に到達しているかどうかという形でも行われる。"A有B……"はそのような比較文で、否定形は"A没（有）B……"となる。"比"を使った比較文とは逆に、肯定形の使用頻度は低く、主たる用途は疑問文である。

> A没有B（那么）……

大阪的冬天有北京冷吗？——没有，大阪的冬天没有北京那么冷。
湖北菜有四川菜那么辣吗？——没有，湖北菜没有四川菜辣。
爱华的球打得有张强那么好吗？——没有，爱华打得没有张强好。

吓　xià　びっくりする，びっくりさせる
苍白　cāngbái　青白い

眼镜片儿　yǎnjìng piànr　メガネのレンズ
四川菜　Sìchuān cài　四川料理

Bの後には"那么"や"这么"がよく添えられるが，これは到達目標に見立てたBの状況や様態が話者の頭の中に思い描かれていることの反映である。

> **注意**
> "A 不比 B……"という形は「AはBより……ではない」という持って回った意味を表し，主に人の意見や社会の通念に異を唱えるような状況で用いる。

我工资的三分之一也不比你们少。
四川菜并不比湖南菜更辣。

15.7 「どんどん多くなってきた」

"能听懂的话也越来越多了"は「聞いてわかる言葉もどんどん増えてきた」という意味になる。"越……越……"は，時間の経過や行為の継続につれて，ある状態が次第に深まってゆくことを表す。「何につれてか」を具体的な述語で表現しない場合は，"来"で代替し"越来越……"とする。

(1) **越来越……**

天气越来越热了。
我能听懂的话越来越多了。
我现在越来越喜欢学汉语了。
课文越来越长，生词越来越多，老师对我们的要求也越来越高了。

(2) **越……越……**

她越想心里越乱。
酒越陈越好，越陈越香。

工资　gōngzī　給料
并不……　bìng bù ……
　　　　決して……ではない

湖南菜　Húnán cài　湖南料理
乱　luàn　乱れている

风越刮越大，雪越下越密。
练习题越做越有信心。

15.8 「……以外に……も」

> 除了……之外／以外，……还／也……

今井除了会弹钢琴之外，还会拉小提琴。
我们每天的作业除了练习发音以外，也要练习造句。
除了数学之外，他还学习了经济学，取得了经济学博士学位。
朴尚美的房间里，除了一张单人床、一张书桌和两个书架以外，还有一台电脑和一台打印机。

15.9 「……ではあるけれども」

「……ではあるけれども」と一旦譲歩し，改めて論点を展開するには"虽然"を用いる。逆説の接続詞には"不过"，"但是"，"可是"などがある。また，これら逆説の接続詞で導かれる句の中には"却 què"という副詞がよく現れる。

> 虽然……，不过／但是／可是……

今井汉语虽然没有林肯说得好，不过她也很用功。
我虽然听说过尼斯湖水怪的传说，但是我不知道尼斯湖在什么地方。
虽然我不喜欢这个人，可是却也不讨厌他。

刮风	guā fēng	風が吹く	取得 qǔdé	得る，取得する
密	mì	密である	博士学位 bóshìxuéwèi	博士号
信心	xìnxīn	自信	书桌 shūzhuō	勉強机
弹钢琴	tán gāngqín	ピアノを弾く	用功 yòng//gōng	勉強に励む
拉小提琴	lā xiǎotíqín	ヴァイオリンを弾く	尼斯湖水怪 Nísīhú shuǐguài	ネッシー
			传说 chuánshuō	伝説
经济学	jīngjìxué	経済学	讨厌 tǎoyàn	嫌う

練習問題

1．例にならって，文をつくりなさい。
   (1) 你有〔几天〕没有〔洗澡〕了？——我已经有一个星期没有洗澡了。
   (2) 你有〔几年〕没有去〔去北海滑冰〕了？——我已经有十多年没有去北海滑冰了。

2．以下の質問に中国語で答えなさい。
   (1) 今井学汉语，学了多长时间了？——
   (2) 夏爱华来中国多长时间了？——
   (3) 朴尚美认识夏爱华，认识了多长时间了？——
   (4) 张强学数学，学了多长时间了？——
   (5) 李玲老师教留学生汉语，教了多长时间了？——

3．例にならって，文をつくりなさい。
   (1) 今井个子不高，只有1.58。朴尚美个子很高，有1.67。朴尚美比今井高9公分。
   (2) 今年，李玲老师29岁，她的未婚夫30岁。李玲老师比她未婚夫小1岁。
   (3) 虽然夏爱华学习汉语的时间没有今井长，但是他的汉语却说得比今井好。
   (4) 李玲老师除了教口语课之外，还教书法课和中国概况课。

4．以下の文を日本語に訳しなさい。
   (1) 詹教授一九五二年生，属龙，比张教授大五岁。
   (2) 今井一直搞不清张强和夏爱华是同岁，还是张强比夏爱华大一岁。
   (3) 伦敦的雾少了，雨还是跟过去一样多。
   (4) 舞厅里，音量越来越大，节奏越来越强，面对面听不见说话。
   (5) 车越往前开，山越高，树越多，水越清，路却越来越窄了。
   (6) 社会发展越来越快，生活节奏越来越紧，人们的心理压力也就越来越大。

5．以下の文を中国語に訳しなさい。
   (1) 北京は以前からだいぶ変わりました。
   (2) 彼女はお母さんと同じように綺麗だ。
   (3) 彼は以前と同じように親切です。(热情　rèqíng)
   (4) 私の家はあなたの家より遠い。
   (5) 私は彼より一歳年上です。
   (6) 私は中国語をあなたより上手に話せる。
   (7) この辞書はさっきの辞書ほど大きくない。
   (8) 中国語は私が思ったほど難しくない。
   (9) 今井さんの歌は尚美ほど上手くない。
   (10) 食べれば食べるほどお腹がすく。
   (11) このCDは聞けば聞くほど好きになる。
   (12) ますます中国語に興味がわいてきました。
   (13) 考えれば考えるほど面白い。(想　xiǎng)
   (14) 私は授業に出る以外にアルバイトもしている。(打工　dǎ//gōng)
   (15) 私は日本人ですが，まだ富士山に登ったことがありません。(爬富士山　pá//Fùshìshān)

コラム 10

風が吹けば桶屋がもうかる

　名著『はじめての人の中国語』（くろしお出版，1996 年）の著者中川正之先生は，本書の編者の一人である杉村の先輩である。中川先生は生活のすべてが「言語学化」していると言われるほど，言語に対し抜群に鋭い観察眼をもつ。その中川先生曰く，「経験によれば，ここで，中国語の勉強を完全にあきらめるというパターンが，一番多いように思います。」

　さて，「ここ」とはどこか？それは「補語」である。では，補語とはなにか？補語とは，なんらかの営為の「結果」を示す成分である。たとえば，本書 9.4 に次のような例文がある。

　　李老师办公室的电话号码，我记了五次才记住。Lǐ lǎoshī bàngōngshì de diànhuà hàomǎ, wǒ jì le wǔ cì cái jìzhu.

この文は「李先生のオフィスの電話番号，私は五回目にしてやっと覚えられた」という意味であるが，"记了五次"の"记"は記憶に留めようとする「営為」を言い，"记住"は努力の甲斐あって記憶の定着という「結果」が得られたことを言う。このような現象を以て，"住"を"记"に対する〈結果補語〉と呼ぶのだが，ここにはポイントが二つある。

　まず，中国語が"记住"のような〈営為＋結果〉表現を極めて強く志向するという点である。出現した状況がなんらかの営為の結果として認識されるとき，中国語は両者をともに言語化して，事象の全過程を表現することを目指すのである（6.4 を参照）。英語の to look at と to see の対立は，中国語では"看"と"看见"の対立として現れる。"看"が営為，"见"が結果，"看见"は全過程である。

　二つ目のポイントは，〈営為＋結果〉がベースとなって，さまざまな文法が展開されるということである。本書 7.7 に次のような例が挙がっている。

　　张强的 E-mail 地址很长，我老也记不住。Zhāng Qiáng de E-mail dìzhǐ hěn cháng, wǒ lǎo yě jìbuzhù.（張君のメールアドレスは長くて，いつまでたっても覚えられない）

〈看见〉

〈看〉

"记不住"は記憶を定着させようと努めてもそれが定着しないことを言い，このパターンは〈可能補語〉と呼ばれる。見て見えなければ"看不见"と言い，聞いて理解できなければ"听不懂"と言う（15.5 を参照）。すべて同じ伝である。

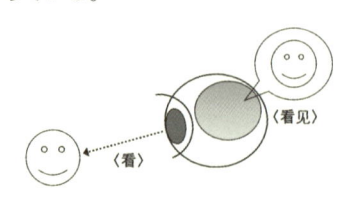

　記憶の定着状況を説明したければ，次のように表現する。

　　李老师把自己教过的学生都记得很清楚。Lǐ lǎoshī bǎ zìjǐ jiāo guo de xuésheng dōu jì de hěn qīngchu.（李先生は自分が教えた学生をみんなはっき

りと覚えている）

"记"が助詞"得"を伴った上で，記憶の定着状況を説明する成分"很清楚"を従えている。"很清楚"は〈程度補語〉と呼ばれる。この文では，"记"の目的語が前置詞"把"に導かれて動詞の前に置かれていることにも注意が必要である（9.1，14.4を参照）。

我々を取り巻く世界は「風が吹けば桶屋がもうかる」的な玉突き現象に満ちているが，中国語の文法の世界も玉突き的表現に満ち満ちている。ここを理解すれば，ここで中国語をあきらめる学習者は絶対に減ると思うのだが，楽観的に過ぎるだろうか。

豆知識

中国の国旗は「五星紅旗」と言う。赤地は革命を象徴し，5つの星は大きな星が中国共産党を，小さな4つの星が中国共産党を支える労働者，農民，プチブルジョワ，民族ブルジョワジーを表す。星の色に黄色が選ばれたのは，赤地に映える色であることに加え，中華の民が黄色人種であることによる。

16 旅行に行ってきました

旅游归来
Lǚyóu guīlái

国庆节放了七天假,今井和同学趁着这个假期一起去云南旅游。从云南带了纪念品送给张强。

今井:这是我从云南带回来的纪念品,是我为你特意挑选的,希望你喜欢。

张强:真谢谢你,又让你破费了。是什么呢?(边说边拆)哟,这是一件印着东巴文字的T恤!太好了,我很喜欢。

今井:我就知道你一定会喜欢的。

张强:国庆节这几天没看到你,原来你去了云南!你是什么时候回来的?

今井:我是昨天回来的。

张强:你是一个人去的吗?还是和谁一起去的云南?

今井:我不是一个人去的,我是和班上的同学四个人一起去的。

张强:都去了云南哪些地方?

今井:我们去了昆明和丽江。

张强:你们是怎么去的?是坐飞机去的,还是坐火车去的?

今井:去的时候先从北京坐飞机到昆明,再从昆明转机到丽江,在丽江呆了四天三夜。回来的时候是坐火车回来的。

张强:从昆明坐火车回北京来,那得花多长时间呢!累不累?

今井:一点儿也不累!本来我也觉得坐一天半的火车一定挺辛苦的。不过,在火车上和乘客聊天儿,一路上有说有笑,特别开心。而且我们买了卧铺票,累了就可以睡觉。

张强:古人说"读万卷书行万里路",你们真是身体力行啊!

今井:是呀!中国地大物博,风俗民情各不相同。现在的交通四通八达,旅游条件也越来越好了。我要趁着在中国的这一年多走走多看看,多体验体验。

张强:丽江是一座历史文化古城,也是世界文化遗产,有一天我也想去看看,爬爬玉龙雪山。

状況 真琴は見聞を広めようと、国慶節休暇を利用して雲南省に旅行しました。学校に帰ると、旅先で買った土産物を急いで张强に届けに行き、そこで会話が弾みます。

　　Guóqìngjié fàng le qī tiān jià, Jīnjǐng hé tóngxué chènzhe zhèi ge jiàqī yīqǐ qù Yúnnán lǚyóu. Cóng Yúnnán dài le jìniànpǐn sònggěi Zhāng Qiáng.

Jīnjǐng : Zhè shì wǒ cóng Yúnnán dàihuilai de jìniànpǐn, shì wǒ wèi nǐ tèyì tiāoxuǎn de, xīwàng nǐ xǐhuān.
Zhāng : Zhēn xièxie nǐ, yòu ràng nǐ pòfèi le. Shì shénme ne? (biān shuō biān chāi) Yo, zhè shì yī jiàn yìn zhe Dōngbā wénzì de T-xù! Tài hǎo le! Wǒ hěn xǐhuān.
Jīnjǐng : Wǒ jiù zhīdao nǐ yīdìng huì xǐhuān de.
Zhāng : Guóqìngjié zhè jǐ tiān méi kàndao nǐ, yuánlái nǐ qù le Yúnnán! Nǐ shì shénme shíhou huílai de?
Jīnjǐng : Wǒ shì zuótiān huílai de.
Zhāng : Nǐ shì yī ge rén qù de ma? Háishi hé shéi yīqǐ qù de Yúnnán?
Jīnjǐng : Wǒ bù shì yī ge rén qù de, wǒ shì hé bān shang de tóngxué sì ge rén yīqǐ qù de.
Zhāng : Dōu qù le Yúnnán něi xiē dìfang?
Jīnjǐng : Wǒmen qù le Kūnmíng hé Lìjiāng.
Zhāng : Nǐmen shì zěnme qù de? Shì zuò fēijī qù de, háishi zuò huǒchē qù de?
Jīnjǐng : Qù de shíhou xiān cóng Běijīng zuò fēijī dào Kūnmíng, zài cóng Kūnmíng zhuǎnjī dào Lìjiāng, zài Lìjiāng dāi le sì tiān sān yè. Huílai de shíhou shì zuò huǒchē huílai de.
Zhāng : Cóng Kūnmíng zuò huǒchē huí Běijīng lái, nà děi huā duōcháng shíjiān ne! Lèi bu lèi?
Jīnjǐng : Yìdiǎnr yě bù lèi! Běnlái wǒ yě juéde zuò yī tiān bàn de huǒchē yīdìng tǐng xīnkǔ de. Búguò, zài huǒchē shang hé chéngkè liáotiānr, yīlùshàng yǒushuō-yǒuxiào, tèbié kāixīn. Érqiě wǒmen mǎi le wòpùpiào, lèi le jiù kěyǐ shuìjiào.
Zhāng : Gǔrén shuō 'Dú wàn juàn shū xíng wàn lǐ lù', nǐmen zhēn shì shēntǐ-lìxíng a!
Jīnjǐng : Shì ya! Zhōngguó dìdà-wùbó, fēngsú míngqíng gè bù xiāngtóng. Xiànzài de jiāotōng sìtōng-bādá, lǚyóu tiáojiàn yě yuè lái yuè hǎo le. Wǒ yào chènzhe zài Zhōngguó de zhèi yī nián duō zǒuzou duō kànkan, duō tǐyàn tiyan.
Zhāng : Lìjiāng shì yí zuò lìshǐ wénhuà gǔchéng, yě shì Shìjiè wénhuà yíchǎn, yǒu yī tiān wǒ yě xiǎng qù kànkan, pápa Yùlóngxuěshān.

語句

放假	fàng//jià	休暇を出す
趁着……	chènzhe	……の機会を利用して
假期	jiàqī	休暇期間
旅游	lǚyóu	観光する
纪念品	jìniànpǐn	記念品、お土産
带回来	dài huílai	持って帰って来る
为……	wèi	……のために
特意	tèyì	特に、わざわざ
挑选	tiāoxuǎn	選ぶ、選択する
让你破费了	ràng nǐ pòfèi le	散財させてしまいましたね。
破费	pòfèi	金を使う
边……边……	biān ...... biān	……しつつ……する。("一边……一边……" → 11.3)
印	yìn	プリントする、印刷する
我就知道……	wǒ jiù zhīdao	……だとわかっていた、「とっくの昔にお見通し」というニュアンスをもつ。
一定会……的	yīdìng huì ...... de	→ 16.1
看到	kàndao	見かける
和……一起	hé ...... yīqǐ	……と一緒に
班上	bān shang	（集団としてとらえた）クラス
飞机	fēijī	飛行機
火车	huǒchē	汽車
先……再……	xiān ...... zài	→ 16.5
转机	zhuǎnjī	飛行機を乗り換える
呆	dāi	滞在する
四天三夜	sì tiān sān yè	四日三晩
花时间	huā shíjiān	時間がかかる、時間をかける
本来	běnlái	もともと
挺……的	tǐng ...... de	とても……
辛苦	xīnkǔ	手間ひまがかかってつらい
乘客	chéngkè	乗客
一路上	yīlù shang	道中、道すがら
有说有笑	yǒushuō-yǒuxiào	楽しく談笑する様
开心	kāixīn	気が晴れる、愉快である
而且	érqiě	かつ、そのうえ

卧铺票	wòpùpiào	寝台列車の切符
睡觉	shuì//jiào	寝る
古人	gǔrén	昔の人
读万卷书行万里路	dú wàn juàn shū xíng wàn lǐ lù	万巻の書を読み，万里の道を行く
身体力行	shēntǐ-lìxíng	自ら努めて実践する
地大物博	dìdà-wùbó	土地が広大で，物産が豊かである
风俗民情	fēngsú mínqíng	各地の風俗習慣
各不相同	gè bù xiāngtóng	それぞれ異なる
交通	jiāotōng	交通
四通八达	sìtōng-bādá	四方八方に通じている
条件	tiáojiàn	条件
体验	tǐyàn	体験する
座	zuò	量詞
历史文化古城	lìshǐ wénhuà gǔchéng	歴史的文化を有する古都
世界文化遗产	Shìjiè wénhuà yíchǎn	世界文化遺産
爬山	pá//shān	山に登る
云南	Yúnnán	地名
东巴文字	Dōngbā wénzì	トンパ文字。"纳西族 Nàxīzú"（モソ族）に伝承される独特な文字体系で，トンパ（巫師）だけが読み書きできる。
国庆节	Guóqìngjié	中国の建国記念日，10月1日。
昆明	Kūnmíng	地名
丽江	Lìjiāng	河川名
玉龙雪山	Yùlóngxuěshān	山岳名

16.1 「きっと気に入ってもらえると思っていました」

"我就知道你一定会喜欢的。"の"会……的"は事態の発生に対して強い可能性を見出した表現で（"会……"のみの場合もある），"一定"は「きっとだ」と自らの確信を強調する。

你是好人，你一定会得到幸福的！
我们一定会把你爸爸的病治好的。我们有信心，你也应该有信心！

文脈から具体的述語を補える場合，単に"会的"とだけ言うことがある。

你一定会后悔的，你会的！

16.2 「国慶節からここ何日か君を見かけなかった」

"国庆节这几天没看到你，……"の"国庆节这几天"は「国慶節を含むここ何日か」という意味で，"这"は"国庆节"をうけている。

春节这几天，我一直在家里，没有出去。
冬至这几天，天气一直很冷，还下了一场大雪。

〈名詞／代名詞＋"这／那"＋量詞＋名詞〉という形式における，名詞／代名詞と〈"这／那"＋量詞＋名詞〉の意味的な関係は多様であるが，所属・所有・存在関係と同格関係を言うことが最も多い。

我们那个地方管"马铃薯"叫"土豆儿"。〔所属関係〕
李玲老师那个班有15个学生。〔所属関係〕
我这件旗袍是在北京定做的。〔所有関係〕
哎呀！你这个人真是……〔同格関係〕

16.3 「それとも誰かと一緒に行ったの」

"还是和谁一起去的云南？"は"你去了云南"をうけて「誰かと一緒に行ったのか」と聞いている。文脈によっては，"的"を文末に置き"还是和谁一起去云南的？"と言うことも可能であるが，ここでは"一个人去的？"と"和谁一起去的？"の間で選択が行われているので，"还是和谁一起去的云南？"とするほうが勝る。

后悔 hòuhuǐ	後悔する	
管……叫……	guǎn……jiào…… ……のことを……という	

马铃薯　mǎlíngshǔ　ジャガイモ
土豆儿　tǔdòur　ジャガイモ
旗袍　qípáo　チャイナドレス

你的字写得真好，是在哪儿学的书法？

尚美写了封信，贴好邮票就把它扔进了邮筒。她没用胶水，是用嘴贴的邮票。
你知道你为什么叫"子禾"吗？是你父亲把你母亲的姓拆了给你起的名儿。

16.4 「雲南のどこどこに行った？」

"都去了云南哪些地方？"では疑問詞"哪些"の前方に"都"が使われている。
回答内容に複数の事項が予想される場合，このように"都"を疑問詞の前方に置く。

你今天上课都学了些什么？
你们每天除了上课都做什么？
明天的活动，你们都谁参加？
你们都叫什么名字？

16.5 「まず北京から飛行機で昆明に行き，それから……」

"先从北京坐飞机到昆明，再从昆明转机到丽江，……"の"先……，再……"
は事件の先後関係を説明する表現で，"再"は「その次に，それから，改めて」
という意味を表す。

好，你先冷静一下，再好好儿想想。
我们从大阪出发，先到上海，再到武汉，然后去西安，最后从北京回国。

贴好　tiēhǎo　きちんと貼る
胶水　jiāoshuǐ　液体のり
子禾　Zǐhé　"季"を分解すると"子禾"となる。

冷静　lěngjìng　冷静である
好好儿　hǎohāor　きちんと，ちゃんと
然后　ránhòu　それから

16.6 「少しも疲れていません」

"一点儿也不累！"は「少しも……ない」と直訳できる。"一点儿"の位置にはさまざまな最小の数量表現が入り，"也"の代わりに"都"が使われることもある。また，数量表現が"连"によって導かれることも少なくない。(→ 11.4)

  我不知道，一点儿也不知道！
  他身上一点儿力气也没有了。
  你这个孩子，这么大了，一点儿事儿也不懂。
  教室里静悄悄的，一个人也没有。
  我真的没钱，一块钱也没有。

> 注意
>
> 日本語では「少しも力がない」のように，数量詞と名詞が分離して現れることが多いが，中国語では"一点儿力气也没有"のように，数量詞が名詞の修飾語となることに注意したい。

16.7 「1日半列車に揺られる」

"本来我也觉得坐一天半的火车一定挺辛苦的。"に含まれる"坐一天半的火车"は「1日半列車に揺られる」という意味である。"的"は使わないことも多い。"一天半"は意味上は"坐火车"という行為と関係しているが，形式上は"火车"という事物と直接的な関係を結んでいる。"一天半坐火车"とか"坐火车一天半"とか作らないように注意したい。(→ 15.4，26.1)

  我走了一天（的）路，累得要命。
  他们在碧蓝的湖面上划了一个小时（的）船。
  一连下了六，七天（的）雨，今天总算晴了。
  我们坐了一天一夜（的）火车，才到达目的地。

力气 lìqi 体力，力   静悄悄的 jìngqiāoqiāode ひっそりと

16.8 「もっとたくさんあちらこちら歩いて,あれこれ見て……」

"多走走多看看"に見られる"走走"や"看看"のような動詞の重畳形は「すこし……してみる」という意味で,数量的な意味に試みのニュアンスが含まれている。"多"は修飾語として,「多めに」という意味を表す。(→6.1)

你再多想想,就会明白我的意思。
你多照顾照顾她,我就放心了。
史泰龙,你要多向林肯学习学习,他多么认真啊！

東巴文字

碧蓝　bìlán　紺碧
湖面　húmiàn　湖面
划船　huá//chuán　舟をこぐ
一连　yīlián　続けて

总算　zǒngsuàn　なんとか
目的地　mùdìdì　目的地
认真　rènzhēn　きまじめである

練習問題

1. 課文の内容に基づき以下の問いに答えなさい。
   (1) 今井（是）什么时候去的云南？——
   (2) 今井（是）一个人去的云南吗？——
   (3) 今井（是）在哪儿买的纪念品？——
   (4) 今井（是）给谁买的纪念品？——
   (5) 今井给张强从云南带回来的（是）什么？——

2. 自由に想像して，以下の問いに答えなさい。
   (1) 和今井一起去云南的都有谁？——
   (2) 李玲老师走进教室的时候，教室里都有谁？——
   (3) 今井来到中国以后都读了哪些书？——
   (4) 今井来到中国以后都认识了谁？——
   (5) 李玲老师这几年都教过哪些国家的学生？——

3. 以下の文を朗読し，日本語に訳しなさい。
   (1) 国庆节那几天我回西安去了，不在北京。
   (2) 张强那个人特别老实，同学们都很喜欢他。
   (3) 下了一天一夜的雨，终于停了。
   (4) 昨天下午，今井在活动中心打了两个小时的球。
   (5) 他们坐了四个小时的汽车，到了西双版纳傣族自治州首府——景洪市。
   (6) 她低着头，连一句话也不说。
   (7) 你真的连一点儿办法也没有了吗？
   (8) 这篇文章写得不好，一点儿意思都没有。
   (9) 昨天我去逛街，一件衣服也没买就回来了。

4. 応用練習
   中国の祝祭日にどのようなものがあるか，調べなさい。

コラム 11　二つの"了"

"了 [le]"には意味も機能も大きく異なる二つの"了"がある。たとえば,
　　我吃了饭了。Wǒ chī le fàn le.（私は食事はすませました。）
この例で"吃了饭"は"吃着饭"や"吃过饭"との対立の中で,"吃饭"が「継続中」でもなければ「発生済み」でもない,「完了」という局面を迎えたことを表している（以下"了a"と記す）。一方,文末の"了"は"我吃了饭"（私の食事が終わった）という状況が,聞き手にとっていまだ未知な,あるいは未確認の事態として発生したことを伝え,私の食事状況に十分な知識をもたない聞き手に対して知識の更新を求めている（以下"了b"と記す）。よって,この文は「食事が終わった」と報告して意味のある状況,たとえば「私のために食事を準備していただくにはおよびません」と伝えたいような場面に使って活きる。

"了b"の特徴を最も端的に表す用法は,聞き手にとって未知である状況の発生を報告することである。たとえば,庭に洗濯物が干してあり,急に雨が降りだしたとする。それを家の中にいる者に報告して「雨だよ,早く洗濯物を取り込んで！」と伝えるには,次のように表現する。
　　下雨了,快把衣服收进来！Xià yǔ le, kuài bǎ yīfu shōujinlai!
一方,同じく雨降りでも,日記に「今日大阪は大雨が降った」と書くような場合は,次のようになる。
　　今天大阪下了一场大雨。Jīntiān Dàbǎn xià le yī cháng dàyǔ.
この文は事件の客観的な記述であり,話し相手とのインタラクションの中で相互に知識をアップデートし合うといった状況ではない。学術文献に"了b"がほとんど見られない理由もそこにある。次の例は"了a"と"了b"の違いを雄弁に物語る。
　　他清楚刚才发生了什么。儿子打了他。儿子竟然打父亲了！Tā qīngchu gāngcái fāshēng le shénme. Érzi dǎ le tā. Érzi jìngrán dǎ fùqin le.（彼は今何が起こったかはっきり自覚していた。息子が彼を殴った。息子がこともあろうに父親を殴ったのだ。）
"儿子打了他"は"发生了什么"に対する事実に即した答えである。それに対して"儿子竟然打父亲了"は（"打了父亲了"であってもよい）,「父親が息子を殴ることはあっても,息子が父親を殴ることなどありえない」,そういう自らの常識を根こそぎ覆すような事態が生じたことに対する感慨である。

一つの事態の「完了」はしばしば新たな事態へのターニングポイントとなる。よって,"了a"は次のような継起する事件の前段によく使用される。これは"了b"には見られない用法である。
　　吃了饭再走！Chī le fàn zai zou!（ご飯を食べてから帰りよ）
　　扫了院子又扫屋子。Sǎo le yuànzi yòu sǎo wūzi.（庭を掃いて家の中も掃いた）
これに対して,"了b"は感嘆符「！」を使う場面を独壇場とする。
　　这首歌儿太动人了！Zhèi shǒu gēr tài dòngrén le!（なんて素晴らしい歌なんだ！）
　　我快要疯了！Wǒ kuài yào fēng le!（もう気が狂いそうだ！）
なお,"了a"も"了b"も否定には同じく"没(有)"を用い,且つ両者ともに形式化されず消失してしまう。

17 デスクトップは性能に優れる
台式机性能比较强
Táishìjī xìngnéng bǐjiào qiáng

今井请张强陪她去学校附近的电脑城买电脑，张强也顺便买了U盘。

张强：台式机性能比较强，笔记本儿方便携带，你打算买哪一种？

今井：我想买笔记本电脑。

张强：那么我们去这一家笔记本儿电脑的专卖店看看吧。

······················

店员：同学，买电脑吗？您要看国产的，还是要看进口品牌的？

今井：都可以，要上网速度能快一点儿的。

店员：您放心，现在的电脑速度都很快。向您推荐这台国产品牌，屏幕大，速度快，性能高。我敢保证绝对物超所值，很多学生在我们店里都买这台。

张强：屏幕是15英寸吗？多重呢？

店员：是15.4英寸的，重量是2.8公斤，不算重。

今井：可是对我来说太重了，我不需要这么大的。可以给我看看那一款小一点儿的吗？

店员：您真有眼光，这一款是日本原装进口的。10英寸屏幕，才一公斤多，非常轻便。花样不但漂亮，而且有四种颜色可以挑选，这种粉红色最受女生的欢迎。

张强：键盘配置看起来也不错，这台多少钱？

店员：原价是11,200元，促销特惠价打九折，还可以分期付款。

今井：没想到这么贵，有更便宜的吗？

店员：还有这台珍珠白的，也很适合女生使用，硬盘比那台小一点儿，打折以后价钱差不多4000元左右。

今井：样式虽然没有那台漂亮，不过看起来也很实用。好吧，看来看去还是买这台吧。

张强：对了，我也顺便买一个U盘，怎么卖呢？

店员：这个4G的60元，电脑和U盘要是付现金的话，可以打85折。

今井：太好了，那我就不刷卡了！

> 状況　中国の"电脑城"（PCタウン）は大学の近辺にあることが多い。今日，真琴は张强君に参謀を頼んで近くの"电脑城"にパソコンを買いに出かけた。

Jīnjǐng qǐng Zhāng Qiáng péi tā qù xuéxiào fùjìn de diànnǎochéng mǎi diànnǎo, Zhāng Qiáng yě shùnbiàn mǎi le U-pán.

Zhāng	:Táishìjī xìngnéng bǐjiào qiáng, bǐjìběnr fāngbiàn xiédài, nǐ dǎsuan mǎi něi yī zhǒng?
Jīnjǐng	:Wǒ xiǎng mǎi bǐjìběn diànnǎo.
Zhāng	:Nàme wǒmen qù zhè yī jiā bǐjìběnr diànnǎo de zhuānmàidiàn kànkan ba.

....

Diànyuán	:Tóngxué, mǎi diànnǎo ma? Nín yào kàn guóchǎn de, háishi yào kàn jìnkǒu pǐnpái de?
Jīnjǐng	:Dōu kěyi, yào shàngwǎng sùdù néng kuài yīdiǎnr de.
Diànyuán	:Nín fàngxīn, xiànzài de diànnǎo sùdù dōu hěn kuài. Xiàng nín tuījiàn zhèi tái guóchǎn pǐnpái, píngmù dà, sùdù kuài, xìngnéng gāo. Wǒ gǎn bǎozhèng juéduì wù chāo suǒ zhí, hěn duō xuésheng zài wǒmen diàn li dōu mǎi zhèi tái.
Zhāng	:Píngmù shì shíwǔ yīngcùn ma? Duō zhòng ne?
Diànyuán	:Shì shíwǔ diǎn sì yīngcùn de, zhòngliàng shì èr diǎn bā gōngjīn, bù suàn zhòng.
Jīnjǐng	:Kěshì duì wǒ lái shuō tài zhòng le, wǒ bù xūyào zhème dà de. Kěyi gěi wǒ kànkan nà yī kuǎn xiǎo yīdiǎnr de ma?
Diànyuán	:Nín zhēn yǒu yǎnguāng, zhèi yī kuǎn shì Rìběn yuánzhuāng jìnkǒu de. 10 yīngcùn píngmù, cái yī gōngjīn duō, fēicháng qīngbiàn. Huāyàng bùdàn piàoliang, érqiě yǒu sì zhǒng yánsè kěyi tiāoxuǎn, zhèi zhǒng fěnhóngsè zuì shòu nǚshēng de huānyíng.
Zhāng	:Jiànpán pèizhì kànqilai yě bùcuò, zhèi tái duōshao qián?
Diànyuán	:Yuánjià shì yī wàn yī qiān èr bǎi yuán, cùxiāo tèhuìjià dǎ jiǔ zhé, hái kěyǐ fēnqī fùkuǎn.
Jīnjǐng	:Méi xiǎngdào zhème guì, yǒu gèng piányi de ma?
Diànyuán	:Háiyǒu zhèi tái zhēnzhūbái de, yě hěn shìhé nǚshēng shǐyòng, yìngpán bǐ nèi tái xiǎo yīdiǎnr, dǎ zhé yǐhòu jiàqián chàbuduō sì qiān yuán zuǒyòu.
Jīnjǐng	:Yàngshì suīrán méiyou nèi tái piàoliang, bùguò kànqilai yě hěn shíyòng. Hǎo ba, kànlái-kànqù háishi mǎi zhèi tái ba.
Zhāng	:Duì le, wǒ yě shùnbiàn mǎi yī ge U-pán, zěnme mài ne?
Diànyuán	:Zhèi ge 4 G de liù shí yuán, diànnǎo hé U-pán yàoshi fù xiànjīn de huà, hái kěyǐ dǎ bā-wǔ zhé.
Jīnjǐng	:Tài hǎo le, nà wǒ jiù bù shuā kǎ le!

語句

陪	péi	付き添う
附近	fùjìn	附近，近所
电脑城	diànnǎochéng	PCタウン
顺便	shùnbiàn	ついでに
U盘	yōu-pán	USBメモリ
台式机	táishìjī	デスクトップパソコン
性能	xìngnéng	性能
比较	bǐjiào	比較すると，かなり
方便	fāngbian	便利である
携带	xiédài	携帯する
种	zhǒng	量詞
家	jiā	量詞
专卖店	zhuānmàidiàn	専売店
国产	guóchǎn	国産
进口品牌	jìnkǒu-pǐnpái	輸入ブランド
上网	shàngwǎng	インターネットにアクセスする
速度	sùdù	スピード
放心	fàng//xīn	安心する
向	xiàng	……に対して（主として「人」を導く）
推荐	tuījiàn	推薦する
屏幕	píngmù	スクリーン，液晶モニター
敢	gǎn	→17.3
保证	bǎozhèng	保証する
绝对	juéduì	必ず，絶対に
物超所值	wù chāo suǒ zhí	値段以上の価値がある
英寸	yīngcùn	インチ
重量	zhòngliàng	重さ
不算……	bù suàn ……	……の内には入らない
对……来说	duì …… lái shuō	……にとっては
需要	xūyào	必要である
款	kuǎn	量詞
有眼光	yǒu yǎnguāng	目のつけどころがいい
日本原装进口的	Rìběn yuánzhuāng jìnkǒu de	日本で組み立てられ輸入されたもの
才一公斤多	cái yī gōngjīn duō	→17.4
轻便	qīngbiàn	軽便である

花样	huāyàng	デザイン，様式
不但……，而且……	bùdàn …… érqiě ……	→ 17.5
颜色	yánsè	色
粉红色	fěnhóngsè	ピンク，淡紅色
受……欢迎	shòu …… huānyíng	……に人気がある
键盘	jiànpán	キーボード
配置	pèizhì	配置
看起来	kànqilai	みたところ
原价	yuánjià	定価
元	yuán	人民元の額面
促销	cùxiāo	商品の販売を促進する
特惠价	tèhuìjià	特別優待価格
打九折	dǎ jiǔzhé	一割引き，九掛けで売る
打折	dǎzhé	割り引きをする
分期付款	fēnqī fùkuǎn	分割払いする
没想到	méi xiǎngdào	思いつかなかった
便宜	piányi	値段が安い
珍珠白	zhēnzhūbái	パールホワイト
适合	shìhé	適合する
使用	shǐyòng	使用
硬盘	yìngpán	ハードディスク
价钱	jiàqián	値段
……左右	…… zuǒyòu	……くらい
实用	shíyòng	実用である
看来看去	kànlái kànqù	→ 17.8
还是……吧	háishì …… ba	やはり……ということにしよう
怎么卖?	zěnme mài?	どう売る？値段交渉に入る前の値段の聞き方。
4G	sì jì	4ギガ
付现金	fù xiànjīn	キャッシュで支払う
刷卡	shuā//kǎ	カードで支払う

17

17.1 「デスクトップは性能に優れる」

"台式机性能比较强"で，文頭の"台式机"とそれに続く"性能"は「全体」と「部分」の関係にある。全体を提示し，続いて部分の状況に言及する表現形式は，人や事物の特徴を説明する文に多用される。

　　　现在的电脑速度都很快。
　　　这一台国产品牌，屏幕大，速度快，性能高。
　　　这一台珍珠白的，样式虽然没有那一台漂亮，不过看起来也很实用。

17.2 「モニターが大きく，速度が速く，性能が良い」

中国語の形容詞には基本形と派生形がある。基本形は"大，快，高"のようなもので，人や事物を分類したり，比較したりするのに用いる。派生形は"大大的，快快儿的，高高的"のような重畳形を典型とし，観察された状態を感覚的に臨場感をもって描写する（→ 6.5, 14.4）。

　　　她做模特儿身体条件挺好。1.76，腿长，腰细，臀窄，肩宽。
　　　她的眉毛精心地摘过，细细的，长长的，弯弯的，像两道月牙儿。

上の例は「彼女はモデルになるのに身体的条件に恵まれている。1.76m，脚が長く，腰が細く，ヒップが狭く，肩幅が広い」と分類的に述べ，下の例は「彼女の眉は心を込めて（無駄毛を）抜かれていた，ほそーく，ながーく，きれいに弧を描いて，2本の三日月のようである」と目に映じたありさまを感覚的に描いている。

模特儿	mótèr　モデル	摘	zhāi　選んで摘み取る
腿	tuǐ　足	眉毛	méimáo　眉毛
腰	yāo　腰	弯弯的	wānwānde
臀	tún　ヒップ		きれいに弧を描いている
肩	jiān　肩	月牙儿	yuèyár　三日月

17.3 「コストパフォーマンスが良いことは請け合いです」

"我敢保证绝对物超所值……"の"敢"は助動詞で,「……する勇気・度胸をもちあわせる」という意味を表す。"我敢保证……"は「自信をもってお約束します」ほどの意味になる。

  我敢肯定，他在撒谎！
  我敢向你保证，他没有撒谎！
  谁敢和那样的人结婚？

17.4 「ほんの１キロ余りです」

"10英寸屏幕，才一公斤多……"のように"才"を数量表現の前に置くと，「わずか・ほんの……だけ」と数量の少なさを強調する表現を作ることができる。"才一公斤多"は「ほんの１キロあまりだ」という意味になる。

  他们结婚才三个月零六天。
  今井，才半年多的时间，你的汉语说得这么流利了，进步真快！

もし数量表現が動詞句の中に含まれていれば，"才"は動詞の前に現れる。

  张强半年才回一次家。
  你难道不知道足球世界杯四年才举办一次？

撒谎	sā//huǎng 嘘をつく	世界杯	shìjièbēi ワールドカップ
流利	liúlì 流暢である	举办	jǔbàn 開催する

17.5　「きれいだけでなく，色も四種類の内からお選びいただけます」

"花样不但漂亮，而且有四种颜色可以挑选"で"不但……，而且……"は「……ばかりでなく，しかも……」という意味を表す。

　　尚美不但长得漂亮，而且手也很巧。
　　他不但不会说汉语，而且英语说得也不好。
　　一个学期结束以后，我的学习成绩不但没有提高，而且李老师对我的印象也越来越坏。

17.6　「キーボードの配置も見たところいい」

"键盘配置看起来也不错"，この文は"键盘配置也不错"（キーボードの配置もいい）に"看起来"（見たところ）が挿入されてできている。挿入位置が"也"の後ではなく，前であることに注意したい。"起来"は「起き上がり視野に入って来る」という意味から，事態の開始（……し始める）や実施（……してみる）の意味を派生している。

　　这个女大学生看起来真像一个小姑娘。
　　这件事看起来简单，做起来特别费时间和精力。
　　这种竹子看起来是圆的，摸起来是方的。你不信就摸一下。
　　他的话听起来很可笑，有一种黑色幽默的味道。
　　这件事说起来容易，做起来难，咳……

印象　yìnxiàng　印象
坏　huài　悪い
费　fèi　ついやす
精力　jīnglì　精神的エネルギー
竹子　zhúzi　竹

圆　yuán　丸い
摸　mō　手でさぐる
黑色幽默　hēisè yōumò　ブラックユーモア
咳　hai　ため息

17.7 「そんなに高いとは思いもよらなかった」

"没想到这么贵"の"没想到……"は文字通り「……に思い到らなかった」である。「……」部には事態実現の可能性を表す"会"がよく使われる。"没想到这么贵"も"没想到会这么贵"(こんなにも値段が高い〔可能性がある〕とは思いもよらなかった)とすることが可能である。(→ 13.4)

真没想到，你才来半年多，汉语说得这么好！
好吃！真好吃！我真没想到北京烤鸭会这么好吃！
我真没想到你会对中国的情况这么了解。

17.8 「いろいろ見たけどやっぱりこれにします」

"看来看去还是买这一台吧。"は「あれこれ見てきたけれどやはりこれを買うことにします」という意味になる。"……来……去"は，動作行為が繰り返し様々に行われることを，位置・回数・内容・対象などの側面から述べる。

孩子们在公园里跑来跑去。
这本词典又大又重，每天上课带来带去，实在太麻烦了。
这件事，我想来想去，觉得还是你最合适。
中国的小吃，我吃过很多种，吃来吃去，觉得最好吃的还是台南的粽子。

小吃　xiǎochī　軽食　　　　　台南　Táinán　地名

練習問題

1．文を完成しなさい。
   (1) 尚美，个子比今井……，但是头发没有……。
   (2) 李老师，头发……，眼睛……，眉毛……，牙齿……。
   (3) 史泰龙，个子……，腿……，胳膊……。
   (4) 爱华，英语说得……，汉语说得……。
   (5) 张强，羽毛球打得比爱华……，但是英语说得没有爱华……。

2．文を完成しなさい。
   (1) 今井不但……，而且一点也不想念大阪的家。
   (2) 今井不但……，而且还买了打印机和数码相机。
   (3) 朴尚美不但手很巧，会做手工，而且……
   (4) 张强不但羽毛球打得很棒，而且……。
   (5) 史泰龙不但经常不来上课，而且……。

3．以下の文を朗読し，日本語に訳しなさい。
   (1) 从第一次见面之后，才半年他们就结婚了。
   (2) 这个人死的时候才三十五岁，太可惜了。
   (3) 他的汉语说得真漂亮！他才学过两年汉语呢，我简直不敢相信自己的耳朵。
   (4) 我敢肯定，那天我在车站候车室看见的就是这个人！
   (5) 这个外国留学生看起来完全不像个外国人。
   (6) 李老师给我们介绍说，这个新来的男同学叫"萨沙"，听起来像女孩儿的名字，他长得也有几分像女孩子。
   (7) 没有想到吧，今井开始打羽毛球才两个月就瘦了四公斤！
   (8) 真没想到北京城里还有这样的地方，这样的人家，过这样的日子！
   (9) 她想来想去，觉得还是自己最初下的决心是正确的。

上海パソコンタウン

18 なにが書いてあるのかな

写着什么呢？
Xiě zhe shénme ne?

今井和尚美下课后走在校园里，看见布告栏上贴着一张海报。

今井：欸，你看，布告栏上贴着什么？好像是一张京剧海报。我们过去看看吧。

尚美：好哇！写着什么呢……？

（两人走到布告栏前面）

"梅派经典剧目公演"，下一场日期是：10月25日，就是下下个星期天。地点是城里的京剧院。

今井：演出的是……正是李老师给我们介绍过的《霸王别姬》呢！

尚美：你对京剧有兴趣吗？

今井：很有兴趣。去年看过一出上海京剧院在日本演出的《杨门女将》。不管是布景还是道具、服装都非常讲究，让人印象深刻。演员们的表情，唱腔，身段也相当出色，虽然我连一句唱词儿都听不懂，但是还是觉得十分感动呢。从此以后，我就爱上京剧了。

尚美：看不出来，你还是个京剧迷呀，对京剧这么熟悉！李老师说京剧是中国的国粹，可惜我连一出也没看过。

今井：我们一起去看吧？价钱有20块，50块，80块钱三种，凭学生证还可以享受折扣。你看，怎么样？

尚美：好哇！对了，我来问问爱华和张强有没有兴趣，大家一起去热闹热闹！

状況 放課後，真琴と尚美は大学内の掲示板に京劇の案内が張り出されていることに気付いた。真琴は京劇に大いに関心があり，まだ京劇を見たことのない尚美に一緒に見に行こうと提案する。

　　Jīnjǐng hé Shàngměi xià kè hòu zǒuzài xiàoyuán li, kànjian bùgàolán shang tiē zhe yī zhāng hǎibào.

Jīnjǐng ：Éi, Nǐ kàn, bùgàolán shang tiē zhe shénme? Hǎoxiàng shì yī zhāng jīngjù hǎibào. Wǒmen guòqu kànkan ba.

Shàngměi：Hǎo wa! Xiě zhe shénme ne ……?
　　　　　　　(Liǎng rén zǒudào bùgàolán qiánmian)
'Méipài jīngdiǎn jùmù gōngyǎn', xià yī chǎng rìqī shì : shí-yuè èr shí wǔ-rì, jiù shì xià xià ge xīngqī tiān. Dìdiǎn shì chéng li de jīngjùyuàn.

Jīnjǐng ：Yǎnchū de shì…… zhèng shì Lǐ lǎoshī gěi wǒmen jièshào guo de 'Bàwáng biéjī' ne!

Shàngměi：Nǐ duì jīngjù yǒu xìngqu ma?

Jīnjǐng ：Hěn yǒu xìngqù. Qùnián kàn guo yì chū Shànghǎi Jīngjùyuàn zài Rìběn yǎnchū de 'Yángmén nǚjiàng', bùguǎn shì bùjǐng, háishi dàojù, fúzhuāng dōu fēicháng jiǎngjiū, ràng rén yìnxiàng shēnkè. Yǎnyuánmen de biǎoqíng, chàngqiāng, shēnduàn yě xiāngdāng chūsè, suīrán wǒ lián yī jù chàngcír dōu tīngbudǒng, dànshi háishi juéde shífēn gǎndòng ne. Cóngcǐ yǐhòu, wǒ jiù àishang Jīngjù le.

Shàngměi：Kànbuchūlái, nǐ hái shì ge Jīngjùmí ya, duì Jīngjù zhème shúxī! Lǐ lǎoshī shuō Jīngjù shì Zhōngguó de guócuì, kěxī wǒ lián yī chū yě méi kànguo.

Jīnjǐng ：Wǒmen yīqǐ qù kàn ba? Jiàqián yǒu èrshí-kuài, wǔshí-kuài, bāshí-kuài qián sān zhǒng, píng xuéshēngzhèng hái kěyǐ xiǎngshòu zhékòu. Nǐ kàn, zěnmeyàng?

Shàngměi：Hǎo wa! Duì le, wǒ lái wènwen Àihuá hé Zhāng Qiáng yǒu méiyou xìngqù, dàjiā yìqǐ qù rè'nao re'nao!

18

語句

走在校园里	zǒuzài xiàoyuán li	キャンパスを歩いている（文章語）
布告栏	bùgàolán	掲示板
贴	tiē	貼る
张	zhāng	量詞
海报	hǎibào	ポスター
你看……	nǐ kàn ……	話し相手に視線をあるもの向けるよう要求する。そこから"你看，怎么样？"（ねえ，〔この件〕君はどう思う）のように，あることに関する意見を求める用法が派生した。
京剧	jīngjù	京劇
过去	guòqu	今いる位置から掲示板の方に行く
前面	qiánmian	前
经典剧目	jīngdiǎn jùmù	レパートリー
公演	gōngyǎn	公演，公演する
下一场	xià yī chǎng	次回の公演
日期	rìqī	日取り
就是	jiù shì	……とは即ち……である
地点	dìdiǎn	場所
城里	chéng li	旧市街区
京剧院	jīngjùyuàn	京劇院
演出	yǎnchū	公演，公演する
正是……	zhèng shì ……	まさしく……である
出	chū	量詞。「齣」の簡体字。
不管……都……	bùguǎn …… dōu ……	→ 18.2
布景	bùjǐng	舞台の背景，セッティング
服装	fúzhuāng	服装
道具	dàojù	演劇の道具
讲究	jiǎngjiū	凝る，念を入れる
让人……	ràng rén ……	→ 18.3
深刻	shēnkè	（印象，反省などが）深い
表情	biǎoqíng	表情
唱腔	chàngqiāng	節回し
身段	shēnduàn	舞台での身のこなし，女性のスタイル
相当	xiāngdāng	とても，随分
出色	chūsè	出色である，優秀である

句	jù	量詞
唱词儿	chàngcír	京劇などの歌詞
感动	gǎndòng	感動する
从此以后，就……	cóngcǐ yǐhòu, jiù ……	あの（その）ときからすでにもう……
爱上	àishang	好きになる
看不出来	kànbuchūlái	→ 18.4
京剧迷	jīngjùmí	京劇ファン
对……熟悉	duì …… shúxī	……をよく知っている，……に詳しい
国粋	guócuì	自国文化の精華
可惜	kěxī	惜しい，残念である
凭……	píng ……	……を根拠として
学生证	xuéshēngzhèng	学生証
享受折扣	xiǎngshòu zhékòu	割引サービスが受けられる
热闹	rènao	にぎやかである
梅派	Méipài	京劇の一流派
《霸王别姬》	《Bàwáng bié jī》	京劇の演目
《杨门女将》	《Yángmén nǚjiàng》	京劇の演目
上海京剧院	Shànghǎi Jīngjùyuàn	劇団名

18.1 「掲示板にはなにが貼ってあるの」

「ある場所に誰か（何か）がいる（ある）」という「存在」を報告する状況において，「いる・ある」をより詳しく表現し「立っている」とか「貼ってある」と言うときは，"着 zhe" を伴った動詞を用いる。"布告栏上贴着什么？"だと「掲示板にはなにが貼ってあるの」という意味になる。（→ 10.1）

> 布告栏上贴着一张京剧海报。
> 活动中心门口儿站着一个女孩儿。
> 门外石阶下停着一辆黑色的小轿车。

石阶	shíjiē	入り口の石段	轿车	jiàochē	乗用車

同様に，「誰か（何か）がある場所にいる（ある）」という「所在」を報告する状況において「いる・ある」をより詳しく表現するには，"在"を伴った動詞を用いる。

　　今井站在活动中心门口儿，好像在等谁。
　　宿舍里，尚美一个人穿着睡衣躺在床上看外国画报。

"在"を伴った動詞は，「誰か（何か）がある場所に……する」という，移動から静止に到る過程を表現することも多い。このとき，動詞が他動詞であれば，目的語は"把"を用いて動詞の前に置く。

　　尚美神不知鬼不觉地站在今井背后，从背后捂住了今井的眼睛。
　　一辆银灰色的小轿车，悄然无声地停在李玲老师身边。
　　李老师把京剧海报贴在布告栏上。
　　（比較：李老师在布告栏上贴了一张京剧海报。）
　　李老师把"青梅竹马"这四个字写在黑板上。
　　（比較：李老师在黑板上写了"青梅竹马"四个字。）

18.2 「背景にしても，大道具や服装にしても全部……」

"不管是布景，还是道具、服装都非常讲究，……"の"不管……都……"は「……であろうが……であろうが，いずれも……」という意味を表す。"不管"が導く選択肢は次の三つの提示法がある。

①選択肢を列挙する。
　　我很喜欢吃中国菜。不管咸的、甜的、辣的、酸的，我都喜欢吃。

神不知鬼不觉地　　　　　　　　　　　悄然无声地　qiǎorán wúshēng de
　　shén bù zhī guǐ bù jué de　　　　　　音も立てず静かに
　　誰にも悟られないようにこっそりと　黑板　hēibǎn　黒板
背后　bèihòu　背後，裏　　　　　　　咸　xián　塩辛い
捂住　wǔzhù　手で押さえ隠す

②選択肢を"还是"で接続する

　　阅读先秦文献，不管是译文还是注释，都不能解决所有问题。

③選択肢を疑問代名詞に代表させる。

　　法律面前人人平等，不管是谁，都得服从它。

18.3　「とても印象深かったです」

"让人印象深刻"は「人に……に対する印象を深くさせる→……が私には非常に印象深かった」という意味である。"让人……"は使役の表現で、「人に……させる」が直訳であるが、文の主語として、人の心に生まれる欲求や感情を誘発させる事物を立てて使うことが多い。（→ 14.7 "让我来……"）

　　我喜欢吃冰糖葫芦。这东西甜甜的，酸酸的，让人吃了一个还想吃两个。
　　一听到《铃儿响叮当》这首歌儿，就让人觉得快要过年了。
　　你这玩世不恭的态度真让人讨厌！

18.4　「見かけによらない」

"看不出来，你还是个京剧迷呀……"の"看不出来"は「見ても出て来ない」という意味であるが、「出て来ない」のは観察対象の真の姿である。よって「見かけによらない」とか「意外だ」という訳になる。"你还是个京剧迷呀"の"还"は"看不出来"の意外性と呼応して、「なかなか」という感じを伝えるものとして用いられている。

先秦文献　Xiān Qín wénxiàn
　　秦以前の文献
法律　fǎlǜ　法律
服从　fúcóng　服従する
冰糖葫芦　bīngtáng húlu　飴サンザシ

《铃儿响叮当》　Língr xiǎng dīngdāng
　　「ジングルベル」
玩世不恭　wán shì bù gōng
　　世間を甘く見て傲慢な態度をとる

你是城里人吧？我一眼就看出来了。
从她眼神里，我看得出来，她仍旧在恨我！
真看不出来，你球踢得这么棒，还是名牌大学的学生！

18.5 「一緒に見に行こうか」

"我们一起去看吧？"で"一起"は移動を表す動詞を修飾し，「一緒に(……する)」という意味を表す。修飾する動詞が移動を表さない場合は"在一起"となることが多い。"在一起"は動詞の後にも現れ，動作行為の結果として「一緒にいる・ある」という状態を表す。

咱们现在<u>一起</u>出去吃个晚饭，好不好？
昨天晚上，我们<u>在一起</u>吃了一顿饭。
邻居大娘用一把大竹扫帚，把枯叶子<u>堆在一起</u>烧掉了。
他那两道眉毛不知不觉地<u>皱在一起</u>了。

18.6 「人民元」

"价钱有20块，50块，80块钱三种"の"块"は中国通貨の最高単位"圆 yuán"のことである。"圆 yuán"は俗に"元 yuán"と書かれる。中国の通貨の単位には"圆"とその10分の1の"角 jiǎo"の2種類があり，口語ではそれが"块 kuài"と"毛 máo"になる。

城里人　chénglǐrén　都会の人
眼神　yǎnshén　眼差し
仍旧　réngjiù　依然として
名牌　míngpái　有名ブランド
竹扫帚　zhú sàozhou　竹箒

枯叶子　kū yèzi　枯れ葉
堆　duī　積む
道　dào　量詞
皱　zhòu　眉をしかめる

1块　yī kuài 　　　　　　1毛　yī máo

100块钱　yī bǎi kuài qián 　　20块钱　èrshí kuài qián

5块	wǔ kuài
15块	shíwǔ kuài
105块	yī bǎi líng wǔ kuài
1,005块	yī qiān líng wǔ kuài
1,050块	yī qiān líng wǔ shí kuài
10,205块	yī wàn (líng) èr bǎi líng wǔ kuài

"块"と"毛"が連続するときは，"毛"を省略することができる。

5块8（毛）	wǔ kuài bā (máo)

18.7　「一緒に行ってひとつにぎやかにやろう」

"大家一起去热闹热闹！"の"热闹热闹"は「一つにぎやかにやる」という行為を表しているが，もし"热闹"が"热热闹闹（的）"と重畳されると「わいわいがやがやにぎやかである」という様態を表すことになる。なおここで，観劇なのに「一緒に行ってひとつにぎやかにやろう」と提案しているが，京劇は本来じっと静かに見るものではないのである。

同学们在学生食堂吃晚饭，<u>热热闹闹</u>地围着一张桌子，你吃一口我的菜，我吃一口你的菜。（様態，わいわいがやがや）

我们<u>高高兴兴</u>地去看了一晚上京剧，十点钟才回到学校来。（様態，大喜びで）

同学们，今天是圣诞节，咱们得<u>高兴高兴</u>。（行為，ひとつ楽しくやろう）

「京劇」大阪公演のポスター

練 習 問 題

1. 例をまねて文型変換練習をしなさい。
   例：(a) 真琴在信封左上角贴了一张邮票。
   (b) 真琴把邮票贴在信封左上角。
   (c) 信封上贴着一张邮票。

   (a) 邻居大娘在今井的饭桌上放了一碗豆浆和四个花卷儿。
   (b)
   (c)

   (a) 李老师在黑板上画了一只小狗。
   (b)
   (c)

   (a) 尚美在花瓶里插了几枝玫瑰。
   (b)
   (c)

   (a) 爱华在宿舍墙上挂了一张全家福照片。
   (b)
   (c)

豆浆　dòujiāng　豆乳　　　　　　玫瑰　méiguì　バラ
枝　　zhi　量詞

2．文を完成しなさい。
  (1) 图书馆里不许抽烟，这是学校的规定，不管是老师还是学生，……
  (2) 李老师对汉字很有研究，不管是常用的字还是冷僻的字，……
  (3) 张强对文学一点儿都不感兴趣，不管是中国文学还是外国文学，……。
  (4) 谁呀，这么晚了还打来电话！不管是谁，……。
  (5) 这个导演拍的电影，不管是什么内容，……

3．以下の文を朗読し、日本語に訳しなさい。
  (1) 妇产科的玻璃门上，红字写着"男士谢绝入内"。
  (2) 不管你说什么，我们没有一个人会相信你。
  (3) 邻居大娘走路的样子，那可真是一点儿也看不出来她已经是六十五岁的老人。
  (4) （李老师给今井打电话）怎么，连我你都听不出来了，我是李老师。
  (5) 你是谁呀？我怎么一点也认不出来了？
  (6) 李老师，街上遇到你，我肯定认不出来！
  (7) 一个人上了年纪不一定让人觉得老。可是，年纪大再加上自言自语，就让人觉得你真的老了。
  (8) 这个事儿，本来可以晚几天告诉你，何必呢？早一天告诉你，让你高兴高兴，不好吗？

4．応用練習
  请按照课文的内容口头回答：

  (1) 今井为什么觉得京剧让人十分感动？
  (2) 尚美对京剧有没有兴趣？

规定　guīdìng　規定
冷僻　lěngpì　使用頻度が極めて低い

导演　dǎoyǎn　映画や舞台の監督
内容　nèiróng　内容

起床　qǐ//chuáng

吃饭　chī//fàn

出门　chū//mén

上课　shàng//kè

下课　xià//kè

回家　huí//jiā

学习　xuéxí

上网　shàng//wǎng

看电视　kàn//diànshì

睡觉　shuì//jiào

19 僕にも道がわからないくらい変った

变得我都认不得路了
Biàn de wǒ dōu rènbude lù le

10月25日，星期天。今井、尚美、爱华和张强约好了一起进城看京剧。他们先在校门口见面，不过尚美和爱华把时间记错了。

今井：时间不早了，尚美和爱华怎么还没来？
张强：你们是约在校门口吗？
今井：是啊，他们再不来，就来不及了。
张强：我给爱华发个短信吧。
　　　　　　　（尚美和爱华跑过来）
今井：啊，来了，来了，总算来了。
尚美：对不起，我把时间记错了。要不是爱华提醒我，我还没注意到已经迟到了。
张强：没关系，还来得及。我们还是坐地铁去吧。
今井：我们不认得路，全靠你了。
张强：没问题，京剧院附近我以前经常去，特别熟悉。
　　　　　　　（四人坐地铁，一路上有说有笑，到了城里。）
爱华：张强，你确定是在这一站下车吗？我们走来走去像在兜圈子一样。
张强：错不了！是这一站。不过现在马路拓宽了，原来地铁站前面是有一排商店的，也都拆迁了。没想到变化这么大呀！变得我都认不得路了。
爱华：看这张地图，应该是在乐器行旁边儿的路口往西拐就能到的，现在连乐器行的影子都看不到了。
今井：这是张旧地图，完全派不上用场。时间不多了，快开演了，我们还是问问别人吧。
尚美：我快走不动了。京剧院离这儿还有多远呢？
爱华：应该很近了。你平时应该多锻炼锻炼。
张强：（对路人）师傅，请问京剧院怎么走？
师傅：你看到前面加油站旁边儿的路口吧，在那儿往右拐，顺着马路一直往南走，过了红绿灯就能看到了。
四人：谢谢！

状況 日曜日。真琴，尚美，爱华，张强の四人は連れ立って観劇に出かけることになりました。京劇院は旧市街にあります。市街の変化が激しい昨今，はたして迷わなく無事に行き着けるでしょうか。

Shí-yuè èr shí wǔ-rì, xīngqī tiān. Jīnqín, Shàngměi, Àihuá hé Zhāng Qiáng yuēhǎo le yīqǐ jìn chéng kàn Jīngjù. Tāmen xiān zài xiàoménkǒu jiàn miàn, bùguò Shàngměi hé Àihuá bǎ shíjiān jìcuò le.

Jīnqín	: Shíjiān bù zǎo le, Shàngměi hé Àihuá zěnme hái méi lái?
Zhāng	: Nǐmen shì yuē zài xiàoménkǒu ma?
Jīnqín	: Shì ya, tāmen zài bù lái, jiù láibují le.
Zhāng	: Wǒ gěi Àihuá fā ge duǎnxìn ba.
	(Shàngměi hé Àihuá pǎoguòlai)
Jīnqín	: À, lái le, lái le, zǒng suàn lái le.
Shàngměi	: Duìbuqǐ, wǒ bǎ shíjiān jìcuò le. Yàobushì Àihuá tíxǐng wǒ, wǒ hái méi zhùyìdao yǐjīng chídào le.
Zhāng	: Méi guānxi, hái láidejí. Wǒmen háishi zuò dìtiě qù ba.
Jīnqín	: Wǒmen bù rènde lù, quán kào nǐ le.
Zhāng	: Méi wèntí, Jīngjùyuàn fùjìn wǒ yǐqián jīngcháng qù, tèbié shúxī.
	(Sì rén zuò dìtiě, yīlù shang yǒushuō-yǒuxiào, dào le chéng li.)
Àihuá	: Zhāng Qiáng, nǐ quèdìng shì zài zhèi yī zhàn xià chē ma? Wǒmen zǒulái-zǒuqù xiàng zài dōu quānzi yīyàng.
Zhāng	: Cuòbuliǎo! Shì zhèi yī zhàn. Bùguò xiànzài mǎlù tuòkuān le, yuánlái dìtiězhàn qiánmiàn shì yǒu yī pái shāngdiàn de, yě dōu chāiqiān le. Méi xiǎngdào biànhuà zhème dà ya! Biàn de wǒ dōu rènbude lù le.
Aihua	: Kàn zhèi zhāng dìtú, yīnggāi shì zài yuèqìháng pángbiānr de lùkǒu wǎng xī guǎi jiù néng dào de, xiànzài lián yuèqìháng de yǐngzi dōu kànbudào le.
Jīnqín	: Zhè shì zhāng jiù dìtú, wánquán pàibushàng yòngchǎng. Shíjiān bù duō le, kuài kāiyǎn le, wǒmen háishi wènwen biéren ba.
Shàngměi	: Wǒ kuài zǒubudòng le. Jīngjùyuàn lí zhèr hái yǒu duō yuǎn ne?
Àihuá	: Yīnggāi hěn jìn le. Nǐ píngshí yīnggāi duō duànlian duànlian.
Zhāng	: (duì lùrén) Shīfu, qǐngwèn Jīngjùyuàn zěnme zǒu?
Shīfu	: Nǐ kàndao qiánmiàn jiāyóuzhàn pángbiānr de lùkǒu ba, zài nàr wǎng yòu guǎi, shùnzhe mǎlù yīzhí wǎng nán zǒu, guò le hónglǜdēng jiù néng kàndao le.
Sìrén	: Xièxie!

語句

约好	yuēhǎo	約束する
进城	jìn//chéng	旧市街に入る
记错	jìcuò	覚え間違う，記憶間違いをする
时间不早了	shíjiān bù zǎo le	「もう遅くなった。」
约在……	yuēzài	……で（落ち合う）と約束する
见面	jiàn//miàn	顔を合わせる
再不……就……	zài bù ...... jiù	→19.2
总算……	zǒng suàn	予定していたことや期待していたことが紆余曲折を経てようやく実現したことをいう。"总算来了"だと「やっと来たなあ」。
要不是……	yàobùshi	もし……でなかったら
没关系	méi guānxi	それが何かに影響することはない→だいじょうぶだよ
来得及	láidejí	間に合う
坐地铁	zuò dìtiě	地下鉄に乗る
认得	rènde	識別できる，見知っている
认不得	rènbude	識別できない
全靠你了	quán kào nǐ le	全部君に任せるからね
没问题	méi wèntí	それを遂行することに困難はない→だいじょうぶだよ
确定	quèdìng	確定する
下车	xià chē	下車する
像……一样	xiàng ...... yīyàng	→19.4
兜圈子	dōu quānzi	ぐるぐる回る
错不了	cuòbuliǎo	まちがうことは起こり得ない→まちがっているはずがない
拓宽	tuòkuān	幅を広げる
排	pái	量詞
拆迁	chāiqiān	建物を取り壊しよそに移転する
变化	biànhuà	変化する，変化
变得……	biànde	→19.5
都……了	dōu ...... le	……という状況になっている。意外・驚き・感慨などのニュアンスを含む
乐器行	yuèqìháng	楽器店
往西拐	wǎng xī guǎi	西に折れる。道案内において前後左右を愛用するか

		東西南北を愛用するかは地方によって異なる。北京は後者である。
影子	yǐngzi	影
看不到	kànbudào	目当てのものが見えてこない
完全	wánquán	完全に，完全である
派不上用场	pài bùshang yòngchǎng	使い道がない，役に立たない
快……了	kuài …… le	→ 19.6
开演	kāiyǎn	開演する
别人	biérén	ほかの人
走不动	zǒubudòng	体力や気力がなくなって歩けない
离	lí	→ 19.7
路人	lùrén	道行く人
师傅	shīfu	運転手、店員などにたいする呼びかけ
加油站	jiāyóuzhàn	ガソリンスタンド
顺着马路	shùnzhe mǎlù	通りに沿って
一直	yīzhí	そのまままっすぐ
红绿灯	hónglǜdēng	交通信号

19.1 「確かにそうしたのか」

"你们是约在校门口吗？"で"约在校门口"の前に置かれた"是"は少し強めに発音し、「確かにそうだ」と確認する機能をもつ。よって，この文の意味は「君たちは確かに校門を出たところで（待ち合わせる）と約束したのか」となる。次の文は「確かにこの駅で降りるのだと確認できているのか」と理解すればよい。

你确定是在这一站下车吗？

このような確認判断を表す"是"は"的"と呼応させて用いられることが多い。特に過去の事態や変化の余地がなくなっている事態に言及する場合は"的"が出やすい。（→ 16.3）

原来地铁站前面有一排商店。………… "是" も "的" も使わない。
原来地铁站前面<u>是</u>有一排商店。………… "是" のみ使う。
原来地铁站前面有一排商店<u>的</u>。………… "的" のみ使う。
原来地铁站前面<u>是</u>有一排商店<u>的</u>。……… "是" も "的" も使う。

19.2　「あの二人がこれ以上来ないと……」

"他们再不来，就来不及了。"の"再不来"は，"不来"が再び繰り返されて「もしこれ以上来ないと……」という意味なる。この意味は仮定・条件を表すので，それを受けるために"就要……了"（……になってしまう）のような表現が後続することが多い。

快起来吧，都七点半了。再不起来，就要迟到了。
你再不好好儿学习，就要留级了！

19.3　「もし愛華が注意してくれなかったら……」

"要不是爱华提醒我，我还没注意到已经迟到了。"の"要不是……"は「……ということでなかったら」と，既成事実を逆転させて述べる仮定表現である。"要不是……，……"は，因果関係を表す"因为……，所以……"（……なので，よって……）を用いて言い換えることができる。

因为爱华提醒了我，所以我就注意到我已经迟到了。
要不是爱华提醒我，我还没注意到已经迟到了
因为我不会说英语，所以公司就不要我了。
因为朴尚美是我的好朋友，所以如果她有困难，我一定要帮助她。
因为我把时间记错了，所以迟到了差不多一个小时。

留级　liújí　留年する　　　　　　　公司　gōngsī　会社

因为我自己是个瘦子，所以希望对方不是一个胖子。(冰心《关于女人·我的择偶条件》)

もし"要不是……"に導かれた表現が人や事物であれば、「もし……がいなかったら，……がなかったなら」という意味で理解する。

要不是这张照片，我连她的模样也记不住了。
要不是张强的帮助，今井不会这么快就买到电脑。
要不是打折，我一定不会买的。

19.4 「行ったり来たり堂々巡りをしているみたいだ」

"我们走来走去像在兜圈子一样。"に見られる"像……一样"は，"像"本来の意味である「似ている」から，推測（……のようだ）まで広く使える。

你觉得她像谁？——她长得像她姐姐，特别像。
事情过去七年了，回想起来，像做梦一样。

"像……一样"を連用修飾語として使うと次のようになる。

张强长得像金城武一样帅。
山村的夜晚，一切都像睡着了一样寂静。

19.5 「僕にも道がわからなくなるくらい変った」

"变得我都认不得路了"の"变得……"は"变化这么大呀！"を受けて言ったもので，街並みに激しい変化があり，その結果が"我都认不得路了"（私にもす

瘦子	shòuzi	やせっぽち		金城武	Jīnchéng Wǔ	人名
希望	xīwàng	希望する		帅	shuài	かっこいい
胖子	pàngzi	太っちょ		寂静	jìjìng	しーんとしている
模样	múyàng	容貌				

っかり道がわからなくなってしまった）である。"变得"は"变化这么大"を受ける一方で、"我都认不得路了"を導いてもいる。また、"认不得"は"认得"の否定形で、"不认得"と作ることもでき、"不认识"に置き換えることもできる。

　　一年的留学生活，使我们变得坚强了，成熟了。
　　从那以后，我变得冷静多了，同学们开玩笑，叫我"冷美人"。
　　这是哪儿啊？我怎么不认得？
　　连"柔"都不认得？还大学生呢？
　　我从来没来过这一带，不认识路，回不去了。

19.6　「もうすぐ始まるよ」

"快开演了"で"快开演"は"开演"が間近に迫っていること（まもなく劇が始まる）を表し、"了"は今もそのような状況になっていることを言う。

　　快过年了，该打扫打扫了。
　　前几天报上说，香港电影《赤壁》快在国内公映了。

"快……了"は"快要……了"と言うこともある。"要"はある状況が一定の趨勢で進行して行くことを言う。

　　天这么黑，快要下雨了。
　　他感到自己快要哭出声音来了。
　　这样的生活太没有意义了，我快要受不了了。

坚强　jiānqiáng　精神的に強い
成熟　chéngshú
　　　精神的に成熟している
开玩笑　kāi//wánxiào
　　　冗談を言う、からかう

柔　róu　やわらかい
《赤壁》　Chìbì　映画名
公映　gōngyìng　公開上映する
受不了　shòubuliǎo　耐えきれない

19.7 「京劇院はここからあとどれくらいあるのだろう」

"京剧院离这儿还有多远呢？"の"离"は二地点間の遠近や距離を説明するときに用いる。離れている方を主語に立てるのが基本である。

她上班的地方离她家很远，所以她不常回家。
京剧院离学校大约有十公里远。
他们四个人在离京剧院不远的一个地铁车站下了车。

未来のある時点・出来事と現時点との間隔を表す場合にも"离"を用いる。"离"は未来の時点・出来事を導く役目をはたし、現時点は言わないですませることが多い。（→ 26.1）

今天是十七号，离圣诞节还有十多天。
（现在）离上课还有10分钟。
今井和张强来到校门口的时候，离约好的时间还早十分钟。

タクシーに乗る

圣诞节　Shèngdànjié　クリスマス

練 習 問 題

1．文を完成しなさい。

 (a) 要不是…………，我还不知道今天有测验呢。

 (b) 要不是…………，我还以为他是中国人呢。

 (c) 要不是…………，谁说我都不会相信。

 (d) 要不是…………，我能跟你结婚吗？

 (e) 要不是…………，现在我们早就跑回宿舍去了。

2．文を完成しなさい。

 (a) 这个女孩子长得很漂亮，长得像……一样漂亮。

 (b) 他的目光很锋利，像……一样锋利。

 (c) 真没想到爱华跑得会这么快，跑得像……一样快。

 (d) 这个留学生汉语说得很流利，说得跟……一样流利。

 (e) 明天是圣诞节，听爱华说，美国的圣诞节就跟……一样热闹。

3．文を完成しなさい。

 (1) 再不吃饭，你就赶不上…………。

 (2) 你过二十分钟再不来，我就…………。

 (3) 你赶快戒烟吧，再不戒烟，…………。

 (4) 他已经三天没来上课了。要是明天再不来，我们就…………。

 (5) 你的病再不做手术，就…………，我这不是吓唬你，赶快做吧。

测验 cèyàn 小テスト，テストする 手术 shǒushù 手術
锋利 fēnglì 鋭い 吓唬 xiàhu 脅かす

4．文を完成しなさい。
    (1) 因为我喜欢……………，所以……………。
    (2) 因为我对…………很感兴趣，所以……………。
    (3) 因为我没有去过……………，所以……………。
    (4) 因为我不会……………，所以……………。
    (5) 因为我不知道……………，所以……………。

5．以下の文を朗読し，日本語に訳しなさい。
    (1) 诗人生活的这座城市是地球上离太阳最近的城市。
    (2) 现在离大会开幕还有 个月。
    (3) 离我们大约十六公里远的地方发生了爆炸。
    (4) 这条街离他工作的地方并不远，只隔了几条马路，但他几乎有十年没来过这儿了。
    (5) 偏见比无知离真理更远。这是谁说的？他忘了。

6．応用練習
    请按照课文的内容口头回答：

    (1) 尚美和爱华为什么迟到了？
    (2) 张强为什么找不到京剧院？
    (3) 请仔细描述他们四个人从大学是怎么去京剧院的？

20 タンスを下から運んできました
我们把柜子从楼下抬上来了
Wǒmen bǎ guìzi cóng lóuxià táishanglai le

　　今井的邻居大娘和外孙女儿圆圆一起住。圆圆快要上小学了，大娘想把家里整理一下，给她腾出一个房间。今井平时受大娘照顾，她知道大娘想整理家里后，就约了尚美、张强、爱华一起来帮忙。大家趁着秋高气爽，把大娘家里里外外整理了一番。

张强：（张强和爱华抬着一个衣柜走进大娘家）我们把柜子从楼下抬上来了，该放在哪儿呢？

大娘：来，请抬到房间里放在床边儿，谢谢你们。慢点儿放啊！别砸到脚了。

今井：我先把柜子擦一擦，再把衣架放进去吧。

爱华：这张书桌呢？

今井：放在窗户旁边儿怎么样？可以一边儿看窗外的风景，一边儿做功课。

大娘：张强，你最高，你来帮我把这幅字画挂在客厅的墙上吧。

张强：没问题。爱华，你看看，挂平了没有？

爱华：有点儿歪，左边儿再高一点儿。嗯，好了。尚美，请把钉子拿给我，好吗？

尚美：钉子？放在哪儿呢？我怎么没看到。

爱华：我刚才明明放在电视机上，用一个透明的小盒子装着呢。你再仔细找找。

尚美：哦，找到了，原来是掉在地上了。接住！（尚美把钉子盒扔给爱华，爱华把它接住）

张强：接得好！

爱华：钉子钉好了，字画也挂上了。这儿还有个大箱子，要放在哪儿呢？

大娘：这个大箱子不要了，得把这箱子搬到外面垃圾棚里去。

爱华：好，让我来吧。

> 状況　お隣のおばさん，まもなく小学校に上がる孫娘のために家を整理して一部屋作ろうと考えた。それを知った真琴は，尚美，爱华，张强の三人に手助けを求め，秋晴れの下，おばさん宅の大改造が始まった。

　　Jīnjǐng de línjū dàniáng hé wàisūnnǚr Yuányuan yīqǐ zhù. Yuányuan kuài yào shàng xiǎoxué le, dàniáng xiǎng bǎ jiā li zhěnglǐ yī xià, gěi tā téngchū yī ge fángjiān. Jīnjǐng píngshí shòu dàniáng zhàogu, tā zhīdao dàniáng xiǎng zhěnglǐ jiā li hòu, jiù yuē le Shàngměi Zhāng Qiáng, Àihuá yīqǐ lái bāngmáng. Dàjiā chènzhe qiūgāo-qìshuǎng, bǎ dàniáng jiā li lǐlǐwàiwài zhěnglǐ le yī fān.

Zhāng	:(Zhāng Qiáng hé Àihuá tái zhe yī ge yīguì zǒujìn dàniáng jiā) Wǒmen bǎ guìzi cóng lóuxia táishanglai le, gāi fàngzai nǎr ne?
Dàniáng	:Lái, qǐng táidao fángjiān li fàngzai chuángbiānr, xièxie nǐmen. Màn diǎnr fàng a! Bié zádao jiǎo le.
Jīnjǐng	:Wǒ xiān bǎ guìzi cā yi ca, zài bǎ yījià fàngjinqu ba.
Àihuá	:Zhèi zhāng shūzhuō ne?
Jīnjǐng	:Fàngzai chuānghu pángbiānr zěnmeyàng? Kěyǐ yībiānr kàn chuāngwài de fēngjǐng, yìbiānr zuò gōngkè.
Dàniáng	:Zhāng Qiáng, nǐ zuì gāo, nǐ lái bāng wǒ bǎ zhèi fú zìhuà guàzai kètīng de qiáng shang ba.
Zhāng	:Méi wèntí. Àihuá, nǐ kànkan, guàpíng le méiyou?
Àihuá	:Yǒudiǎnr wāi, zuǒbiānr zài gāo yī diǎnr. Ńg, hǎo le. Shàngměi, qǐng bǎ dīngzi nágei wǒ, hǎo ma?
Shàngměi	:Dīngzi? Fàngzai nǎr ne? Wǒ zěnme méi kàndào?
Àihuá	:Wǒ gāngcái míngmíng fàngzai diànshìjī shang, yòng yī ge tòumíng de xiǎo hézi zhuāng zhe ne. Nǐ zài zǐxì zhǎozhao.
Shàngměi	:O, zhǎodào le, yuánlái shì diàozai dì shang le. Jiēzhù! (Shàngměi bǎ dīngzǐ hé rēnggei Àihuá, Àihuá bǎ tā jiēzhù.)
Zhāng	:Jiē de hǎo!
Àihuá	:Dīngzi dīnghǎo lo, zìhuà yě guàshang le. Zhèi lái yǒu ge dà xiāngzi, yào fàngzai nǎr ne?
Dàniáng	:Zhèi ge dà xiāngzi bù yào le, děi bǎ zhè xiāngzi bāndào wàimian lājīpéng li qu.
Àihuá	:Hǎo, ràng wǒ lái ba.

大娘：幸亏有你们的帮忙，要不然我真不知道要搬到什么时候呢。时间也不早了，你们一定又累又饿了吧。晚上就在这儿吃饭！
张强：太棒了！今天有口福了！
爱华：听大娘这么一说，我也觉得饿了，现在饿得能吞下一头牛呢。

語句

整理	zhěnglǐ	片付ける，整頓する
腾出	téngchū	時間・空間を創り出す
房间	fángjiān	部屋
受……照顾	shòu ...... zhàogu	……に面倒をみてもらう
约	yuē	誘う
秋高气爽	qiūgāo-qìshuǎng	秋の爽やかな好天
里里外外	lǐlǐwàiwài	内も外も
一番	yī fān	量詞。手間ひまをかけて行う行為に対して用いる。
抬	tái	「二人以上が協力し，持って或いは担いで物を運ぶ。」全員の責任は誰の責任でもないという無責任状態になることを，中国語では"一个和尚挑水吃，两个和尚抬水吃，三个和尚没水吃。"（一人の坊主，水を担いで来て飲む。二人の坊主，水を一緒に担いで来て飲む。三人の坊主，飲む水なし）と言う。
衣柜	yīguì	箪笥
柜子	guìzi	据え置き型ケースの総称。デパートなどのショーケースは"柜台"と言う。
楼下	lóuxià	下の階。上の階は"楼上"と言う。
抬上来	táishanglai	（……を）運び（……が）上がって来る
别……了	bié ...... le	……するな，……してはいけない
砸	zá	重い物が上からぶつかる，重い物で上からぶつける
砸到脚	zádao jiǎo	強い衝撃を伴って足にぶつかる。
擦	cā	ふき取る
衣架	yījià	ハンガー
放进去	fàngjìnqu	（……を下におろし）入れる。
书桌	shūzhuō	勉強机
怎么样	zěnmeyàng	→20.6
窗外	chuāngwài	窓の外
风景	fēngjǐng	風景
做功课	zuò gōngkè	宿題や予習などの勉強をする

Dàniáng ：Xìngkuī yǒu nǐmen de bāngmáng, yàoburán wǒ zhēn bù zhīdao yào bāndào shénme shíhou ne. Shíjiān yě bù zǎo le, Nǐmen yīdìng yòu lèi yòu è le ba. Wǎnshang jiù zài zhèr chī fàn!
Zhāng ：Tài bàng le! Jīntiān yǒu kǒufú le!
Àihuá ：Tīng dàniáng zhème yī shuō, wǒ yě juéde è le, xiànzài è dé néng tūnxià yī tóu niú ne!

你来帮我……	nǐ lái bāng wǒ	私を手伝って……してもらえるかな
幅	fú	量詞
字画	zìhuà	書画
挂	guà	掛ける，つるす
客厅	kètīng	客間，応接間
墙	qiáng	壁
挂平	guàpíng	ちゃんと水平に掛ける
有点儿	yǒudiǎnr	少し……である，いささか……である
歪	wāi	ゆがむ，斜めになる
再高一点儿	zài gāo yī diǎnr	（一度高くした後で）もう少し高く
把……拿给……	bǎ …… nágěi ……	→20.8
钉子	dīngzi	くぎ
明明……	míngmíng	確かに……であるはずなのに
电视机	diànshìjī	テレビ
透明	tòumíng	透明である
盒子	hézi	小さな箱
装	zhuāng	入れ物に詰め込む
找到了	zhǎodào le	見つかった→あった
原来	yuánlái	副詞，「あー，そういうことだったのか」という発見・確認の語気を伝える。（→23.7）
掉	diào	落ちる，落とす
接住	jiēzhù	落とさないようにキャッチする
把……扔给……	bǎ …… rēnggěi ……	→20.8
接	jiē	キャッチする
接得好	jiē de hǎo	ナイスキャッチ！
钉好了	dīnghǎo le	（釘を）きちんと打った
挂上了	guàshang le	きちんと掛けた
箱子	xiāngzi	大きめの箱
垃圾棚	lājīpéng	ゴミ置き場
好，让我来吧。	hǎo, ràng wǒ lái ba	OK，私に任せてください。
幸亏……	xìngkuī	幸運にも，都合よく

帮忙	bāng//máng	手を貸す，手助けする
要不然……	yàoburán ……	もしそうでなければ
搬	bān	"搬家"（引っ越しをする）の"搬"。
有口福	yǒukǒufú	美味しいものにありつける幸い
听……这么一说	tīng …… zhème yī shuō	→ 20.10
吞下	tūnxia	呑み下す→呑み込む

20.1　「タンスを担いでおばさんの家に入る」(→ 10.1)

"张强和爱华抬着一个衣柜走进大娘家。"では"抬着一个衣柜"（二人で一つのタンスを運んでいる）が"走进大娘家"（おばさん宅に入る）の様子を説明している。"着"の用法で最も使用頻度が高いのは，このように別の動作の同時的背景を述べるものである。

　　两个人说着话上了电梯。
　　圆圆哭着说："姥姥，你快回来吧，姥姥，你在哪儿啊？"
　　他望着我，嘿嘿地笑着说："这就叫'五十步笑百步'吧。"
　　昨天夜里，是你唱着歌儿从这儿走过的吗？
　　打着灯笼都难找的好工作，你怎么不做呢？

> **注意**
> "走进大娘家"の"走"に注意したい。日本語はこのような状況で「歩いて入る」とは表現しないが，中国語は"跑进（大娘家）"とまったく同じ感覚で"走进（大娘家）"を使う。

20.2　「タンスを下から運んできました」(→ 13.1)

"我们把柜子从楼下抬上来了。"は"我们从楼下往楼上抬柜子"と"柜子上来了"

电梯	diàntī	エレベーター	打灯笼	dǎ dēnglong	ちょうちんで照らす
嘿嘿地	hēihēi de	へへへと	难找	nánzhǎo	さがすのが難しい

を一つにまとめ、"把衣架放进柜子里去"は"往柜子里放衣架"と"衣架进柜子里去"を一つにまとめている。"上来"や"进去"という移動は、動作者の動きではなく動作の対象の動きを言うものであるが、"我们把柜子从楼下抬上来了"では、対象である"柜子"の動きと"我们"の動きがたまたま重なっている。次の例でも同様である。

　　尚美，请你把电视机上的钉子盒给我拿过来，好吗？

しかし、以下の例では、移動するのは動作の対象のみである。

　　今井从背包里拿出一个电子词典来。
　　今井把手机从衣服口袋里掏出来发了一个短信，又放回去了。
　　今井打开微波炉，把盘子里的三明治放进去热了两分钟。

　動作の対象あるいはその移動先が述語の後に続く場合、"来"と"去"は使わないことが多い。

　　今井从背包里拿出了一个电子词典。
　　今井把电子词典放进了背包（里）。

20.3　「部屋の中に運んで、ベッドの横に置く」(→ 13.3)

"你们把柜子抬到房间里"は"你们抬柜子"という行為とその結果である"柜子到房间里"を一つにまとめた表現である。これに話者の視点を表す"来"と"去"加えると、"抬到房间里来"あるいは"抬到房间里去"となる。

　　他们走了两个多小时，走到快六点了才走到京剧院。
　　爱华开车把张强送到了北京火车站。
　　唉，张强，这路怕走得不对了吧，怎么走到这儿来啦？

掏出来　tāochulai　手探りで物を取り出す　　　三明治　sānmíngzhì　サンドイッチ
微波炉　wēibōlú　電子レンジ　　　　　　　　　背包　bēibāo　リュック

张强，明天我没课，我开车把你送到车站去吧。
我们得把这箱子搬到外面垃圾棚里去。

"到"の後に続く「到着点」は，さまざまな数値や程度にまで拡大される。

今天，我们学到第二十课了。
昨天张强写报告，一直写到东方发白才写完。
幸亏有你们的帮忙，要不然我真不知道要搬到什么时候呢！
你真是个活字典，什么字儿都认得。——活到老学到老嘛！
爱华把尚美的彩色照片放大到跟大幅广告画一样大，贴在宿舍墙上。

20.4 「部屋の中に運んで，ベッドの横に置く」(→ 18.1)

"你们把柜子放在床边儿"は，"你们放柜子"という行為とその結果である"柜子在床边儿"を一つにまとめた表現である。"在"は"到"と異なり，人や事物の所在地を動作行為の結果として指定する。

远远儿地，今井看见一个高个子男生扶着自行车站在活动中心门口。
你又躺在床上看书了吧，我跟你说过多少次，这会变成近视眼的！
爱华没有把车开到火车站前面的停车场去，他把车停在附近的一条小街上。

20.5 「足の上に落しちゃだめよ」

"别砸到脚了"の"别"は"不要"が変化したもので（"别"は当て字），禁止や阻止を表す。"不要"より口語のニュアンスが強い。

东方发白　dōngfāng fābái
　　　　　東の方が白む
彩色照片　cǎisè zhàopiàn　カラー写真
扶　fú　……に手を添えて支える

躺　tǎng　横になる
停车场　tíngchēchǎng　駐車場
哭　kū　泣く

有话慢慢儿说，别哭！
你别急，咱们慢慢儿商量。
我的事你别管！我以后一辈子不结婚，永远不嫁人！
千万别在背后说别人的坏话，说别人的坏话对你自己绝对没有任何好处！

"别……了"には，"别砸到脚了"のように先手を打って「……することのないように」と言う場合と，継続を阻止し「(それ以上)……するのはやめなさい」と言う場合がある。

我给你做点东西吃吧。—— 你别做了，我不想吃。
你的嗓子真好，真可以当歌唱家了！—— 哪儿的话，你别开玩笑了。
你别说了，我知道了。

20.6 「窓のそばに置くのはどうですか」

"放在窗户旁边儿怎么样？"の"……怎么样？"は人や事物，また状態・行為・処置などに対する評価を聞く表現である。

今井，你觉得……觉得夏爱华这个人怎么样？
我听张强说，夏爱华会弹钢琴。他钢琴弹得怎么样？
咱们一块儿去吃顿晚饭吧，怎么样？邮局对面新开了一家馆子，人挺少的。
我考考你怎么样？不难，我出一般的题，常识性的，怎么样？

20.7 「ちょっと歪んでいる，左側もう少し高く」

"有点儿歪"の"有点儿"は程度が軽微であることを言う副詞で，状況が不如意なときに使うことが多い。

商量	shāngliang	相談する
背后	bèihòu	後ろ側，物陰
坏话	huàihuà	悪口

有好处	yǒu hǎochù	プラスになる点
嗓子	sǎngzi	のど
常识性的	chángshíxìng de	常識的な

我有点儿饿了，你呢？
我肚子有点儿不舒服，可能要拉稀。
这件衣服，我穿有点儿大，你穿还差不多。

事物や状態を比較して得られる差が軽微であることを言うには，"左边儿再高一点儿"のように，"有点儿……"ではなく"（一）点儿"を述語の後に置く。(→ 12.2)

这个字写得有点儿大了，应该写得小一点儿。
张强，你说得太快啦，我听不懂，请你说得慢一点儿！
李老师把今井写的作文看了一遍，说："不错，写得挺感人，有几个地方可以再写细一点儿。"

20.8 「釘をぼくに取ってくれるかな」

"请把钉子拿给我……"の"拿给"は「取って与える」という意味であるが，必ず手わたす相手を伴う。(→ 10.5, 14.3)

尚美，把我的《体坛周报》拿给我，在你屁股底下。
"今井，给你。"尚美拉开书包，拿出一本杂志扔给了今井。
爱华把球踢给了张强。

20.9 "幸亏……，要不然……"

"幸亏……"は「幸いなことに……であった」，"要不然……"は「もしそうでなかったら」という意味を表す。"要不然……"には"不然……"とか"不然的话"のようなバリエーションがある。

拉稀　lāxī　下痢する
体坛周报　Tǐtán Zhōubào　スポーツ新聞名
屁股　pìgu　尻

底下　dǐxia　下
扔　rēng　投げる
踢　tī　蹴る

幸亏你提醒了我，不然，我就忘了。
路上幸亏碰上了这位先生，不然的话，我一定找错地方。
我跟他真的不熟，要不然，我能不知道他学什么专业吗？

20.10 「おばさんの今のその言葉を聞いて」

"听大娘这么一说……"で"这么"はおばさんの直前の発言内容を指し、全体は「おばさんが今そう言うのを聞いて→おばさんの今のその言葉を聞いて」くらいに訳す。"听"は省略してもかまわない。（"一"→ 24.4）

（听）李老师这么一解释，大家就明白了"幸亏"这个词儿的正确用法。
"下面我们做一次小测验，都是些是些常识性的问题。回答不上来也没关系，相信你们能回答得很好。"（听）李老师这么一说，大家心里就不那么紧张了。

> 注意
> "这么"と"那么"が名詞を修飾する場合は、"这么一句话""那么一辆车"のように、必ず数量詞と一緒になって修飾する。

解释　jiěshì　解釈する
正确　zhèngquè　正確だ
测验　cèyàn　小テスト
回答不上来　huídábushànglái
　　　　　　答えられない

練習問題

1. 文を完成しなさい。
    (1) ……买回（来）……
    (2) ……放进（去）……
    (3) ……掏出（来）……
    (4) ……拿过（来）……
    (5) ……抬上（来）……
    (6) ……拿起（来）……

2. 文を完成しなさい。
    (1) ……把车开到……
    (2) ……把车停在……
    (3) ……把钱寄到……
    (4) ……把钱寄给……
    (5) ……把书拿给……

3. 文を完成しなさい。
    (1) 少放点儿……，别太酸了！
    (2) 少放点儿……，别太甜了！
    (3) 少放点儿……，别太辣了！
    (4) 少放点儿……，别太咸了！
    (5) 少放点儿……，别太麻了！

4．以下の文を朗読し，日本語に訳しなさい。
   (1) 旅馆门前站着的人，打着呵欠，抽着烟，互相说着话，商量去哪儿。
   (2) 邻居大娘一手拉着外孙女儿的手，一手提着菜篮子从门里走出来。
   (3) 你以后千万别再干这种事儿了！
   (4) 是的，我是伤了她的心。也许我是真有点儿自私自利吧？
   (5) 他当校对时间长了，眼睛近视，耳朵也有点儿聋。
   (6) "我们谁也预测不了自己的明天会是怎么个样子？。"他只说了这么一句就不再说话了。
   (7) 我很高兴能在中国有这么一段留学生活，我从来没有过过这样充实的生活。
   (8) 我觉得，作家就是要不断地拿出自己对生活的看法，拿出自己的思想，感情——特别是感情的那么一种人。

5．応用練習
   请和同学共同布置教室，请指示同学搬动教室里的桌椅。或者可以从家里带来图片，照片，字画，或春联……等等，指示同学贴在适当的地方。

小学校の国語の授業風景

21 おばさんの家を自分の家だと思って

把这儿当成跟自己的家一样
Bǎ zhèr dàngchéng gēn zìjǐ de jiā yīyàng

今井、张强、爱华和尚美帮邻居大娘整理家里，傍晚大娘留他们在家里吃晚饭。厨房传来阵阵香味儿。

张强：您别忙了，我们随便吃点儿就好了。
大娘：不忙，都是些家常菜。这锅卤菜是昨天卤的，只要热一下就好了。我炒两个热菜，再稍等一会儿就好了。你们去洗个手，准备开饭了。
今井：那么，我们来把碗筷摆好吧。
　　　（四人洗了手来到饭桌前，摆好了碗筷。做好的菜也一样一样地上桌了。）
爱华：哇！才这么一会儿功夫，就变出一桌子香喷喷的菜，有卤菜，有木樨肉，有宫保鸡丁，还有糖醋鱼。大娘，您真是好手艺。
大娘：哪里，没什么菜，不知道合不合你们的胃口。对了，我差点儿忘了，冰箱里还有几瓶啤酒，你们都会喝酒吧，不要客气！
圆圆：我给叔叔、阿姨倒啤酒。
　　　（圆圆从冰箱里拿出啤酒，给每个人都倒了一杯。）
四人：干杯！
大娘：干杯！多吃点儿菜，大家自己来，别客气。
圆圆：这盘卤菜是我姥姥的拿手好菜，配上辣椒酱，味道特别香。
大娘：你们能吃辣的吗？宫保鸡丁也有点儿辣。
尚美：我最喜欢吃辣的。我们在韩国每一顿饭都少不了辣白菜。
大娘：喜欢的话就多吃一点儿。今井，你也尝尝。
今井：我不太能吃辣的，听说地道的宫保鸡丁很辣。
张强：别担心，那一整盘辣椒看起来很辣，其实一点儿都不辣。
爱华：好久没有吃到这么好吃的卤菜了，糖醋鱼也很下饭。（说着说着，爱华碗里的饭已经扒光了。）再来一碗！

状況 お隣のおばさん、真琴たちの手助けに感謝して、料理の腕をふるってくれました。真琴たちも久しぶりの手料理に時間を忘れて食が進みます。

Jīnjǐng, Zhāng Qiáng, Àihuá hé Shàngměi bāng línjū dàniáng zhěnglǐ jiā li, bàngwǎn dàniáng liú tāmen zài jiā li chī wǎnfàn. Chúfáng chuánlai zhèn zhèn xiāngwèir.

Zhāng Dàniáng	: Nín bié máng le, wǒmen suíbiàn chī diǎnr jiù hǎo le.
	: Bù máng, dōu shì xiē jiāchángcài. Zhèi guō lǔcài shì zuótiān lǔ de, zhǐyào rè yī xià jiù hǎo le. Wǒ chǎo liǎng ge rècài, zài shāo děng yīhuǐr jiù hǎo le. Nǐmen qù xǐ ge shǒu, zhǔnbèi kāi fàn le.
Jīnjǐng	: Nàme, wǒmen lái bǎ wǎn kuài bǎihǎo ba. (Sì rén xǐ le shǒu láidào fànzhuō qián, bǎihǎo le wǎn kuài. Zuòhǎo de cài yě yī yàng yī yàng de shàng zhuō le.)
Àihuá	: Wa! Cái zhème yīhuǐr gōngfu, jiù biànchū yī zhuōzi xiāngpēnpēnde cài, yǒu lǔcài, yǒu mùxīròu, yǒu gōngbǎo jīdīng, hái yǒu tángcùyú. Dàniáng, nín zhēn shì hǎo shǒuyì.
Dàniáng	: Nǎli, méi shénme cài, bù zhīdao hé bu hé nǐmen de wèikǒu. Duì le, wǒ chà diǎnr wàng le, bīngxiāng li hái yǒu jǐ píng píjiǔ, nǐmen dōu huì hē jiǔ ba, bú yào kèqi!
Yuányuan	: Wǒ gěi shūshu, āyí dào píjiǔ.
	(Yuányuan cóng bīngxiāng li ná chū píjiǔ, gěi měi ge rén dōu dào le yī bēi.)
Sìrén	: Gān bēi!
Dàniáng	: Gān bēi! Duō chī diǎnr cài, dàjiā zìjǐ lái, bié kèqi.
Yuányuán	: Zhèi pán lǔcài shì wǒ lǎolao de náshǒu hǎocài, pèishang làjiāojiàng, wèidao tèbié xiāng.
Dàniáng	: Nǐmen néng chī là de ma? Gōngbǎo-jīdīng yě yǒu diǎnr là.
Shàngměi	: Wǒ zuì xǐhuān chī là de. Wǒmen zài Hánguó měi yī dùn fàn dōu shǎobuliǎo làbáicài.
Dàniáng	: Xǐhuān de huà jiù duō chī yīdiǎnr. Jīnjǐng, nǐ yě chángchang.
Jīnjǐng	: Wǒ bù tài néng chī là de, tīngshuō dìdao de gōngbǎo jīdīng hěn là.
Zhāng	: Bié dānxīn, nèi yī zhěng pán làjiāo kànqilai hěn là, qíshí yīdiǎnr dōu bù là.
Àihuá	: Hǎojiǔ méiyǒu chīdao zhème hǎochī de lǔcài le, tángcùyú yě hěn xià fàn. (Shuō zhe shuō zhe, Àihuá wǎn li de fàn yǐjīng bāguāng le.) Zài lái yī wǎn!

21

尚美：你吃得太快了，慢点儿吃，别噎着了。饭我给你盛吧。
大娘：没事儿，把这儿当成跟自己的家一样，千万不要客气。
　　　（大家愉快地边吃边聊，时间也一分一秒地过去了。）
大娘：大家都吃饱了吗？再多吃一点儿吧。
今井：太饱了，我比平时多吃了一碗饭呢。大娘的菜好吃极了，不过实在吃不下了。
张强：已经八点半了，我们也差不多该回去了。谢谢您的招待！
大娘：好吧。你们还有功课要做，我就不多留你们了。有空儿常来玩儿，啊！

語句

留	liú	引き留める，残す
傍晚	bàngwǎn	夕暮れ時
厨房	chúfáng	台所
阵	zhèn	量詞
香味儿	xiāngwèir	美味しそうな香り
忙	máng	……で忙しくする，……にいそしむ
随便	suíbiàn	適当に，随意である
家常菜	jiāchángcài	家庭料理
锅	guō	鍋
卤菜	lǔcài	"卤"という調理法で作った肉料理。
卤	lǔ	鶏・アヒル・豚の舌などを塩水と香料，或いは醬油を用いて煮る。
热	rè	温める
炒菜	chǎo cài	料理を作る（多く材料に肉を含む）。"炒两个菜"の"两个"は「概数」。
热菜	rècài	熱いうちに食べる料理（多く肉料理）。反義語は"凉菜"。
稍等	shāoděng	"再稍等一会儿"で「もう少しだけ待ってください」。
洗手	xǐ//shǒu	手を洗う。"个"（→ 8.3）
准备	zhǔnbèi	準備する
开饭	kāi//fàn	食事を始める
碗筷	wǎn kuài	お碗と箸。箸を単独で使うときは"筷子"と言い，箸一膳は"一双筷子"。
摆	bǎi	置く

Shàngměi	:Nǐ chī de tài kuài le, màn diǎnr chī, bié yēzháo le. Fàn wǒ gěi nǐ chéng ba.	
Dàniáng	:Méi shìr, bǎ zhèr dàngchéng gēn zìjǐ de jiā yīyàng, qiānwàn bùyào kèqi.	
(Dàjiā yúkuài de biān chī biān liáo, shíjiān yě yī fēn yī miǎo de guòqu le.)		
Dàniáng	:Dàjiā dōu chībǎo le ma? Zài duō chī yī diǎnr ba.	
Jīnjǐng	:Tài bǎo le, wǒ bǐ píngshí duō chī le yī wǎn fàn ne. Dàniáng de cài hǎochī jíle, búguò shízài chībuxià le.	
Zhāng	:Yǐjīng bā diǎn bàn le, wǒmen yě chàbuduō gāi huíqu le. Xièxie nín de zhāodài!	
Dàniáng	:Hǎo ba. Nǐmen hái yǒu gōngkè yào zuò, wǒ jiù bù duō liú nǐmen le. Yǒu kòngr cháng lái wánr, ā!	

饭桌	fànzhuō	食卓
样	yàng	→ 21.2
上桌	shàng zhuō	料理をテーブルに上げる。
功夫	gōngfu	時間
变	biàn	"变戏法"（手品をする）の"变"。"变出一桌子香喷喷的菜"で「手品をするように食卓いっぱいのぷんぷんとよい香りがする料理を作りだす」。
一桌子菜	yī zhuōzi cài	→ 21.1
香喷喷的	xiāngpēnpēnde	ぷんぷんとよい香りがする
木樨肉	mùxīròu	料理名。市中の食堂のメニューでは"木须肉"と書かれることが多い。
宫保鸡丁	gōngbǎo jīdīng	料理名
糖醋鱼	tángcùyú	料理名
手艺	shǒuyì	技量（料理の腕前に使うことが多い）。
合胃口	hé wèikǒu	口に合う，気性に合う
差点儿……	chà//diǎnr……	もうちょっとのところで
忘了	wàng le	忘れた
不要……	bùyào……	……することはやめてください
倒酒	dào jiǔ	酒をつぐ
啤酒	píjiǔ	ビール
自己来	zìjǐ lái	自分でやる
姥姥	lǎolao	母方の祖母。父方の祖母は"奶奶 nǎinai"。
拿手好菜	náshǒu hǎocài	得意料理
配上	pèishang	……を取り合わせる

辣椒酱	làjiāojiàng	唐辛子味噌
味道	wèidao	味
香	xiāng	香ばしい
少不了	shǎobuliǎo	……を欠くことができない
辣白菜	làbáicài	キムチ
尝	cháng	飲食物を味わう，味をみる
地道	dìdao	本場のものである
整盘	zhěng pán	大皿全体。"一整盘辣椒"で「大皿一杯のトウガラシ」，"整盘"が容器量詞となっている。(→21.1)
其实	qíshí	実際には
吃到……	chīdào ……	……を口にする
下饭	xià//fàn	食が進む
说着说着	shuō zhe shuō zhe	→21.4
扒光	bāguāng	(箸でご飯を口の中に) 掻きこみ (ご飯が) なくなる
再来一碗！	zài lái yī wǎn	おかわり！
噎着	yēzháo	(ご飯や飲み物が) 喉につかえてむせる
盛饭	chéng fàn	ご飯茶碗にご飯を盛る
愉快	yúkuài	楽しい
一分一秒地	yī fēn yī miǎo de	一分一秒と，少しずついつの間にか
吃饱	chībǎo	食べて腹いっぱいになる
……极了	…… jíle	"好吃极了"で「とてもとてもおいしい」。
实在	shízài	ほんとうに，まことに
吃不下	chībuxià	お腹一杯で喉を通らない
招待	zhāodài	もてなす，接待する
有空儿	yǒu kòngr	→21.8

21.1 「このひと鍋の"卤菜"」(→24.5)

　"这锅卤菜"の直訳は「このひと鍋の"卤菜"」で，目の前にある鍋で煮込んだ肉料理を指す。ここで"锅"は"卤菜"にとっての容器で，文法的には量詞として使われている。

锅	→	一锅菜	→	这（一）锅菜
碗	→	两碗饭	→	这两碗饭
杯子	→	三杯茶	→	这三杯茶
瓶子	→	四瓶酒	→	这四瓶酒
盘子	→	五盘菜	→	这五盘菜

注意

"杯子""盘子""桌子"などが"子"を落とし，臨時的に名詞から量詞に変化している点に注意したい。「テーブル」などを量詞として用いると，「……にいっぱいの」という意味を表すことがある。たとえば"一桌子菜"は「1卓の料理」と言うよりも，むしろ「テーブルいっぱいに並んだ料理」という意味になる。「1卓の料理」と言うには，"桌子"を"桌"として"一桌菜"とするほうがよい。

21.2　「できあがった料理が一つまた一つとテーブルに並んだ」

"做好的菜也一样一样地上桌了。"の"一样一样地"のように"一＋量詞"を重ねた連用修飾語は，動作が一つまた一つ，一回また一回と継起的に起こる様子を描写する。"地"は省略されることも多い。

　　大街上，汽车一辆一辆地过去了。
　　今井和尚美把大娘做好的饭菜一样一样地从厨房端过来，放在餐桌上。
　　尚美把十个句子一句一句地都翻成了韩语。

"一"の代わりに別の数詞を使うこともできる。

　　你们两个两个地进来检查身体，好吗？

端　duān　お盆などを両手で水平に持つ　　　　检查身体　jiǎnchá shēntǐ
　　　　　　　　　　　　　　　　　　　　　　　　　　　　体を検査する

21.3 「気に入ったんだったら……」

"喜欢的话就多吃一点儿。"の"……的话，……"は口語で使われる仮定表現である。"要是……"や"如果……"と組み合わせて使うことも多い。

> 吃不完的话，带回去明天吃。
> 你要是还没吃晚饭的话，咱们就一块儿吃吧！
> 对，如果我能够忘掉她的话，我就应该忘掉她！

21.4 「そうこうしているうちに……」(→ 20.1)

"说着说着，爱华手中的饭碗已经扒光了。"の"说着说着"のように，"……着……着，……"というパターンは，ある事態の持続最中にいつのまにか別の事態が忍び込んで来ることを言う。

> 大娘看着看着电视，很快就睡着了。是电视太无聊呢，还是大娘太累了？
> 学校离家很远，走着走着，她的腿就疼起来了。
> 她从口袋里拿出信来看，看着看着，她似乎明白了什么，心头怦怦直跳。
> 想着想着，两行热泪从朴尚美年轻的脸上流下来。

21.5 「おばさんの家を自分の家だと思って」

"把这儿当成跟自己的家一样"の直訳は「ここを自分の家と同じであるとみなす」である。"把甲V成乙"は「甲をVを通して乙に"成"らせる」ことを言う。

> 朋友们都把我们当成一对很般配的恋人。
> 夏爱华不小心把"汉高祖"写成"汉高宗"，被老师狠狠地批评了一顿。

怦怦 pēngpēng どきどき	恋人 liànrén 恋人
热泪 rèlèi 感涙	狠狠地 hěnhěnde 容赦なく
般配 bānpèi つり合いがとれている	批评 pīpíng 叱る，批判する

陈建华是个南方人，总是把"是的"说成"四的"，同学们经常笑话他。
他要把自己的儿子培养成跟铃木一朗一样优秀的棒球运动员。

21.6 「普段より一膳多くおかわりしました」(→ 15.4)

"太饱了，我比平时多吃了一碗饭呢。"の"比平时多吃了一碗饭"は「ご飯を普段より一膳多くおかわりした」という意味になる。"一碗饭"は比較の結果生じた差分である。"多"以外では，"少""早""晚"が同じ構文を作る。

报纸上说，多吃一些韭菜有助于提高逻辑思维的能力。
行了！你们都少说两句行不行！
真不巧，你早来五分钟就见到小陈了。我刚刚把她送走。
昨天他晚来了一会儿，来的时候还带来一个学习中国经济的留学生。

21.7 「そろそろおいとまします」

"我们也差不多该告辞了。"の直訳は「私たちもほとんどおいとまをするべき時間になっている」である。"差不多"は「差が多くない→ほとんど同じである」，"该……了"は「……するべきタイミングになっている」「……なる条件ができあがっている」という意味を表す。

夏爱华个子跟张强差不多，有1米79。
我和张强虽然同在一个大学念书，但是差不多有两年没见面了。

笑话	xiàohua	笑い物にする	
培养	péiyǎng	育て上げる	
铃木一朗	Língmù Yīlǎng	人名	
优秀	yōuxiù	優れている	
棒球	bàngqiú	野球	
运动员	yùndòngyuán	スポーツ選手	
报纸	bàozhǐ	新聞，新聞紙	
韭菜	jiǔcài	ニラ	
有助于	yǒu zhù yú	……するのに有益である	
逻辑思维	luóji sīwéi	論理的思考	
美容院	měiróngyuàn	美容室	
烫头发	tàng tóufa	パーマをかける	

昨天，李老师去美容院烫了头发。烫一回头发，差不多花了四个小时。

"差不多花了四个小时"は"花了差不多四个小时"と言い換えることができる。

我儿子今年已经二十九岁了，实在是该结婚了。
该起床了，你看都几点了？
李老师，飞机就要起飞了，该登机了！

(21.8) 「しなければならない勉強」と「遊びに来るヒマ」

"你们还有功课要做"は「あなたたちにはまだやらなければならない勉強が残っている」という意味である。形の上では"还有功课（まだ勉強がある）＋要做（やらなければならない）"となっており，意味の上では"功课"は"做"の目的語である。中国語はこの種の表現を多用し，"有"が導く名詞と後続の動詞句とはさまざまな意味で結ばれる。

屋子里有人说话。
今井，你过来，我有话要跟你说！
房间太小，没有地方放两个书架。
只有星期天，我才有时间出去玩儿。
我们大概没有机会再见到他了。

"有空儿常来玩儿"では"有空儿"（空き時間がある）が後に続く"来玩儿"（来て遊ぶ）の条件となっており，「時間があればいつでも遊びに来てください」という意味になる。このような場合，"就"を用いて両者を結び付けることも多い。

我有钱就自费去中国留学。
你有问题就提出来吧。
你有什么话就直说吧。

飞机	fēijī	飛行機	机会	jīhuì	機会
起飞	qǐfēi	離陸する	自费	zìfèi	自費
登机	dēngjī	搭乗する	直说	zhíshuō	
书架	shūjià	本棚			はっきり言う，直言する

練習問題

1. 文を完成しなさい。
   (1) 如果可能的话，……。
   (2) 如果你需要的话，……。
   (3) 如果我没记错的话，……。
   (4) 如果我没猜错的话，……。

2. 以下の文を朗読し、日本語に訳しなさい。
   (1) 二十五岁，这就意味着，你已经到了应该把自己当成一个女人看待的年龄了。
   (2) 我抄分数的时候，抄错了一个分数，把96分抄成了69分。
   (3) 如果有人把刚才的情景拍成电影，那么评论家一定会说这是黄色电影吧？
   (4) 说实话，听到你的名字——温—儒—雅，我一直把你想象成一个又瘦又小，戴无框眼镜儿的女学究呢。

3．以下の文を朗読し、日本語に訳しなさい。

(1) 今井把这半年来的留学生活，一段一段地在脑海里过了一遍。
(2) 林肯往作业本儿上一笔一笔地写着汉字，他写得很慢，可是写得很清楚。
(3) 他打开旅行包，把东西一样一样地拿出来，又一样一样地装回去了。
(4) 想着想着已经走到了李老师家的门前，她按了一下门铃，开门的是李老师的未婚夫吴建华老师。
(5) 他写着写着，忽然发狠似的敲着自己的脑袋说："哎呀，真笨呢，真笨呢，这样学下去，到什么时候才能往工作上用啊？"
(6) "那怎么办呢？" 她说着说着就哭了起来。
(7) 服用这种药，只能使患者多活几年，并不能把患者从死亡的路上拖回来。
(8) 他小时候儿家里很穷，没有钱让他读书。
(9) 很多歌消失了。许多歌的词，曲的作者没有人知道。有些歌只有少数的人唱，别人都不知道。比如一些学校的校歌。
(10) 自己虽然有很多地方都像妈妈，可也有许多地方不像。她一说话就爱脸红，妈妈从不脸红。
(11) 你应该多有几种想法，像柏拉图，像亚里士多德，像苏格拉底一样，提出各种各样的观点。

柏拉图　Bólātú　プラトン　　　　　苏格拉底　Sūgélādǐ　ソクラテス
亚里士多德　Yàlǐshìduōdé
　　　　　アリストテレス

4．応用練習

包饺子

下面是饺子的做法，可是顺序是乱的，请把正确的顺序排列好，写在三个步骤里。最后尽量用"先"，"然后"，"再"……等，把排好的顺序口头发表和同学们讨论。

(1) 馅儿的做法

(2) 饺子皮的做法

(3) 煮饺子

A） 把洗干净的菜切成末，把水份挤出。
B） 把面搓成小圆条。
C） 把水倒进锅里烧开。
D） 盖上湿毛巾放20分钟。
E） 把酱油，酒，盐和香油放到肉末里，搅拌一下。
F） 把面粉加上水和好。
G） 用筷子把馅儿放在小圆片上。
H） 把包好的饺子放到锅里。
I） 用刀把面搓成的小圆条切成一节一节的。
J） 煮十分钟后把饺子捞出来，放进盘子里。
K） 把每一段都擀成小圆片。
L） 把菜放在肉末里，搅拌均匀。
M） 用手把馅儿包起来。

22 写真はありますが、学生証は持って来ていません。

照片我带着，可是我忘了把学生证带来了。
Zhàopiàn wǒ dài zhe, kěshi wǒ wàng le bǎ xuéshēngzhèng dàilai le.

李老师对留学生的要求很严格。期中考试快要到了，今井对造句和作文最没有把握，要是考坏了，肯定会被李老师骂得很惨。这天她打算去图书馆借几本书，这是她第一次去图书馆。下课后一走出教室就碰见了张强。

张强：哎哟，今井！真巧，又遇见你了！下课了？
今井：是啊，刚下课，我想去图书馆借几本书。
张强：刚好，我也正要去还书，一块儿走吧。
今井：对了，正好可以向你请教，我还没有借书证。办借书证手续很复杂吗？
张强：我是大一刚入学的时候办的。嗯……已经不太记得了。……让我想一想。啊，我想起来了，需要学生证和两张照片，再填写一张申请表就可以了。
今井：照片我有。糟糕，学生证我今天没带着。
张强：没有学生证恐怕不可以。不过，到图书馆再问问吧。
今井：只好去碰碰运气了。
（两人走进图书馆，张强先还了书，然后陪今井去办借书证。）
今井：阿姨，您好！我要办借书证。
馆员：学生证和照片带来了没有？照片要两张。
今井：照片我带着，可是我忘了把学生证带来了。
馆员：不行啊，你没有学生证办不了。
今井：拜托您，阿姨，我只借两本书。
馆员：说不行就不行！我们是按规定办事。你回去拿了学生证，明天再来一趟吧。先给你申请表，你拿回去填。照片一张贴在这里，另一张背面写上名字不用贴。
今井：好吧。再请问阿姨，留学生一次可以借几本书？可以借多长时间？
馆员：和国内学生一样，书籍和杂志一次可以各借三本，期限是两个星期，两个星期以内一定要还，否则要被罚款。
今井：我明白了。谢谢您。

> **状況** 中間テストを前に、文法と作文が苦手の真琴は図書館で参考書を借りようと考えたが、貸出しカードがない。写真は持ったが、学生証をもたずに出かけた真琴、果たして首尾よくカードが作れただろうか？

Lǐ lǎoshī duì liúxuéshēng de yāoqiú hěn yángé. Qīzhōng kǎoshì kuài yào dào le, Jīnjǐng duì zàojù hé zuòwén zuì méiyǒu bǎwò, yàoshi kǎohuài le, kěndìng huì bèi Lǐ lǎoshī mà de hěn cǎn. Zhèi tiān tā dǎsuan qù túshūguǎn jiè jǐ běn shū, zhè shi tā dì-yī cì qù túshūguǎn. Xià kè hòu yī zǒuchū jiàoshì jiù pèngjian le Zhāng Qiáng.

Zhāng	:Aiyo, Jīnjǐng! Zhēn qiǎo, yòu yùjian nǐ le! Xià kè le?
Jīnjǐng	:Shì a, gāng xià kè, wǒ xiǎng qù túshūguǎn jiè jǐ běn shū.
Zhāng	:Gāng hǎo, wǒ yě zhèng yào qù huán shū, yīkuàir zǒu ba.
Jīnjǐng	:Duì le, zhènghǎo kěyǐ xiàng nǐ qǐngjiào, wǒ hái méiyou jièshūzhèng. Bàn jièshūzhèng shǒuxù hěn fùzá ma?
Zhāng	:Wǒ shì dà-yī gāng rùxué de shíhou bàn de. Ńg…… yǐjīng bù tài jìde le.…… Ràng wǒ xiǎng yi xiang. A, wǒ xiǎngqilai le, xūyào xuéshēngzhèng hé liǎng zhāng zhàopiàn, zài tiánxiě yī zhāng shēnqǐngbiǎo jiù kěyǐ le.
Jīnjǐng	:Zhàopiàn wǒ yǒu. Zāogāo, xuéshēngzhèng wǒ jīntiān méi dài zhe.
Zhāng	:Méiyǒu xuéshēngzhèng kǒngpà bù kěyǐ. Bùguò, dào túshūguǎn zài wènwen ba.
Jīnjǐng	:Zhǐhǎo qù pèngpeng yùnqi le. (Liǎng rén zǒujìn túshūguǎn, Zhāng Qiáng xiān huán le shū, ránhòu péi Jīnjǐng qù bàn jièshūzhèng.)
Jīnjǐng	:Āyí, Nín hǎo! Wǒ yào bàn jièshūzhèng.
Guǎnyuán	:Xuéshēngzhèng hé zhàopiàn dàilai le méiyou? Zhàopiàn yào liǎng zhāng.
Jīnjǐng	:Zhàopiàn wǒ dài zhe, kěshi wǒ wàng le bǎ xuéshēngzhèng dàilai le.
Guǎnyuán	:Bù xíng a, nǐ méiyǒu xuéshēngzhèng bànbuliǎo.
Jīnjǐng	:Bàituō nín, Āyí, wǒ zhǐ jiè liǎng běn shū.
Guǎnyuán	:Shuō bù xíng jiù bù xíng! Wǒmen shì àn guīdìng bàn shì. Nǐ huíqu ná le xuéshēngzhèng, míngtiān zài lái yī tàng ba. Xiān gěi nǐ shēnqǐngbiǎo, nǐ náhuiqu tián. Zhàopiàn yī zhāng tiēzai zhèli, lìng yī zhāng bèimiàn xiěshang míngzi bùyòng tiē.
Jīnjǐng	:Hǎo ba. Zài qǐngwèn āyí, liúxuéshēng yī cì kěyǐ jiè jǐ běn shū? Kěyǐ jiè duōcháng shíjiān?
Guǎnyuán	:Hé guónèi xuésheng yīyàng, shūjí hé zázhì yī cì kěyǐ gè jiè sān běn, qīxiàn shì liǎng ge xīngqī, liǎng ge xīngqī yǐnèi yīdìng yào huán, fǒuzé yào bèi fákuǎn.
Jīnjǐng	:Wǒ míngbai le. Xièxie nín.

語句

期中考试	qīzhōng kǎoshì	中間テスト
造句	zào//jù	文（センテンス）を作る
考坏	kǎohuài	テストに失敗する
肯定	kěndìng	きっとである，確定する
被	bèi	→22.2
骂	mà	ののしる
惨	cǎn	ひどい，さんざんである
刚好	gāng hǎo	ちょうどいいところだ。言い切りで使う以外に，"刚好……"として，「ちょうど……するところであった」「ちょうど……である」という意味でも使う。
办	bàn	する，処理する
借书证	jièshūzhèng	図書館の貸出しカード
手续	shǒuxù	手続き
复杂	fùzá	複雑である
请教	qǐngjiào	教えを請う
借	jiè	借りる
图书馆	túshūguǎn	図書館
碰见	pèngjian	出会う
巧	qiǎo	奇遇である
还	huán	返す
入学	rùxué	入学する
记得	jìde	覚えている
照片	zhàopiàn	写真
填写	tiánxiě	空欄に書き込む
申请表	shēnqǐngbiǎo	申請書
恐怕	kǒngpà	おそらく，多分
碰碰运气	pèngpeng yùnqi	ちょっと幸運を期待してみる。"运气"は通常「好運」を指す。"碰"の本来の意味は「軽くぶつかる（ぶつける）」，そこから「偶然出会う」という意味が生じている。
馆员	guǎnyuán	館員。正式には"图书馆员"。
拜托	bàituō	お頼みする
说不行就不行	shuō bù xíng jiù bù xíng	ダメと言ったらだめ！
按	àn	……に照らして
规定	guīdìng	規定

趟	tàng	量詞
背面	bèimiàn	裏側，後ろ側
书籍	shūjí	書籍
杂志	zázhì	雑誌（学術的定期刊行物も含まれる）
期限	qīxiàn	期限
否则	fǒuzé	もし……しないと
罚款	fá//kuǎn	罰金を取る

22.1　「李先生の留学生に対する要求」

"李老师对留学生的要求很严格。"この文は"的"を取って"李老师对留学生要求很严格。"（李先生は留学生に対して要求が厳格である）とすることもできる。前置詞"对"は一方通行的に行為・思考・関心などの対象を導く。

　　你对他的印象很好，是吧？
　　今井对造句和作文最没有把握。
　　大家对我都很热情。

空間的に向き合っている対象を導くときは"对着"を用いる。

　　他对着镜子理了理头发。
　　尚美对着今井做了一个鬼脸儿。

22.2　「きっとひどく叱られ，ひどく惨めなことになるに違いない」

"我肯定会被李老师骂得很惨。"この文で"肯定会……"は「……となることはまちがいない」という意味で，"被"は受動文の行為者"李老师"を導く前置詞で

镜子　镜		做鬼脸儿　zuò guǐliǎnr
理头发　lǐ tóufà　散髪する		わざとへんな顔をする

ある。また，"得"は"骂"に"很惨"を後続させるための助詞である。"被"は受動文の行為者を導く前置詞である。"得"は助詞で，"骂"に"很惨"を後続させるために使われている。"肯定会……"は「……となることはまちがいない」という意味である。

　　　请你替我买几片安眠药，我今天太激动了，晚上肯定会失眠。

　中国語の受動文は，「やられる側」と「やる側」から構成される事態だけでなく，「なる側」と「ならせる側」から構成される事態に対しても用いられる。（→コラム〈中国語の受動文〉）

　　　窗户被风吹开了。（窓が風が吹いたせいで開いてしまった。）
　　　饭被我煮糊了。（ご飯が私が炊いたせいで焦げてしまった。）

　事態を引き起こす側が不特定多数であったり不明であったりすると表現されないことがある。このような場合は"被"と述語が直接結合した受動文ができあがる。

　　　两个星期以内一定要还，否则要<u>被罚款</u>。
　　　这时，门<u>被推开了</u>。（開けた側を不問にする場合）
　　　这时，门<u>被人推开了</u>。（開けた側を特定できない場合）
　　　这时，门<u>被一双有力的手推开了</u>。（開けた側を特定し明言する場合）

22.3 　「（これは）彼女は始めて図書館に行く（のです）」

　"这是她第一次去图书馆。"この文で"这"は直前の文脈で紹介された状況を指し，"这是……"はそれに説明を加えたものである。"第一次去图书馆"は「始めて図書館に行く」という意味で，「最後に」なら"最后一次"を用いる。

　　　去年六月她生了个男孩儿，第一次做了母亲。

糊　hú　焦げる　　　　　　　　　　回不来　huíbulái　帰ってこられない

他是第一次坐飞机，对飞机里的一切都感到新鲜。
你最后一次给他打电话是什么时候？
这是我最后一次给同学们上课，下个星期我就要回国了。

22.4 「写真はありますが，学生証は持って来ていません」(→ 4.6)

中国語の文法は，文脈の中で話題の中心（あるいは最大の関心事）となっているものを文頭に配し「「主題化」と呼ばれる)，それを起点に情報を付け加えてゆくことができるようにデザインされている。日本語も同タイプの言語であるが，中国語の主題化は日本語よりももっと自由に行なえる。

啊，我想起来了，需要学生证和两张照片，再填写一张申请表就可以了。
——照片我有。糟糕，学生证我今天没带着。

阿姨，您好！我要办借书证。
——学生证和照片带来了没有？照片要两张。
——照片我带着。可是我忘了把学生证带来了。

照片一张贴在这里，另一张背面写上名字，不用贴。

再请问阿姨，留学生一次可以借几本书？可以借多长时间？
——和国内学生一样，书籍和杂志一次可以各借三本，……

22.5 「恐らくダメですね」

"没有学生证恐怕不可以。"の"恐怕"は主として事態の展開に対する懸念を表すが，「残念ながら，あいにく」という意味が薄れ，単なる推測に近い用法もある。

别等我，晚饭前我恐怕回不来。

北京一千多万人口，叫这个名字的恐怕不只一个。
这是今年的第一场雪，恐怕也是今冬的最后一场雪吧。
一个人的心，恐怕是世界上最复杂的东西吧！

22.6 「ここはひとつ幸運に期待してみるしかないようだね」

"只好去碰碰运气了。"の"只好……"は他に選択肢がないことを言い，文末に"了"を加えると，「選択肢のない唯一の結論に落ち着いた」という意味になる。

我无话可说，只好默默点头。
后来实在没办法了，我只好给我爸打了个电话。
现在说什么也晚了，只好认了。
昨天我爱人要加班，晚饭前回不来，我只好自己做饭一个人吃了。

22.7 「ダメよ，学生証がないと作れないわ」（→ 15.4）

"不行啊，你没有学生证办不了。"文中"办不了 liǎo"は可能補語の否定形である。"了"には事物の「消失」の可能不可能を表す場合と，事態の「実現」の可能不可能を表す場合とがある。

这儿有五瓶啤酒，你喝得了喝不了？（飲んでしまえばビールはなくなる）
这个问题，你解决得了解决不了？（解决すれば問題はなくなる）
这件事，我一辈子也忘不了。（忘れればこの事件は記憶から消えてしまう）
我双鞋有点儿小，你穿得了穿不了？
明天的联欢会，我有事去不了，你们去吧！

不只　bùzhǐ　ただ……だけでなく
无话可说　wú huà kě shuō
　　　　言うべき言葉がみつからない
认了　rèn le　仕方なく認める
加班　jiā//bān　残業する
联欢会　liánhuānhuì　懇親会

練 習 問 題

1．以下の文を朗読し，日本語に訳しなさい。
    (1) 躺着看书对眼睛不好。
    (2) 这是对神经衰弱比较有效的药。
    (3) 看样子，你对中国历史很有研究。
    (4) 他对中国各方面了解得很多，说得上是一个中国通。
    (5) 我们对你完全信任。
    (6) 我想起他对我的态度，又想起他对我说过的话："我的事，我一个人去解决，不想连累任何人，包括你。"

2．以下の文を朗読し，日本語に訳しなさい。
    (1) 李玲老师的发言被一阵电话铃声打断了。
    (2) 警察同志，我们的钱被人偷了。十万，整整十万！
    (3) 伊拉克队10号侯赛因，不知道为什么被主裁判出示了一张黄牌。
    (4) 哎哟，我忘了把钱带来了，这可怎么办呢！
    (5) 因为史泰龙的期中考试考坏了，所以李老师把他狠狠地批评了一顿。
    (6) 这是我最后一次求你了，你千万别把这件事告诉他！

3．文を完成しなさい。
    (1) 今井一进教室就自己找了个位置坐下。看看钟，（　）七点三刻，又是她到（　）最早。
    (2) 他从钱包里拿出一叠一百元的钞票，数一数（　）十（　）。
    (3) 四个木头箱子，拼起来（　）是一（　）床，宽90公分，长200公分，高50公分。
    (4) 你（　）去他家是什么时候？
    (5) 我从来没吃（　）淡水鱼馅儿的饺子，这是我（　）吃淡水鱼馅儿的饺子。
    (6) 我（　）见到李平是在一个星期（　）。
    (7) 他多少年（　）来了？忘了，他已经忘了最后一次来石桥是（　）一年了。

227

4．以下の文を朗読し，日本語に訳しなさい。

(1) 真巧哇！怎么在这儿碰上你们俩！
(2) 说曹操曹操到，你来得可真巧，刚说你，你就来了。
(3) 他拿起茶壶，轻轻一倒，一只碗里就盛满了绿茶，刚好到碗边，一滴也没溢出来。
(4) 第一学期，她总是在泪水中进入梦乡，第一次离开家，第一次出远门，第一次一个人在外生活……
(5) 我第一次真正懂得了，什么是天堂和地狱的区别。
(6) 我为什么一直独身，恐怕自己也不能回答自己。
(7) 那个人恐怕连自己的名字都不会写。
(8) 现实就是这样，不承认恐怕不行吧？
(9) 许多该忘的东西忘不了，许多该记的东西记不住。
(10) 学校的东边儿紧挨着一座寺庙，叫做承天寺，承天寺有一口很大的钟，撞起来嗡嗡地响。

5．応用練習

(1) 角色扮演，请按照课文扮演今井，图书馆阿姨。
(2) 请写一篇短文然后口头发表，给同学们说明图书馆借书的规定有哪些。

コラム 12

中国語の受動文

中国語における受動文の使用頻度は低い。英語の10分の1にさえ満たないと言われる。しかしそれでも中国語にとって受動文が必須の表現形式であることに変わりはない。中国語の受動文で「私はお金を誰かに盗まれた」を表現すると、次のような形になる。

　我的钱被人偷了。Wǒ de qián bèi rén tōu le.
　我的钱让人给偷了。Wǒ de qián ràng rén gěi tōu le.（口語体）

日本語と違い、"我"ではなく"我的钱"が文の基点となって点に注目したい。また、

正体不明である「やる側」が"人"を用いて表されている点にも注意が必要である。文の成分に目を移すと、"被"と"让"は「やる側」を導く前置詞であり、"给"は「やられる側」に立って「やってくれたな」という気分を添える助動詞である。これは省略しても文の成立に影響はない。

　日本語や英語と比較した場合、中国語の受動文でもっとも特徴的なところは述語である。上の例で、日本語の「盗まれた」に対して"偷了"という述語が使われているが、"偷了"は"他偷了我的钱。"(彼は私の金を盗んだ)のように、通常の他動詞としても使える。つまり中国語の動詞には、日本語の「盗む」対「盗まれる」、英語の"to steal"対"to be stolen"のような形式上の対立が存在しないのである。

　中国語の受動文の使用状況は、英語よりもむしろ日本語と似ている。まず、中国語の受動文も日本語の受動文に似て、「やられた」「された」という被害・迷惑のニュアンスを色濃くともなうため、「お金を盗まれた」とか「内緒話を聞かれてしまった」のような状況に使われて最も活きる。しかし、中国語の受動文と日本語の受動文が異なる点もいろいろある。その中で一番目立つのは、中国語の受動文では「やる側」の範囲が極めて広いことである。様々な事態を引き起こす原因となったものが「やる側」として現れる。この点では英語に似ていると言えるかもしれない。

　　他让一颗飞来的子弹给打死了。Tā ràng yī kē fēilái de zǐdàn gěi dǎsǐ le.
　　He was killed by a bullet that flew over.

　この例を日本語に訳せば「彼は流れ弾に当たって死んだ」とするのが最も自然であろう。日中英で三者三様の例をあげてみよう。原文は英語で、それを中国語と日本語に訳したものである。

　　This conclusion was justified by the results.
　　结果证明这个结论是正确的。Jiéguǒ zhèngmíng zhèi ge jiélùn shì zhèngquè de.
　　結果から、この結論が正しいものであることがわかった。

　英語では受動文であるが、中国語では「結果はこの結論が正しいものであることを証明した」という他動詞文になる。日本語は「結果から……がわかった」と訳すのが自然であろう。中国語でも日本語でも、受動文にしようと思えばできないこともないが、非常に硬い文章語の文体を使わなければならない。

　受動文はどの言語においても一筋縄ではいかない構文である。少しずつ「あっ、こういう状況でこういうふうに使うのか！」という体験を積み重ねていきたい。

23 どうすれば漢字を効率的に覚えられるだろうか？

怎么样才能有效地学好汉字呢？

Zhěnmeyàng cái néng yǒuxiào de xuéhǎo Hànzì ne?

李老师把期中考试的卷子发给大家，表扬今井和尚美有了进步，也责备了考不及格的史泰龙。林肯虽然很努力了，却因为汉字题考得不理想而心情沮丧。

李玲：我们期中考试的考试卷子已经批改好了。这次是测试同学们在阅读理解和作文方面的水平，只要平时按照老师指定的功课做好预习和复习，大多数同学都应该考得很好，不过还是有两三个同学考得不太理想，竟然也有考不及格的，实在是太不认真了。从今天开始，请不及格的同学每天下课后都留下来多练习一个小时。现在我把考卷还给大家，请你们把错误的地方改正过来，明天交给我。今井98分，朴尚美95分，我要表扬这两位同学，她们的成绩（和上次的考试比起来）进步了很多，大家要向她们多多学习。（对今井，尚美）希望你们继续努力。接下来……林肯68分，史泰龙51分……。

（下课后）

林肯：今井，尚美，你们考得真好。我已经尽力了，可是才考68分，实在是太让人沮丧了。

今井：不要难过了，你考得也不差呀！我们只不过是汉字占优势罢了。我的口语成绩就没有你好呢。

林肯：我最不拿手的就是汉字了，偏偏老师这次出了这么多汉字题，被扣了好几分。你看，什么"田"啊，"由"啊，"甲"啊，"申"啊，看起来都很像，全放在一起时，我就不知道该怎么分辨了。怎么样才能有效地学好汉字呢？你们有什么好方法可以教教我吗？

尚美：我不知道有什么好方法，多写，不断地写，写多了就记住了。

林肯：哎呀！中国人写了一辈子，就算我拼了命写下去也赶不上啊！

今井：我们老师说，学写汉字最好按照汉字的造字原理来拆解。比如说这一题"盥洗室"，你把"盥"写错了。"盥"这个字是由三个部

状況 中間テストの結果が出た。真琴と尚美は好成績を収めることができたが、林肯と史泰龙の成績は思わしくなかった。特に林肯は、漢字の問題でつまずき、意気消沈。効率的に漢字を覚える方法はあるだろうか？

Lǐ lǎoshī bǎ qīzhōng kǎoshì de juànzi fāgěi dàjiā, biǎoyáng Jīnjǐng hé Shàngměi yǒu le jìnbù, yě zébèi le kǎo bu jígé de Shǐtàilóng. Línkěn suīrán hěn nǔlì le, què yīnwèi hànzì tí kǎo de bù lǐxiǎng ér xīnqíng jǔsàng.

Lǐ Líng	:Wǒmen qīzhōng kǎoshì de kǎoshì juànzi yǐjīng pīgǎi hǎo le. Zhèi cì shì cèshì tóngxuémen zài yuèdú lǐjiě hé zuòwén fāngmiàn de shuǐpíng, zhǐyào píngshí ànzhào lǎoshī zhǐdìng de gōngkè zuòhǎo yùxí hé fùxí, dàduōshù tóngxué dōu yīnggāi kǎo de hěn hǎo, bùguò háishi yǒu liǎng sān ge tóngxué kǎo de bù tài lǐxiǎng, jìngrán yě yǒu kǎobùjígé de, shízài shi tài bù rènzhēn le. Cóng jīntiān kāishǐ, qǐng bù jígé de tóngxué měi tiān xià kè hòu dōu liúxialai duō liànxí yī ge xiǎoshí. Xiànzài wǒ bǎ kǎojuàn huángěi dàjiā, qǐng nǐmen bǎ cuòwù de dìfang gǎizhèngguolai, míngtiān jiāogěi wǒ. Jīnjǐng jiùshì bā-fēn, Piáo Shàngměi jiùshì wǔ-fēn, wǒ yào biǎoyáng zhè liǎng wèi tóngxué, tāmen de chéngjì hé shàng cì de kǎoshì bǐqilai jìnbù le hěn duō, dàjiā yào xiàng tāmen duōduō xuéxí. (Duì Jīnjǐng, Shàngměi) Xīwàng nǐmen jìxù nǔlì. Jiēxialai…… Línkěn liùshí bā-fēn, Shǐtàilóng wǔshí yī-fēn…….
	(Xià kè hòu)
Línkěn	:Jīnjǐng, Shàngměi, nǐmen kǎo de zhēn hǎo. Wǒ yǐjīng jìnlì le, kěshi cái kǎo liùshí bā-fēn, shízài shi tài ràng rén jǔsàng le.
Jīnjǐng	:Bùyào nánguò le, nǐ kǎo de yě bù chà ya! Wǒmen zhǐbuguò shì Hànzì zhàn yōushì bàle. Wǒ de kǒuyǔ chéngjì jiù méiyou nǐ hǎo ne.
Línkěn	:Wǒ zuì bù náshǒu de jiù shi Hànzì le, piānpiān lǎoshī zhèi cì chū le zhème duō Hànzì tí, bèi kǔ le hǎojǐ ten. Nǐ kàn, shénme 'tián' na, 'yóu' wa, 'jiǎ' ya, 'shēn' na, kànqilai dōu hěn xiàng, quán fàngzai yīqǐ shí, wǒ jiù bù zhīdào gāi zěnme fēnbiàn le. zěnmeyàng cái néng yǒuxiào de xuéhǎo Hànzì ne? Nǐmen yǒu shénme hǎo fāngfǎ kěyi jiāojiao wǒ ma?
Shàngměi	:Wǒ bù zhīdào yǒu shénme hǎo fāngfǎ, duō xiě, bùduàn de xiě, xiě duō le jiù jìzhu le.
Línkěn	:Aiya! Zhōngguórén xiě le yī bèizi, jiùsuàn wǒ pīn le mìng xiěxiaqu yě gǎnbushàng a!

分组成的,下面的"皿",意思是盆子,上面是一双手,中间有"水"。因此,只要记住"从盆子里捧起水来"意思就是"洗手",你就不会写错了。

林肯:是啊!原来汉字是这么创造出来的!这个办法不但好,而且还很有意思呢!

今井:不过也要注意,许多汉字经过时代的演变已经和原来的样子很不一样了,就要发挥想像力给这些汉字编一个故事。

尚美:下次我们一起来给汉字编故事,好不好?

語句

有效	yǒuxiào	有効である
学好	xuéhǎo	修得する,マスターする
卷子	juànzi	答案
发给……	fāgěi	……配る,支給する
表扬	biǎoyáng	褒める,表彰する
进步	jìnbù	進歩する,進歩
责备	zébèi	責める,叱る
不及格	bù jígé	不合格である
汉字	Hànzì	漢字
理想	lǐxiǎng	理想的である
心情沮丧	xīnqíng jǔsàng	精神的に落ち込んでいる
批改	pīgǎi	採点し添削する
测试	cèshì	テストをして調べる
阅读理解	yuèdú lǐjiě	読む,閲読する
方面	fāngmiàn	分野,方面
按照……	ànzhào	……に照らして。"按照……来……"の形で使われることも多い。
指定	zhǐdìng	指定する
大多数	dàduōshù	大多数
竟然	jìngrán	なんとも意外なことに
认真	rènzhēn	まじめである
从今天开始	cóng jīntiān kāishǐ	今日から。"从今天起"とも言う。"从今天"は誤り。
留下来	liúxialai	後に残る,後に残す。→23.8
还给……	huángěi	……に返す
错误	cuòwù	誤り,間違っている

Jīnjǐng	:Wǒmen lǎoshī shuō, xué xiě Hànzì zuìhǎo ànzhào Hànzì de zàozì yuánlǐ lái chāijiě. Bǐrú shuō zhè yī tí 'guànxǐshì', nǐ bǎ 'guàn' xiěcuò le. 'Guàn' zhèi ge zì shì yóu sān ge bùfen zǔchéng de, xiàmian de 'mǐn', yìsī shì pénzi, shàngmiàn shì yī shuāng shǒu, zhōngjiān yǒu 'shuǐ'. Yīncǐ zhǐyào jìzhu 'cóng pénzi li pěngqǐ shuǐ lái' yìsi jiù shi 'xǐ shǒu', nǐ jiù bù huì xiěcuò le.	
Línkěn	:Shì a! Yuánlái Hànzì shì zhème chuàngzàochulai de! Zhèi ge bànfǎ bùdàn hǎo, érqiě hái hěn yǒuyìsi ne!	
Jīnjǐng	:Búguò yě yào zhùyì, xǔduō Hànzì jīngguò shídài de yǎnbiàn yǐjīng hé yuánlái de yàngzi hěn bù yīyàng le, jiù yào fāhuī xiǎngxiànglì gěi zhèi xiē Hànzì biān yī ge gùshi.	
Shàngměi	:Xià cì wǒmen yīqǐ lái gěi Hànzì biān gùshi, hǎo bu hao?	

改正过来	gǎizhèngguolai	訂正する。→23.8
成绩	chéngjì	成績
比起来	bǐqilai	比べると。→23.8
向她们多多学习	xiàng tāmen duōduō xuéxí	彼女たちをしっかり見習おう
希望	xīwàng	希望する
继续	jìxù	継続する、続く
努力	nǔlì	努力する
接下来	jiēxialai	次は、続いて。→23.8
尽力	jìn//lì	力を尽くす
才考68分	cái kǎo liùshí bā-fēn	たった68点取れただけだ
难过	nánguò	つらい、悲しい
占	zhàn	占める
优势	yōushì	優位
只不过……罢了	zhǐbuguò…… bàle	→23.2
偏偏	piānpiān	(そんなことしなくてもいいのに)よりによって
扣分	kòu//fēn	減点する
好几分	hǎo jǐ fēn	何点も。"好"を不定量の前に置くと、数量の多さを強調する表現ができる。
田，由，甲，申	tián, yóu, jiǎ, shēn	
分辨	fēnbiàn	見分ける
方法	fāngfǎ	方法
不断	bùduàn	絶えない
一辈子	yībèizi	一生涯
就算……也	jiùsuàn…… yě	→23.5
造字	zào//zì	文字を創造する

原理	yuánlǐ	原理
拆解	chāijiě	分解する
比如说	bǐrú shuō	たとえば
盥洗室	guànxǐshì	お手洗い（ホテル等で用いる）
皿	mǐn	皿（文章語）
盆子	pénzi	鉢，たらい
捧	pěng	両手で捧げるように持つ
创造	chuàngzào	創造する
许多	xǔduō	たくさん
时代	shídài	時代
演变	yǎnbiàn	変遷する
样子	yàngzi	形，姿
发挥	fāhuī	発揮する
想像力	xiǎngxiànglì	想像力
编故事	biān gùshì	話をつくる

23.1 「本当にもう！」

"实在是太不认真了"の"实在是……"は「本当にもう……である」という意味である。主として起こった事態の程度に対し，評価判断を加えた感慨や感嘆を表明する。"太……了"とともに用いるのは"实在是……"の典型的用法の一つである。

　　一个单身的女人带着个孩子过日子，实在是太难了，太不容易了！
　　三室一厅的住房，对一对夫妻来说算不了什么，可对一个大学生来说，实在是太奢侈了。

"是"を用いず，単に"实在……"と言うことも多い。この場合は評価判断のニュアンスが薄れ，感嘆のみが突出する。

　　院子里的花儿都开了，有红的，有白的，还有黄的，实在好看极啦！

奢侈　shēchǐ　贅沢である

这本词典又大又重，每天上课带来带去，实在太麻烦了。

23.2　「ただ漢字がよく書けただけのことよ」

"我们只不过是汉字占优势罢了。"を分析的に翻訳すれば，「私たちは〔あなたに比べ〕漢字〔がよく書ける点〕で優勢を占めただけのことよ」となる。"只不过是……罢了"は「……（である）にすぎない」「……だけのことである」という意味を表す。同様の意味を表すのにさまざまなバリエーションがあり，"只不过是……"は"只不过……""只是……""不过是……"等でもよい。"……罢了"は"……而已"でもよく，時にはどちらも使わない。

> 我不知道他有什么爱好，我们不过是刚刚认识罢了。
> 她明白自己该怎么做了，她其实早就明白了，只不过自己不愿意承认罢了。
> 他那辆车只不过是他一个月前花五十万块钱买的二手车而已。
> 我没醉，我只不过是稍微多喝了一点儿，吐了就好了，吐了头脑就清醒了。

23.3　「たとえば私の会話の成績は，あなたほど良くないわ」

"我的口语成绩就没有你高呢。"は「たとえば私の会話の成績は，あなたほど良くないわ」という意味である。いくつかある試験科目の中から「会話」（"口语"）が選ばれ，それが「会話の成績で比較するならば」と条件文のように働いているため，"就"でそれを受けている。林肯の言う"我最不拿手的就是汉字了。"も同じで，「私が一番苦手なもの〔を挙げれば，それ〕は漢字となる」と理解する。

接続副詞としての"就"は，先行文脈が後続文脈にとってなんらかの意味で条件あるいは原因として理解される場合に使われるが，条件や原因が読み取りにく

爱好　àihào　趣味
二手车　èrshǒuchē　中古車
稍微　shāowēi　少し，わずか
吐　tù　吐く，吐瀉する

头脑　tóunǎo　頭脳，頭の働き
清醒　qīngxǐng
　　　意識・正気を取り戻す，正気である

い場合があるので，注意が必要である。

怎么，你不相信我？<u>我就没有办法帮你解决问题</u>？我会有办法的。
我来的路上只想着发生了什么事情，<u>别的就没有想</u>。
像这种事关人民生活的问题，<u>政府就没有责任吗</u>？<u>国家就没有责任吗</u>？

23.4 「田とか，由とか，甲とか，申とか」

「えー，……とか，……とか，……など」と事物を列挙してゆくとき，しばしば"什么"（軽く発音する）を列挙する事物の先頭に置く。その際，列挙される事物にはよく"啊"あるいは"啦"がつくが，"啊"の発音は前に来る音節の末尾音との連音でさまざまに変化する。

什么"田"啊［na］，"由"啊［wa］，"甲"啊［ya］，"申"啊［na］，看起来都很像。
什么栗子啊，核桃啊，柿子啊，我们这儿都不缺。
张强做中国菜很有两下子，什么麻婆豆腐啊，辣子肉丁啊，酸辣汤啊，都做得不错。

上の列挙パターンを「人」に対して用いることはできない。「人」の場合は"什么"に換えて"像"を用いる。

昨天晚上去看比赛的人很多，像张强啦，夏爱华啦，林肯啦，这些球迷自然都去了。

列挙された事物が目的語になるときは，最後に"什么的"を置いて全体をまとめるパターンを用いることが多い。

政府　zhèngfǔ　政府
栗子　lìzi　栗
核桃　hétao　くるみ

柿子　shìzi　柿
两下子　liǎngxiàzi　相当な腕前
酸辣汤　suānlàtāng　料理名

史泰龙经常在他的书包里装着iPod，数码相机，电子词典什么的，还有一台超薄电脑。

真琴给了我一盒音乐磁带。这是一盒日本七十年代的老歌，有《恋人》，《毕业合影》，《红灯笼》什么的。

23.5 「たとえ命がけで書き続けたところで追い付けないよ」

"就算我拼了命写下去也赶不上啊！"は「たとえ僕が命をかけて書き続けても〔中国人には〕追い付けないよ」という意味である。"就算……也……"で「〔……であればもちろん……であり〕たとえ……であっても……」という複文を作る。

医院附近没有电话，就算有电话，也不一定能找到他。
就算他比你小十岁，今年也是七十啦，还能干什么？
我为什么要生气呢？就算你说的都是假话，我也不会生气。
就算考不上大学，也可以干别的工作呀，没上过大学的人多着呢，我也没上过。

"就算……"の本来の意味は「……ということにする／なる」であり，この意味でも多用される。

北风跟太阳商量好了，谁能先叫这个走道儿的把他的棉袄脱下来，就算谁的本事大。
母校的老师都为他高兴，因为他所在的小山村里能考上河南大学就算"状元"了。

书包　shūbāo　教科書を入れるかばん
薄　báo　薄い
音乐磁带　yīnyuècídài　音楽テープ
《恋人》　Liànrén　『恋人よ』
《毕业合影》　Bìyè héyǐng　『卒業写真』
《红灯笼》　Hóngdēnglong　『あかちょうちん』
假话　jiǎhuà　うそ
商量　shāngliang　相談する
走道儿　zǒu//dàor　道を行く
棉袄　mián'ǎo　綿入れの上着
本事　běnshi　技量，腕
山村　shāncūn　山村
状元　zhuàngyuan　科挙最終試験の第1位合格者

なお"算了"には，話し相手に根負けして「もういいよ」と話の打ち切りを宣言する用法があり，口語で多用される。

　　算了，算了，就算我什么都没说，你想怎么办就怎么办吧。
　　你不信就算了，我也没有必要让你相信。

23.6　「一番いいのは漢字を分解して覚えることです」

"学写汉字最好按照汉字的造字原理来拆解。"は直訳すると「漢字を〔書くことを〕学ぶのに一番いいのは漢字の構成原理に照らして分解してみることである」となる。"最好"を動詞の前に置くと「一番いいのは……することです；できれば……して下さい；……した方がよい；……に越したことはない」というアドバイス・勧誘の表現を作ることができる。

　　休息的时候，最好什么都不想。
　　你明天最好早一点儿来。

23.7　「そうか，そういうことなんだ！」

"原来……"は，本来の事情に気づき，「わかってみると……だった，気がついてみると……だった」と言うときに用いる。"是啊！原来汉字是这么创造出来的！"だと，「そういうことか，漢字っていうのはそんなふうに造られたものなんだ！」という意味になる。

　　史泰龙！我当是谁呢，原来是你！
　　这时一个男生在我身边坐下来，我一看，原来是我高中时很要好的同学林平。
　　李老师说，她今年27岁，属猪。原来李老师跟我姐姐同岁，都是1983年出生的。

必要　bìyào　必要である　　　　　　　属猪　shǔ zhū　亥年生まれである
要好　yàohǎo　仲が良い

我以为过去了的一切，原来并没有过去！原来怎么样，现在还是怎么样。

"原来"が名詞を修飾すると，「もとの，本来の」という意味を表す。

他已经不是原来的他了。他变了，是那次事故让他变的。
这套两室一厅的公寓比他原来的房子小得多，但是卫生间非常宽大，而且二十四小时都有热水供应，这对一个单身汉来说，是挺合适，也挺舒服的。

23.8　複合方向補語の意味の拡張

この課には意味が抽象化した複合方向補語が多用されている。英語の学習において動詞と前置詞からなる表現が表す意味の多様性に悩まされるが，中国語では「動詞＋方向補語」がそれに相当する。英語の学習で前置詞を避けて通ることができないように，中国語の学習で複合方向補語を避けていては上達が見こめない。

① 留下来 ——"下来"は"留"の結果として，人や事物が後に残留することを言う。
② 接下来 ——"下来"は"接"の結果として，事態が途切れず残存することを言う。
③ 改正过来 ——"过来"は"改正"の結果として，事態が誤から正へと移行して来ることを言う。
④ 比起来，看起来 ——"起来"は事態が発生することを言う。
⑤ 写下去 ——"下去"は事態が途切れず継続していくことを言う。
⑥ 创造出来 ——"出来"は"创造"の結果として，事物が無から有へと出て来ることを言う。

以为　yǐwéi　主観的にこうだと考える
套　tào　量
两室一厅　liǎngshì-yītīng　2DK
公寓　gōngyù　マンション，アパート
小得多　xiǎo de duō　ずっと狭い

卫生间　wèishēngjiān　　バスルーム，トイレ
宽大　kuāndà　広くて大きい
供应　gōngyìng　提供する
单身汉　dānshēnhàn　独身の男性
舒服　shūfu　快適である

練習問題

1. 以下の文を朗読し，日本語に訳しなさい。

    (1) 眼看离高考只剩下几十天了，你竟然还敢去打麻将？你一个高三的学生，连高考的重要性都不懂？

    (2) 名茶没有什么好坏高低之分，只是喝茶的人对茶的感觉不同罢了。

    (3) 这个问题，大家早就发现了，只是你没有注意罢了。

    (4) 医生是说话的人，护士是听话的人。一个当医生的，可以说"是我治好了这个病人"，护士就没有这个资格。

    (5) 我哥哥是在海边出生的，我就没有这么幸运了，我出生在新疆，我第一次看到大海，是我十五岁那年。

    (6) 你为什么早不来，晚不来，偏偏这个时候来？

    (7) 我一直不能理解她丈夫为什么要自杀，为什么偏偏在这个时候自杀，偏偏当着妻子和孩子的面自杀？

    (8) 李老师把林肯作文里的错字和别字都一一改过来了。

    (9) 慢慢儿来。一个人长期形成的观点和方法，要一下子改过来，是不太容易的。

2. 括弧内の語句を用いて文を完成しなさい。

    (给，被，最好，关于，在，虽然，特别，很少，往往，都，特别，也，过)

    (1) 今天上课时，李老师（　）我们介绍说，到美国念书的中国学生都很用功，大学里考第一，二名的，大多数是中国学生。可是到研究院学习以后，有些中国学生（　）记忆力很强，但是独立思考不够，因此成绩（　）比不过别人。

    (2) （　）中国的晚婚，晚育的政策，李老师（　）我们介绍说：青年妇女如果20岁开始生育，100年内要生五代人，如果25岁左右生育，100年内只生四代人，因此，晚婚、晚育，（　）是晚育，对于减少人口增长的数量，减慢人口增长的速度，（　）有重大意义。

(3) 我看（　）《16岁的思索》这本书，但是书（　）人借走了，所以不记得作者的名字。
(4) 这个字（"佀"）与"似"同音，（　）与"似"字意义相同。这个字（　）用，所以一般人不认识。
(5) 这件事，你们（　）先征求一下李老师的意见。
(6) 张建国是我10年前的初中同学。当时（　）班里他是有名的热心家，什么事儿（　）爱张罗，所以外号叫"张罗"。

豆知識

中国語で「省区市自治区」と言うと日本の都道府県に当たり、23省、2特別行政区（香港，澳門），4直轄市（北京，天津，上海，重慶），5自治区（広西壮族自治区，内蒙古自治区，西蔵自治区，寧夏回族自治区，新疆維吾尔自治区）から成る。

3．以下の文を朗読し，日本語に訳しなさい。
　(1)　今天的中国人一想到出国首先想上美国，再不就是英国、加拿大、澳大利亚什么的。
　(2)　他自己点了几样菜，有红烧排骨，宫保鸡丁，鱼香肉丝什么的，然后又要了啤酒，叫服务员快点儿上，然后，就开始和我聊天儿。
　(3)　我从前也是一个喜欢诗啦，小说啦什么的人。可后来，全部的精力和时间都集中在心理学方面了。
　(4)　恐龙当年长得太大了，超过了地球的负载，不灭绝，怎么办？如果恐龙不死，就没有哺乳动物的崛起，也就没有人类的辉煌。所以，灭绝是好事，虽说对那个物种是灾难。
　(5)　地里长的瓜果，树上结的果子，只要没刻上名字，都可以摘来吃，当然，最好不要被人看见。

4．応用練習
　(1)　请简单说明自己学习汉语最不拿手的是什么。然后请教同学或老师，怎么样才能有效地学好它。
　(2)　请分组讨论给汉字编一个故事。

再不　zàibu　もしそうでなければ

中学校の標語

中学生たち

24 猫が飛び出してきた

突然窜出来一只小猫
Tūrán cuànchulai yī zhī xiǎomāo

下课后，史泰龙被李老师罚留下来复习功课。抄写了生词，背诵了课文，一个小时后他匆匆忙忙地跑出教室，跨上自行车飞奔出校门。

原来史泰龙每天都要去一家意大利餐厅打工。为了省钱，他总是骑自行车去。他一心只想着："不能迟到！不能迟到！今天再迟到肯定被炒鱿鱼！"越想越紧张，越骑速度越快。就在这时候，前面路口突然窜出来一只小猫，把他吓了一大跳。他赶紧刹车，但是小猫就在眼前了，史泰龙的车刹也刹不住，眼看就要轧到小猫身上的时候，他猛往右边一扭，车还是停不住，撞上了路边的书报摊。

史泰龙连人带车轰隆一声把一摊子的书全撞翻了。一切发生得太快，书报摊师傅来不及躲避，也被架子压住了腿。等周围都静了下来，路边的行人看见书堆中的破自行车和摔得鼻青脸肿的史泰龙，才发现原来是出了事儿了，大家合力把架子搬开，把师傅和史泰龙都扶了起来。

师　傅：你找死呀！哪儿有人这样骑车的，你骑什么车呀！
　　　　（话一说完，左手就立刻抓起史泰龙的衣服，举起右手就要挥下拳头。路人赶紧把两个人拉开）
路人甲：师傅，有话好好儿说嘛，用不着动手哇！
路人乙：年轻人，你也骑得太快了，太危险了，这样是不对的。
史泰龙：（一脸无辜和委屈）对不起！我不是故意的，猫窜出来……，我来不及……，我向您道歉。
路人甲：（对书报摊师傅）要紧不要紧呢？您没事儿吧？
师　傅：还好。谢谢。（对史泰龙）你会不会骑车！撞坏了我的摊子，我要你赔！
史泰龙：我没有钱，我该怎么办，求求您原谅我。
路人乙：算了，算了吧！他不是故意的，车也坏了，人也伤了。别跟他计较吧。
路人甲：师傅，喏，那不是你家的猫吗？

> **状況** 史泰龙は中間テストの成績が悪く、李先生に居残り特訓を命ぜられた。しかし彼の成績不振には何かわけがあるようだ。居残り特訓を終え、アルバイトに遅刻してはならじと、必死に自転車を漕ぎます。

Xià kè hòu, Shǐtàilóng bèi Lǐ lǎoshī fáliúxialai fùxí gōngkè. Chāoxiě le shēngcí, bèisòng le kèwén, yī ge xiǎoshí hòu tā cōngcongmángmáng de pǎochū jiàoshì, kuàshang zìxíngchē fēibēnchū xiàomén.

Yuánlái Shǐtàilóng měitiān dōu yào qù yī jiā Yìdàlì cāntīng dǎ gōng. Wèi le shěng qián, tā zǒngshì qí zìxíngchē qù. Tā yīxīn zhǐ xiǎng zhe: 'Bù néng chídào! Bù néng chídào! Jīntiān zài chídào kěndìng bèi chǎo yóuyú!' Yuè xiǎng yuè jǐnzhāng, yuè qí sùdù yuè kuài. Jiù zài zhèi shíhou, qiánmiàn lùkǒu tūrán cuànchulai yī zhī xiǎomāo, bǎ tā xià le yī dà tiào. Tā gǎnjǐn shā chē, dànshi xiǎomāo jiù zài yǎnqián le, Shǐtàilóng de chē shā yě shābuzhù, yǎnkàn jiù yào yàdao xiǎomāo shēn shang de shíhou, tā měng wǎng yòubiān yī niǔ, chē háishi tíng bu zhù, zhuàngshang le lùbiān de shūbào tān.

Shǐtàilóng lián rén dài chē hōnglōng yī shēng bǎ yī tānzi de shū quán zhuàngfān le. Yī qiè fāshēng de tài kuài, shūbào tān shīfu láibují duǒbì, yě bèi jiàzi yāzhù le tuǐ. Děng zhōuwéi dōu jìng le xiàlai, lùbiān de xíngrén kànjian shū duī zhōng de pò zìxíngchē hé shuāi de bíqīng-liǎnzhǒng de Shǐtàilóng, cái fāxiàn yuánlái shi chū le shìr le, dàjiā hélì bǎ jiàzi bānkāi, bǎ shīfu hé Shǐtàilóng dōu fú le qilai.

Shīfu　　　：Nǐ zhǎo sǐ a! Nǎr yǒu rén zhèiyang qí chē de, nǐ qí shénme chē yā! (Huà yī shuōwán, zuǒshǒu jiù líkè zhuāqǐ Shǐtàilóng de yīfu, jǔqǐ yòushǒu jiù yào huīxià quántou. Lùrén gǎnjǐn bǎ liǎng ge rén lākāi.)
Lùrén Jiǎ　：Shīfu, yǒu huà hǎohāor shuō ma, yòngbuzháo dòng shǒu wa!
Lùrén Yǐ　　：Niánqīngrén, nǐ yě qí de tài kuài le, tài wēixiǎn le! Zhèyang shì bù duì de.
Shǐtàilóng　：(Yī liǎn wúgū hé wěiqu) Duìbuqǐ! Wǒ bù shì gùyì de, māo cuànchulai……, wǒ láibují　, wǒ xiàng nín dàoqiàn.
Lùrén Jiǎ　：(Duì shūbào tān shīfu) Yàojǐn bu yaojin ne? Nín méi shìr ba?
Shīfu　　　：Hái hǎo. Xièxie. (Duì Shǐtàilóng) Nǐ huì bu hui qí chē! Zhuànghuài le wǒ de tānzi, wǒ yào nǐ péi!
Shǐtàilóng　：Wǒ méiyǒu qián, wǒ gāi zěnme bàn, qiúqiu nín yuánliàng wǒ.
Lùrén Yǐ　　：Suàn le, suàn le ba! Tā bù shì gùyì de, chē yě huài le, rén yě shāng le. Bié gēn tā jìjiào ba.
Lùrén Jiǎ　：Shīfu, nuo, nà bù shì nǐ jiā de māo ma?

語句

被李老师罚留下来	bèi Lǐ lǎoshī fáliúxialai	李先生に罰として残された
抄写	chāoxiě	書き写す
背诵	bèisòng	暗誦する
匆匆忙忙地	cōngcōngmángmáng de	慌ただしく
跨上自行车	kuàshang zìxíngchē	自転車にまたが〔って乗〕る
飞奔	fēibēn	飛ぶように駆ける
意大利餐厅	Yìdàlì cāntīng	イタリアンレストラン
打工	dǎ//gōng	アルバイトをする
省钱	shěng//qián	金を節約する
总是	zǒngshi	どうころんでも、いつの場合も
骑自行车	qí zìxíngchē	自転車に乗る
一心	yīxīn	一心不乱に
迟到	chídào	遅刻する
被炒鱿鱼	bèi chǎo yóuyú	イカを炒められる。「お払い箱になる」の比喩表現。
紧张	jǐnzhāng	緊張する
突然	tūrán	突然である
窜	cuàn	ちょろちょろ走り回る
吓了一大跳	xià le yī dà tiào	跳び上がらんばかりにびっくりする
赶紧	gǎnjǐn	急いで、すぐに
刹车	shā//chē	ブレーキをかけて車を止める
眼看就要……	yǎnkàn jiù yào……	見る間に……しそうになる
轧	yà	上からのしかかる
猛	měng	突如、いきなり
扭	niǔ	ねじる
撞上	zhuàngshang	激しくぶつかる
路边	lùbiān	道端
书报摊	shūbàotān	書籍と新聞を売る売店
轰隆一声	hōnglōng yī shēng	バターンと大きな音を立て
连人带车	lián rén dài chē	人も自転車も一緒に
摊子	tānzi	露店
一切	yīqiè	いっさい、すべて
来不及……	láibují……	……するのに間に合わない
躲避	duǒbì	避ける
架子	jiàzi	棚、フレーム
压	yā	上から押さえる

周围	zhōuwéi	周り
静了下来	jìng le xialai	静かになった。"静下来了"とすると，周りが静かになったことを，自ら確認しつつ誰かに報告しているようなニュアンスが生まれる。(→コラム〈二つの「了」〉)
行人	xíngrén	通行人
破	pò	古くて壊れかけている
摔得鼻青脸肿	shuāi de bíqīng-liǎnzhǒng	地面にたたきつけられ，したたか顔を打ちつける。「鼻は青く顔は腫れ」は，顔面にひどい打撲傷を受けたことの比喩。
扶了起来	fú le qilai	手を貸して助け起こした
你找死啊！	Nǐ zhǎo sǐ a!	お前，死にたいのか！
抓起	zhuāqǐ	強くつかむ
举起	jǔqǐ	上に上げる
挥下	huīxià	(手や旗などを) 振り下ろす
拳头	quántou	こぶし，拳骨
拉开	lākāi	引き開ける，引き離す
用不着……	yòngbuzháo ……	……するまでもない
动手	dòng//shǒu	(喧嘩で) 手を出す
道歉	dào//qiàn	お詫びをいう
要紧	yàojǐn	重大である
还好	hái hǎo	まあ大丈夫です。"还"は軽く発音される。
撞坏	zhuànghuài	衝突して壊れる
赔	péi	弁償する
原谅	yuánliàng	許す
算了	suàn le	やめにする。(→ 23.5)
故意	gùyì	わざと
伤	shāng	負傷する，傷
计较	jìjiào	こまごま気にかける，問題にする
喏	nuò	ほら，あれ

24.1 「突然猫が跳び出してきた」(→ 13.1)

　"前面路口突然窜出来一只小猫。"は「前方の横丁の入り口から突然猫が一匹跳び出してきた」という意味であるが，このような事物の出現を言う文を「出現文」

と呼び，主に小説などの情景描写に用いられる。出現文の述語には"窜出来"のような複合動詞が最もよく活躍する。"窜出来"は"窜"（ちょろちょろ走り回る）に"出"（出る）と"来"（来る）が加わってできたものであるが，"出"の位置に現れる動詞には他に"进，上，下，回，过，起"がある。（→コラム〈数量詞の個体化機能〉p.100）

  李老师的身后跟进来一个黄头发，蓝眼睛的女同学。
  稀里哗啦，屋里传过来一阵洗麻将牌的声音。
  一辆黑色的小轿车悄无声息地停在人行道旁边，从车上走下来一个满头白发的老人。

24.2 「彼を跳び上がらんばかりに驚かせた」

"把他吓了一大跳"で"一大跳"（一大ジャンプ）は驚いた結果の誇張表現である。自転車をこいでいる最中なので，実際に空中へ跳び上がることはありえない。以下の例では動詞に続く数量表現が実際の結果を言うものとして用いられている。

  尚美把卫生间的门开了一道缝儿。
  ……トイレのドアを少し開けた。"一道缝儿"は「一筋の隙間」。
  史泰龙狠狠地摔倒在地，把眼睛上方摔开了一道大口子。
  ……目の上を打ちつけて大きく切った。"一道大口子"は「一本の大きな
   裂け目」。

上例の"摔倒在地"は慣用表現で「激しく地面に倒れる」ことを言う。"摔开了一道大口子"は"摔"と"开了一道大口子"が，因果関係で結合している。

稀里哗啦 xīlihuālā ガチャガチャ
麻将牌 májiàngpái マージャン牌
悄无声息地 qiǎo wú shēngxī de
  音もなく
一道缝儿 yī dào fèngr 一筋の隙間

摔倒在地 shuāidǎo zài dì
  激しく地面に倒れる
一道大口子 yī dào dà kǒuzi
  一本の大きな裂け目

24.3 「止めようとしたが止まらない」

"刹也刹不住"は「ブレーキをかけても自転車が止められなかった」ことを言う。もし止められていたら，"史泰龙把自行车刹住了"と言うことになる。"刹也刹不住"のパターンは「……しても所期の結果が得られない」という意味を表し，使用頻度が高い。

> 李老师的爱人叫什么名字来着？我怎么想也想不起来。
> 史泰龙脑子里总回想白天的事情，想睡也睡不着。
> 关于我的流言蜚语已经太多了，数也数不清，说也说不完。
> 药瓶上的说明是用俄文写的，我看也看不懂。

24.4 「右にさっとハンドルを切った」

"往右边一扭"のような動詞の前におかれた"一"は，行為動作のスピーディさと瞬間的な完了を表す。（→ 20.10）

> 我往外一看，雨已经停了。
> 史泰龙一听，脑袋嗡的一声，像挨了一棍子。
> 夏爱华抬头，看见了天上飞着一只老鹰！

24.5 「屋台の本を全部ひっくり返した」（→ 21.1）

"把一摊子的书全撞翻了"で"一摊子的书"は"摊子"が臨時に量詞となって数詞"一"と結合し，「屋台にところ狭しと並んでいる本」という描写的な表現であるため"的"を伴って"一摊子的书"となっている。容器を用いた単なる計量表現は"的"を伴わない。

……来着	láizhe	……であった	脑袋	nǎodai	頭
流言蜚语	liúyán fēiyǔ	流言飛語	抬头	tái//tóu	頭をあげる
俄文	Éwén	ロシア語	老鹰	lǎoyīng	タカ

一杯茶　　两碗饭　　三盘菜　　四桌菜

描写であるか計量であるかの混同が生じない場合，"的"は用いなくてもよい。

　　史泰龙一脸（的）无辜和委屈。
　　为了安慰和鼓励史泰龙，真琴和尚美在宿舍给他做了一桌子（的）菜。
　　张强一句话，把一屋子（的）人都逗乐了。

"一脸（的）无辜和委屈"は「わざとじゃないよ，それはないよという表情を満面に浮かべている」という意味になる。

24.6　「屋台の骨組みに足を押さえつけられた」

"书报摊师傅被架子压住了腿"は「屋台の主人は屋台の骨組みに足を押さえつけられた」という意味で，全体（"书报摊师傅"）と部分（"腿"）がそれぞれ主語と目的語の位置に置かれている。

　　有时候，人会被一个很偶然的因素就决定了一生的。
　　他好像被人窥探了心里的秘密似的，脸上热辣辣的。

24.7　「どこにそんな乗り方をするやつがいる！」

"哪儿有人这样骑车的！"の直訳は「どこに人でそのように自転車に乗るのがいるか」である。この文を"哪儿有这样骑车的人！"（どこにそのように自転車に乗るやつがいるか）としても誤りではないが，原文に比べ緊張度に欠ける。"哪儿有……！"は常用の反語表現である。

　　我哪儿有女朋友哇！
　　我不信，世界上哪儿有鬼呢！

逗乐　dòu//lè　笑わせる　　　　　　　热辣辣的　rèlālāde　熱くほてる
窥探　kuītàn　伺い探る

你想想，天下哪儿有男人向女人讨钱的！
林肯期中考试考坏了，现在哪儿还有心情谈什么足球比赛呀！

24.8 「いったい何という乗り方をするのだ！」

"你骑什么车呀！"は"什么"を用いた反語文で，無茶な乗り方に対し「（どのような自転車に乗るのか→）そんな乗り方はとても自転車に乗っているとは言えない」という抗議である。"什么"はさまざまな反語文を形成する。

你知道什么？！你懂什么？！
你说，一个人连死都不怕的时候，还有什么可怕的呢？
你哭什么！哭有什么用！
这本儿书好什么！一点儿意思都没有。

> 注意
> 日本語に比べ，中国語は反語文の使用頻度が非常に高いことに注意しておきたい。

24.9 「言いたいことがあれば喧嘩腰にならず言えばいいじゃないか！」

"有话好好儿说嘛！"の"有话好好儿说"は口論を諌めるときの常套句で，「話があれば，かっかせずちゃんと話しなさい」という意味である。文末の"……嘛！"は「言うまでもないことだ」「……であるのは明らかなのにどうして……しようとしないのか」という意味をもち，文全体に下降調のイントネーションをもたせる。

你们刚来北京，生活不习惯，这是很自然的嘛！
你是顾问，可以"顾"也可以"问"嘛！
我的书并不是结论，真理不是一个人说了算嘛！
说说嘛！我早就想了解一下中国人是怎么谈恋爱的了。

讨　tǎo　要求する

練習問題

1. 以下の文を朗読し，日本語に訳しなさい。
   (1) 嘿！我听见后边有人叫我，把我吓了一大跳。
   (2) 史泰龙不说话，一抬手，把床头灯关了。
   (3) 那天晚上林肯把史泰龙来华留学的目的讲给张强听，张强一听，差点儿把嘴里的饭喷出来了。
   (4) 李老师的办公室坐了一屋子学生，都是刚到学校不久的外国留学生。
   (5) 这世界上哪儿有什么鬼，有鬼也是人装的。
   (6) 事情既然已经这样了，后悔有什么用呢？

2. 括弧内の語句を用いて文を完成しなさい。

   （完，住，起来，出，了）

   (1) 史泰龙怎么想也想不（　　）一句合适的话来解释自己的行为。
   (2) 史泰龙的两条腿完全没了知觉，怎么站也站不（　　）。
   (3) 妈妈的眼泪擦也擦不（　　），擦了又流出来了，擦了又流出来了。
   (4) 大学生活中的有些事情，刻骨铭心，想忘也忘不（　　）。
   (5) 哪儿来这么多的人名和地名？叫人记也记不（　　）！

3．以下の文を朗読し、日本語に訳しなさい。
　(1) 那天晚上，我们四个人吃了一桌子的菜，喝了两瓶二锅头、八瓶啤酒，摔了三个茶碗、一个酒瓶，一直聊到天亮！
　(2) 我女儿把电影明星的照片儿贴了一墙，我儿子把足球明星的照片儿贴了一屋子。
　(3) 人总是要死的，但死的意义有不同。中国古时候有个文学家叫做司马迁的说过："人固有一死，或重于泰山，或轻于鸿毛。"（毛泽东《为人民服务》）
　(4) 食在广州嘛！我们广州人，天上飞的，除了飞机什么都吃；地下跑的，除了坦克什么都吃！
　(5) 人的认识总是有差距的，十个指头还不一般长嘛！

4．応用練習
　(1) 请分组讨论史泰龙摔车后的故事如何发展。
　(2) 角色扮演，除了按照课文扮演史泰龙，书报摊师傅，和路人之外，再加上后来的发展。

青島の露天商

コラム13 「字」考

「文字」という語は「文」と「字」が並列されてできている。「名字」も「名」と「字」が並列されてできている。「文字」と「名字」，どちらも「字」が後に置かれていることにはわけがある。「字」は「文」から生まれ出たものであり，また「名」から生まれ出たものなのである。

たとえば「炎」という字は「火」を二つ重ねてできており，「火」と「火」に分解できる。同様に，「災」は「水」と「火」からできている。しかし「火」や「水」をより細かいパーツに分解することはできない。中国の文字学では，「火」や「水」のような，単純で分解の余地のないものを「文」と呼び，「炎」や「災」のように「文」が複合してできているものを「字」と呼ぶ。上で「字」は「文」から生まれ出たものであると言ったのはこういう意味である。ちなみに，「字」という字は「宀」（家屋）と「子」から成るが，古代中国語を読むための字書で「字」を引くと，「子を産む」が最初の意味として挙がっている。

今はなくなった文化であるが，少し前まで一定の身分にあった中国人は，男性ばかりでなく女性も「名」の他に「字（あざな）」をもっており，家族以外との交際ではそれを呼称としていた。日本人になじみの深い三国志の英雄たちで言えば，諸葛亮の「孔明」や周瑜の「公瑾」が字である。文字において，字が文から派生したように，名字においても，字は名に基づいて考案される。「亮」と「明」，「瑜」と「瑾」がそれぞれ類似した意味をもっていることは一目瞭然だろう。

では，「孔」と「公」はなにか。この二文字は「明」と「瑾」を二音節化し，呼称として使えるようにするためのものである。趙子龍（趙雲の字）や魯子敬（魯粛の字）の「子」も同様である。周瑜の字が「公瑾」で，諸葛亮の兄・諸葛瑾の字が「子瑜」であることに思い至れば，ちょっと笑える話となる。「孔」には「とても」という意味があり，「孔明」で「とても明るい」という意味になるとはいえ，極論すれば，「孔明」でも「公明」でも「子明」でも大した違いはない。但し漢代以前は，項籍の「羽」や屈平の「原」のような一文字＝単音節の字も一部にあった。

魏の曹操と呉の孫権の字はそれぞれ「孟徳」と「仲謀」である。「操」から「徳」が出て，「権」から「謀」が出ている。「孟」と「仲」は兄弟の序列を言ったもので，「孟」は長子を，「仲」は次子を指す。三子には「叔」を，四子には「季」を用いる。曹操の兄弟関係は今一つはっきりしないが，孫権は兄・策の後を継いで呉侯となった。長子であった孫策の字は「伯符」と言い，「伯」も長子の意味である。実力が接近した状態を「実力伯仲」と言うのは，長子と次子 が一番目と二番目で接近していることに由来する。上で「字」は「名」に因ったものであると言ったが，「孔・公・子」のような添

え字や,「孟・伯・仲」のような兄弟の序列を反映した成分は「名」とは無関係である。
　最後に蒋中正と毛沢東の字を紹介しておこう。蒋中正は字を「介石」と言い,毛沢東は字を「潤之」と言う。蒋介石の「介石」は名ではなく字である。どういうわけか,字があたかも名であるかのように流布している。項籍と呼ばず「項羽」と呼び,屈平と呼ばず「屈原」と呼ぶのとは少し事情が異なると思うのだが,どうであろうか。「中正」と「介石」の関係や「沢東」と「潤之」の関係を理解するには『易経』という本を開かなければならない。「中正」と「介石」は『易経』豫卦の解説を,「潤之」は『易経』繫辞伝を出典とする。

三国志の英雄

25 インターネットに繋がった

我连上互连网了
Wǒ liánshang hùliánwǎng le.

张强陪今井买了电脑也帮她连上了互联网。这一天，今井给小王发伊妹儿，聊聊最近的生活。

发件人：jinjing@ooo.xxx.cn
收件人：wang@eee.co.jp
主题：我连上互连网了
附件：xinshang-jingju.jpg

亲爱的小王：

　　谢谢你的回信，收到你的信不知不觉就已经过了两个月了。没有早点儿给你回信，不好意思。

　　上个月羽毛球队的朋友陪我去买了新电脑。这台电脑的操作系统是中文版的，对外国人来说真是不容易。再加上我本来就不怎么懂电脑，如果没有中国朋友的帮助，我肯定不可能顺利连上网络的。现在我终于能了解去年我们用电脑的时候，你一看到日文版操作系统那一串一串的片假名就头疼的那种心情了。

　　不过，话说回来，我还发现中文版的翻译实在是妙极了，例如："マウス"叫做"鼠标"，"お気に入り"叫做"收藏夹"。我用拼音输入法打字，连打中文都好像是在考试一样，这也算是一边用电脑一边学中文吧。总之，从现在开始我总算可以在自己的房间里自由自在地上网了。

　　我有两件让我很高兴的事情要告诉你。平时我差不多每天上四个小时课，每星期练两次球，每次打两个小时左右的羽毛球，经过了这些日子，我瘦下来了！这是我最高兴的一件事了。另外一件是老师夸奖我期中考试有进步。最近功课越来越忙，使我很紧张，因为我怕考不好被老师处罚，所以常常去图书馆，一呆就是三，四个小时。辛苦果然没有白费，我还要继续用功下去。

　　至于周末假日，我有时候在家里洗洗衣服，收拾收拾房间或是听听音乐，看看书，有时候出门和朋友们看京剧，逛逛公园或是去吃吃饭，聊聊天儿。总是才一会儿功夫一天就过去了。

　　最后，附上一张上个月去欣赏京剧的相片，他们都是我学校里最好的朋友。

祝你一切顺利！

真琴　上

状況 第17課の後日談である。パソコンを買った真琴は张强君に手伝ってもらい、インターネットにアクセスすることができるようになった。今日はその報告を兼ね友人の王さんに近況報告のメールを打ちます。

Zhāng Qiáng péi Jīnjǐng mǎi le diànnǎo yě bāng tā liánshang le hùliánwǎng. zhèi yī tiān, Jīnjǐng gěi Xiǎo Wáng fā yīmèir, liáoliao zuìjìn de shēnghuó.

fājiànrén：jinjing@ooo.xxx.cn
shōujiànrén：wang@eee.co.jp
zhǔtí：Wǒ liánshang hùliánwǎng le
fùjiàn：xinshang-jingju.jpg

Qīn'ài de Xiǎo Wáng：

　　Xièxie nǐ de huíxìn, shōudào nǐ de xìn bùzhī-bùjué jiù yǐjīng guò le liǎng ge yuè le. Méiyou zǎodiǎnr gěi nǐ huí xìn, bù hǎoyìsi.

　　Shàng ge yuè yǔmáoqiúduì de péngyou péi wǒ qù mǎi le xīn diànnǎo. Zhèi tái diànnǎo de cāozuò xìtǒng shì Zhōngwénbǎn de, duì wàiguórén lái shuō zhēn shì bù róngyi. Zài jiāshang wǒ běnlái jiù bù zěnme dǒng diànnǎo, rúguǒ méiyou Zhōngguó péngyou de bāngzhù, wǒ kěndìng bù kěnéng shùnlì liánshang wǎngluò de. Xiànzài wǒ zhōngyú néng liǎojiě qùnián wǒmen yòng diànnǎo de shíhou, nǐ yī kàndao Rìwénbǎn cāozuò xìtǒng nèi yī chuàn yī chuàn de piànjiǎmíng jiù tóu téng de nèi zhǒng xīnqíng le.

　　Búguò, huà shuōhuílai, wǒ hái fāxiàn Zhōngwénbǎn de fānyì shízài shi miào jíle, lìrú：'mouse' jiàozuò 'shǔbiāo', 'o ki ni yi ri' jiàozuò 'shōucángjiā'. Wǒ yòng pīnyīn shūrùfǎ dǎ zì, lián dǎ Zhōngwén dōu hǎoxiàng shi zài kǎoshì yīyàng, zhè yě suàn shì yībiān yòng diànnǎo yībiān xué Zhōngwén ba. Zǒngzhī, cóng xiànzài kāishǐ wǒ zǒngsuàn kěyǐ zài zìjǐ de fángjiān li zìyóu-zìzài de shàng wǎng le.

　　Wǒ yǒu liǎng jiàn ràng wǒ hěn gāoxìng de shìqing yào gàosu nǐ. Píngshí wǒ chàbuduō měitiān shàng sì ge xiǎoshí kè, měi xīngqī liàn liǎng cì qiú, měi cì dǎ liǎng ge xiǎoshí zuǒyòu de yǔmáoqiú, jīngguò le zhèi xiē rìzi, wǒ shòuxialai le! Zhè shi wǒ zuì gāoxìng de yī jiàn shì le. Lìngwài yī jiàn shì Lǎoshī kuājiǎng wǒ qīzhōng kǎoshì yǒu jìnbù. Zuìjìn gōngkè yuè lái yuè máng, shǐ wǒ hěn jǐnzhāng, Yīnwèi wǒ pà kǎobuhǎo bèi lǎoshī chǔfá, suǒyi chángcháng qù túshūguǎn, yī dāi jiù shi sān sì ge xiǎoshí. Xīnkǔ guǒrán méiyou bái fèi, wǒ hái yào jìxù yònggōngxiaqu.

　　Zhìyú zhōumò jiàrì, wǒ yǒu shíhou zài jiā li xǐxi yīfu, shōushi shōushi fángjiān huòshi tīngting yīnyuè, kànkan shū, yǒu shíhou chū mén hé péngyoumen kàn Jīngjù, guàngguang gōngyuán huòshi qù chīchi fàn, liáoliao tiānr. Zǒngshì cái yīhuìr gōngfu yī tiān jiù guòqu le.

　　Zuìhòu, fùshang yī zhāng shàng ge yuè qù xīnshǎng jīngjù de xiàngpiàn, tāmen dōu shi wǒ xuéxiào li zuì hǎo de péngyou.

　　Zhù nǐ yīqiè shùnlì!

　　　　　　　　　　　　　　　　　　　　　　　　　Zhēnqín shàng

語句

连上互联网	lián shang hùliánwǎng	インターネットに繋がった。"上"は本来分離している2つのものに，接触・付着・接続という状態が生じることを表す。
连	lián	つなげる
互联网	hùliánwǎng	インターネット
不知不觉	bùzhī–bùjué	知らず知らず
陪	péi	つきそう
操作系统	cāozuò xìtǒng	OS（Operation System）の中国語訳
中文版	Zhōngwénbǎn	中国語版
再加上	zài jiāshang	それにプラスして
本来就……	běnlái jiù ……	本来からして……，もとからして……
不怎么……	bù zěnme	もうひとつ……ではない，特に……というほどではない
终于	zhōngyú	ついに，結局
串	chuàn	量詞
片假名	piànjiǎmíng	カタカナ
头疼	tóu téng	頭痛がする
心情	xīnqíng	気持ち
不过，话说回来	bùguò, huà shuōhuilai	でも，その一方で
翻译	fānyì	翻訳する，通訳する
妙	miào	味わいがある
鼠标	shǔbiāo	パソコンのマウス
收藏夹	shōucángjiā	パソコンの「お気に入り」フォルダー。同音"收藏家"（コレクター）にかけたもの。
输入法	shūrùfǎ	入力法
打字	dǎ//zì	タイプする
打中文	dǎ Zhōngwén	中国語をタイプする
总之	zǒngzhī	いずれにせよ，要するに
自由自在	zìyóu–zìzài	自由自在である
经过	jīngguò	経過する，経る
日子	rìzi	日々，暮らし。"经过了这些日子"は「このような毎日が過ぎて」。……
处罚	chǔfá	処罰する
辛苦	xīnkǔ	苦労する，ご苦労である
果然	guǒrán	果たして

白费	bái fèi	むだに費やす
用功	yònggōng	（学業において）努力する，努力している
至于……	zhìyú	……について言えば
周末	zhōumò	週末
假日	jiàrì	休日
收拾	shōushi	片づける
或是	huòshi	あるいは
出门	chū//mén	外出する
逛	guàng	見物する、ぶらぶらする
公园	gōngyuán	公園
欣赏	xīnshǎng	鑑賞する
相片	xiàngpiàn	被写体が人の写真。口語では"相片儿 xiàngpiānr"。
顺利	shùnlì	順調である

25.1 「長く複雑な連体修飾語」

下の文の構造を単純化すれば"现在我终于能了解……那种心情了"（今になって私はついに……あの気持ちを理解することができるようになった）となる。

<u>现在我终于能了解</u>［去年我们用电脑的时候，你一看到日文版操作系统那一串一串的假名就头疼的］<u>那种心情了</u>。

本来単純な SVO 構文であるが，目的語が極めて長い修飾語を帯びた結果，このような文ができあがった。全体を日本語に訳すには，点線部に「去年私たちがパソコンを操作したとき，あなたが日本語版 OS のそこかしこに出てくる数珠のように連なったカタカナを見るや頭痛を起こした」を代入すればいい。

"一串一串的片假名"の"串"は数珠つなぎになったものを数える量詞で，"一串一串的"は数珠つなぎになったものがそこかしこに出てくる状況を描写したものである。「コントロールパネル」とか「フィルダオプション」のようなものが"一串片假名"の具体例である。"一串一串的片假名"のように数量詞を重ねて名詞の修飾語にすると，ずらっと並んだ，あるいはそこかしこに点在するイメージが

生じる。(→ 21.2)

> 斑马身上有一条一条的黑色条纹。
> 一辆一辆的汽车停在学校的大门口。

25.2 「中国語をタイプすることからしてもうまるで試験を受けているような感じです」(→ 11.4)

"连打中文都好像是在考试一样"の"好像是……一样"は「まるで……のようである」という意味で，状況の比況的描写に用いる。"是"は使われないことも多い。

> 他们大声吵嚷着，好像打架一样。
> 他没有说话，一动不动地坐在沙发上，好像死了一样。
> 我觉得她好像是一年前的我一样需要有人关心。
> 她觉得自己脸红了，好像做了什么见不得人的事一样。

"一样"は"似的 shìde"に置き換えることができる。

> 他好像是从恶梦里逃出来似的，一脸的无奈和恐慌……

25.3 「授業がますます忙しくなり，そのせいでとても緊張しています」(→ 14.7, 18.3)

"最近功课越来越忙，使我很紧张。"の"使"は「……が……に……の状況・状態を生じさせる」という意味の「兼語文」を作る。使役の誘因として事物・事態

斑马　bānmǎ　シマウマ
吵嚷　chǎorǎng　騒ぎたてる
打架　dǎjià　殴り合いの喧嘩をする
见不得人　jiànbude rén
　　　　　人に合わせる顔がない

恶梦　èmèng　悪夢
无奈　wúnài　お手上げである
恐慌　kǒnghuāng
　　　　パニック状態である

を立てることが多い点，また述語に心理活動表現が多いことに注意しておきたい。

　　互联网消除了距离的障碍，使世界变小了。
　　他的话使我感到很亲切。
　　他的态度，使我心中升起了一股无名火。
　　昨天下午的座谈会，使李玲对史泰龙的印象有了某些改变。

25.4 「腰を下ろしたと思ったら一気に三，四時間いきます」

"一呆就是三，四个小时"，この構文は「一旦……するとそのまま……の量に達する」という意味を表し，「量」の部分は時間であることが多い。

　　我们的老师很喜欢跟学生聊天儿，每每一聊就是几个钟头。
　　他每天下班儿回家，吃了晚饭就看书，而且一看就是三个小时。
　　夏爱华最喜欢喝可乐，一喝就是两大瓶。

25.5 「苦労はやはり無駄ではなかった」

"辛苦果然没有白费"の直訳は「苦労は果して甲斐なく費やされることはなかった」となる。文中"白"は副詞で，行う行為に「甲斐がない，見返りがない」ことを言う。

　　所有的努力都白费了
　　钱白花了。
　　你做得很对，看来我的话没有白说。
　　看来，二十多年的时间并没有白过，二十多年的学费并没有白交。

障碍　zhàng'ài　妨害する　　　　　无名火　wúmínghuǒ
　　　　　　　　　　　　　　　　　　　　　名状しがたい怒り

25.6 「洗濯をしてみたり，部屋の掃除をしてみたり……」

動詞の重畳形式は「ちょっと……してみる」というのが基本的な意味であるが，重畳形式を用いて日常的な行為を列挙すると，「ちょっと……してみたり，……してみたり」という気楽な生活風景を表現することができる。（→6.1）

　　至于周末假日，我有时候在家里洗洗衣服，收拾收拾房间或是听听音乐，看看书，有时候出门和朋友们看京剧，逛逛公园或是去吃吃饭，聊聊天儿。
　　他退休以后，平常看看书，下下棋，和朋友聊聊天儿，倒也不寂寞。

25.7 「たちまちのうちに一日が終わってしまいます」
（→17.4）

"才一会儿功夫一天就过去了"のように"才"が後続の数量を修飾すると，「わずか……だけ」と数量の少なさを強調する表現になり，少なさの強調が"就"の使用につながっている。

　　我儿子才十三岁，个子却比我还高呢！
　　真没想到，她才来一年多，英语（就）说得这样好。
　　真琴没有酒量，才喝两杯啤酒，脸就红了。
　　他结婚才五年就已经是三个孩子的爸爸了。

下棋　xià//qí　将棋を指す　　　　　　寂寞　jìmò　さびしい
倒　dào　逆に，むしろ

練習問題

1．以下の文を朗読し，日本語に訳しなさい。
   (1) 书架上摆着一本一本的新书，非常整齐。
   (2) 天上飘着一块一块的浮云。
   (3) 他根本听不进别人的意见，再说什么也是白费。
   (4) 尚美，才半年多的时间，你的汉语就说得这么流利了，进步真快！
   ——哪里，还差得远呢。"
   (5) 那场电影儿，他才看了一半儿，就让人叫走了。
   (6) 我才来一个多月，就生了三次病，水土不服哇。

2．以下の文を朗読し，日本語に訳しなさい。
   (1) 他好像做了什么不可告诉人的事一样，连忙逃走了。
   (2) 这副手套好像是老徐的。
   (3) 上星期六晚上，在无轨电车上，好像是你喊我，我没理你，是吗？
   (4) 一对小熊猫，生长在深山密林中。是什么地方呢？好像是云南。不对，是四川，也可能是广西？这，没关系，明天上图书馆查查去。反正是原始森林里。
   (5) 这时，正好从楼上掉下来一件什么东西，好像是楼上晒的衣服，被风刮下来了。
   (6) 夜宵店里坐着的，是一对对从冰场出来的男女。他们在喝汽水，喝啤酒。一对一对，低声细语，好像在这馄饨铺里也可以谈恋爱似的。

3．以下の文を完成しなさい。
　　⑴　朴尚美和今井经常去唱卡拉 OK，一……就是……。
　　⑵　李老师几乎每天晚上都要批改学生的作文，每每一……就是……。
　　⑶　史泰龙很喜欢上网跟网友聊天儿，每每一……就是……。
　　⑷　张强几乎每天晚上都去图书馆看书查资料，而且一……就是……。
　　⑸　林肯最喜欢吃意大利面，一……就是……。

4．以下の文を朗読し，日本語に翻訳しなさい。
　　⑴　今天是星期三，是把孩子从托儿所接回来洗澡的日子。
　　⑵　我现在在一个说了你也不知道的地方。
　　⑶　我想没有比那个说金发的女人都是愚蠢的的男人更愚蠢的人。
　　⑷　我十六岁的时候，随父母搬迁到陕西省某县。环境的巨变，使我从一个爱说爱笑的女孩儿变成了一个性格孤癖的人。
　　⑸　你太任性了！你的任性常使自己不知不觉中伤害了别人。

5．応用練習
　　请你 e‐mail 给老师或同学，描述一下周末假日都做些什么。并说说一、两件让你觉得很妙的事，或者是很高兴或很沮丧的事情。

公園で運動する人々

鳥のお散歩

26 みなさんの夢がかないますように

祝大家梦想成真！
Zhù dàjiā mèngxiǎng chéngzhēn!

今天上课，李老师让大家谈谈"我的梦想"。

李　玲：同学们到中国已经快一年了，今天要谈的主题是"我的梦想"。大家来谈谈你为什么要学汉语。首先请同学们说明一下学汉语的理由，然后介绍一下将来的梦想是什么，并且告诉我们为什么有这个梦想？林肯，你先来吧！

林　肯：我父亲是外交官，去过很多国家，我是在不同的国家长大的。最近父亲年纪大了，回到加拿大准备退休。大概是受了父亲的影响，我希望将来能在中国工作。现在中国的经济正在高速发展，有很多很好的机会，但是我也看到偏远地区还是有许多生活贫困的农民需要帮助。所以我希望我能趁这两年把中文学好，将来能好好儿地为他们服务。

李　玲：林肯说得很好。你很认真，我相信，不久的将来你一定能实现你的梦想的。接下来，请尚美发表一下。

尚　美：在韩国因为学汉语的人已经非常多了，很多企业把会不会说汉语当作进入企业工作的第一个条件。现在我还是一个大学生，我要先把汉语的基础打好，回到韩国以后再学习国际贸易。希望将来有机会能再回到中国来。

李　玲：听起来竞争非常激烈，加油！希望你成功。那么，下面请史泰龙来谈谈。

史泰龙：我不是为了工作，也不是为了帮助贫困农民，我学中文的理由很简单，我是为了我的女朋友学汉语的。她是意大利的华侨第三代，我们是高中的同班同学。不过她爷爷反对我们结婚，说我想娶他的孙女的话就非学汉语不可，所以我就来了。

李　玲：真的吗？真没想到你有这么浪漫的一面。那么你的梦想是什么呢？

状況 今日の授業のテーマは「わたしの夢」、より正確には「中国語と私の夢」である。真琴，尚美，林肯，史泰龙……，彼らは今なにを考えて中国語を勉強しているのだろうか？そして，皆さんは？祝大家梦想成真！

Jīntiān shàng kè, Lǐ lǎoshī ràng dàjiā tántan 'Wǒ de mèngxiǎng.'

Lǐ Líng	: Tóngxuémen dào Zhōngguó yǐjīng kuài yī nián le, jīntiān yào tán de zhǔtí shì 'Wǒ de mèngxiǎng', dàjiā lái tántan nǐ wèi shénme yào xué Hànyǔ? Shǒuxiān qǐng tóngxuémen shuōmíng yī xià xué Hànyǔ de lǐyóu, ránhòu jièshào yī xià jiānglái de mèngxiǎng shì shénme, bìngqiě gàosu wǒmen wèishénme yǒu zhèi ge mèngxiǎng? Línkěn, nǐ xiān lái ba!
Línkěn	: Wǒ fùqin shì wàijiāoguān, qù guo hěn duō guójiā, wǒ shì zài bùtóng de guójiā zhǎngdà de. Zuìjìn fùqin niánjì dà le, huídào Jiā'nádà zhǔnbèi tuìxiū. Dàgài shì shòu le fùqin de yǐngxiǎng, wǒ xīwàng jiānglái néng zài Zhōngguó gōngzuò. Xiànzài Zhōngguó de jīngjì zhèngzài gāosù fāzhǎn, yǒu hěn duō hěn hǎo de jīhuì, dànshi wǒ yě kàndao piānyuǎn dìqū háishi yǒu xǔduō shēnghuó pínkùn de nóngmín xūyào bāngzhù. Suǒyi wǒ xīwàng wǒ néng chèn zhè liǎng nián bǎ Zhōngwén xuéhǎo, jiānglái néng hǎohāor de wèi tāmen fúwù.
Lǐ Líng	: Línkěn shuō de hěn hǎo. Nǐ hěn rènzhēn, wǒ xiāngxìn, bùjiǔ de jiānglái nǐ yīdìng néng shíxiàn nǐ de mèngxiǎng de. Jiēxialai, qǐng Shàngměi fābiǎo yī xià.
Shàngměi	: Zài Hánguó yīnwèi xué Hànyǔ de rén yǐjīng fēicháng duō le, hěn duō qǐyè bǎ huì bu huì shuō Hànyǔ dàngzuò jìnrù qǐyè gōngzuò de dì-yī ge tiáojiàn. Xiànzài wǒ háishi yī ge dàxuéshēng, wǒ yào xiān bǎ Hànyǔ de jīchǔ dǎhǎo, huídào Hánguó yǐhòu zài xuéxí guójì màoyì. Xīwàng jiānglái yǒu jīhuì néng zài huídao Zhōngguó lai.
Lǐ Líng	: Tīngqilai jìngzhēng fēicháng jīliè, jiāyóu! Xīwàng nǐ chénggōng. Nàme, xiàmiàn qǐng Shǐtàilóng lái tántan.
Shǐtàilóng	: Wǒ bù shì wèile gōngzuò, yě bù shì wèile bāngzhù pínkùn nóngmín, wǒ xué Zhōngwén de lǐyóu hěn jiǎndān, wǒ shì wèile wǒ de nǚpéngyǒu xué Hànyǔ de. Tā shì Yìdàlì de huáqiáo dì-sān dài, wǒmen shì gāozhōng de tóngbān-tóngxué. Bùguò tā yéye fǎnduì wǒmen jiéhūn, shuō wǒ xiǎng qǔ tā de sūnnǚ de huà jiù fēi xué Hànyǔ bù kě, suǒyǐ wǒ jiù lái le.
Lǐ Líng	: Zhēn de ma? Zhēn méi xiǎngdào nǐ yǒu zhème làngmàn de yīmiàn. Nàme nǐ de mèngxiǎng shì shénme ne?

史泰龙：我的梦想是——和我的女朋友结婚，在意大利开餐厅。不过现在我没有钱，所以我天天打工挣钱。

李　玲：祝你幸福！今井，轮到你了。

今　井：我是抱着一个梦想来中国的，我想在中国教日语。但是来到中国以后，我学到了很多汉语的知识，去了很多地方旅游，也去看了京剧呀，参观了一些美术馆什么的。现在我发现，学习比教日语更吸引我，所以我想考研究生，将来搞文学或是戏曲方面的研究。

李　玲：很好！恭喜你找到了新的方向。考研不容易，希望你加倍努力，也祝你成功。接下来，轮到……

語句

梦想	mèngxiǎng	将来の夢，抱負
大家来谈谈	dàjiā lái tántan	"大家来……"は「みんなで……しよう」と呼びかけるときに用いる。(→ 14.7，"让我来……")
首先……，然后……	shǒuxiān ……, ránhòu ……	まず最初に……し，次に……する
说明	shuōmíng	説明する
将来	jiānglái	未来
并且	bìngqiě	その上，なおかつ
父亲	fùqin	父親
外交官	wàijiāoguān	外交官
年纪	niánjì	年齢
退休	tuìxiū	退職する
大概	dàgài	おおよそ，恐らく
受……影响	shòu …… yǐngxiǎng	……の影響を受ける
经济	jīngjì	経済
高速	gāosù	高速度
发展	fāzhǎn	発展する
机会	jīhuì	チャンス
偏远地区	piānyuǎn dìqū	都市部から遠く隔たった山間部など
贫困	pínkùn	貧困である
农民	nóngmín	農民
服务	fúwù	責任を尽くす，サービスする
实现	shíxiàn	実現させる，実現する

Shǐtàilóng : Wǒ de mèngxiǎng shì -- hé wǒ de nǚpéngyou jiéhūn, zài Yìdàlì kāi cāntīng. Bùguò xiànzài wǒ méiyǒu qián, suǒyi wǒ tiāntiān dǎgōng zhèng qián.
Lǐ Líng : Zhù nǐ xìngfú! Jīnjǐng, lúndào nǐ le.
JīnJǐng : Wǒ shì bào zhe yī ge mèngxiǎng lái Zhōngguó de, wǒ xiǎng zài Zhōngguó jiāo Rìyǔ. Dànshi láidào Zhōngguó yǐhòu, wǒ xuédào le hěn duō Hànyǔ de zhīshí. Qù le hěn duō dìfang lǚyóu, yě qù kàn le Jīngjù ya, cānguān le yī xiē měishùguǎn shénme de. Xiànzài wǒ fāxiàn, xuéxí bǐ jiāo Rìyǔ gèng xīyǐn wǒ, suǒyi wǒ xiǎng kǎo yánjiūshēng, jiānglái gǎo wénxué huòshi xìqǔ fāngmian de yánjiū.
Lǐ Líng : Hěn hǎo! Gōngxǐ nǐ zhǎodào le xīn de fāngxiàng. Kǎoyán bù róngyì, xīwàng nǐ jiābèi nǔlì, yě zhù nǐ chénggōng. Jiēxialai, lúndào……

企业	qǐyè	企業
把A当作B	bǎ …… dàngzuò ……	AをBだとする（→ 21.5）
条件	tiáojiàn	条件
把汉语的基础打好	bǎ Hànyǔ de jīchǔ dǎhǎo	中国語の基礎をしっかり固める
国际贸易	guójì màoyì	国際貿易
竞争	jìngzhēng	競争する，競争
激烈	jīliè	激しい
简单	jiǎndān	簡単である
华侨	huáqiáo	華僑
爷爷	yéye	父方の祖父
反对	fǎnduì	反対する
结婚	jié//hūn	結婚する
娶	qǔ	（妻を）めとる
浪漫	làngmàn	ロマンチックである。「roman」の音訳兼意訳語。
开	kāi	開店する
挣钱	zhèng//qián	金を稼ぐ
轮	lún	順番が回ってくる
抱着……梦想	bàozhe …… mèngxiǎng	……の夢を抱いて
知识	zhīshi	知識
参观	cānguān	見学する
美术馆	měishùguǎn	美術館
吸引	xīyǐn	魅了する

考研究生	kǎo yánjiūshēng	大学院を受験する。"考研"は短縮形。
搞	gǎo	する，やる
文学	wénxué	文学
戏曲	xìqǔ	伝統劇の総称
恭喜	gōngxǐ	→ 26.4
加倍	jiā//bèi	倍にする
成功	chénggōng	成功する

26.1　「中国に来てもうそろそろ一年近くになります」

"同学们到中国已经快一年了"は「みなさんが中国に来てもうそろそろ一年近くになります」という意味になる。"同学们到中国"が発生した事件を，"已经快一年了"が事件発生から現在までの経過時間を言っている。(→ 16.7，19.7)

我们结婚已经六年了。
你大学毕业几年了？
我认识他已经两、三年了。
我女儿去中国留学已经四年了。

26.2　「林肯，あなたから始めて！」(→ 14.7)

"林肯，你先来吧！"の"来"は，実際には"谈"あるいは"讲"という行為を指す。話の状況から具体的に動詞を指定する必要のないとき，このように"来"を用いてその代わりをさせることがある。

多吃点儿菜，大家自己来，别客气。
你来点儿什么？——我来杯咖啡吧。
小李可会唱歌儿了！请他来一个，好不好？

26.3 「どうしても中国語を勉強しないとだめだ」

"非学汉语不可"の"非……不可"は「……にあらざれば可ならず」という二重否定表現で（"非得……不可"，"非要……不可"とも言う），必要性を強く主張する用法と必然的趨勢を表す用法をもつ。

要巩固学过的生词和语法，非经常复习不可。〔必要性〕
明天的会，别的老师可以不参加，李玲老师非参加不可。〔必要性〕
你看，今天这么闷，非下雨不可。〔趋势〕
史泰龙，你再不注意身体，非累病了不可。〔趋势〕

"不可"は省略されることもある。これは必要性を言う場合に多い。

不行，我非去！（＝我一定要去！）
"如果我非这么干呢？"他用一种挑战的口气问我。（＝如果我一定要这么干呢？）
哪儿有你非当代表的这条规定！（＝你一定要当代表。）

26.4 「成功を祈ります！」

"祝你成功！"の"祝你……！"は願い事がかないますようにという祈りの表現である。

祝你生日快乐！
祝大家新年快乐，万事如意！
祝你在新的一年里取得更大的进步！
祝你考个好成绩！
祝你们做个好梦！

一方，"恭喜你找到了新的方向！"に見られる"恭喜……！"は勝ち取った成

巩固	gǒnggù	しっかりと固める	口气 kǒuqi	口調
闷	mēn	うっとうしい	取得 qǔdé	取得する
挑战	tiǎozhàn	挑戦する		

果に対する祝福である。成果を省いて単に"恭喜你！"と言うこともできる。"恭喜"の代わりに"祝贺"を使うことも多い。

　　　恭喜你！你怀孕了！
　　　这是爸爸送给你的礼物，祝贺你过生日。
　　　祝贺你考上了大阪大学！
　　　刚看了您演出，真好，祝贺您成功！
　　　你真把酒戒了？那我得代表成千上万的人祝贺你！

豆知識

加减乘除を中国語の口語では次のように言う。
4＋2＝6（四加二得六。Sì jiā èr dé liù.）
4－2＝2（四减二得二。Sì jiǎn èr dé èr.）
4×2＝8（四乘二得八。Sì chéng èr dé bā.）
4÷2＝2（四除二得二。Sì chú èr dé èr.）
掛け算は"乘"を省略し、"四二得八"とすることも多い。「イコール」と「大なり」「小なり」は次のようになる。
A＝B（A 等于 B。A děngyú B.）
A＞B（A 大于 B。A dàyú B.）
A＜B（A 小于 B。A xiǎoyú B.）

怀孕　huáiyùn　妊娠する　　　　　　戒　jiè　断つ，やめる

練習問題

1. 以下の文を朗読し，日本語に訳しなさい。
   (1) "一把剪刀，一双手，辫子就掉下来了。"说到这里，她又把手当作剪刀，做出了当时剪头发的样子。
   (2) 如果你还把我看作你的朋友的话，你应该告诉我，你为什么要做这样的事！
   (3) 昨天晚上去看足球比赛的人很多，像小张啦、小黄啦、小李啦，这些球迷自然是非去不可的。
   (4) 要不是造了水库，这么大的雨，庄稼非淹了不可。
   (5) 我喝得已经够多的了，再喝，非喝醉不可。
   (6) 为什么他要爬屋顶？为什么他非要爬上那高高的屋顶呢？
   (7) 新年后第一件大事就是期终考试，祝你门门得一百分，获得巨大成就！
   (8) 祝你们新婚快乐，祝你们能够互相关心，互相帮助，一辈子和和美美！

2. 聞き取りなさい。
   (1) 祝你一路顺风！
   (2) 祝你一路平安！
   (3) 祝你生活幸福！
   (4) 祝你身体健康，工作顺利！
   (5) 祝你好运！
   (6) 祝你做一个浪漫的梦！
   (7) 祝你们生活美满，白头到老！
   (8) 再过两天就是你的20岁生日了，我衷心祝你生日快乐！
   (9) 来，干一杯，让我祝你幸福吧！

3. 応用練習
   请写一篇短文然后口头报告。谈谈你学汉语的理由，然后介绍一下将来的梦想是什么，并且说明你为什么有这个梦想？

主要表現一覧

　この一覧には動詞を中核とした述部形式を中心に本書の主要表現を列挙してある。括弧内は本書における出現箇所である。"把"を用いた文に関してはコラム〈「なにをする」と「これをどうする」〉を，"被"を用いた文に関してはコラム〈「中国語の受動文」〉を参照してほしい。

1．判断「…である／…のである／…ということである」
　　── 李老师，你**是**北京人吗？　──不是，我**是**河南人。(5.4)
　　── 今天（**是**）6月7日，这个！这**是**我送给你的生日礼物。(11)
　　── 你们的生日几月几号？(11)
　　── 下一场日期**是**：10月25日，**就是**下下个星期天。(18)
　　── 演出的**是**……正**是**李老师给我们介绍过的《霸王别姬》呢！(18)
　　── 喏，那**不是**你家的猫吗？(24)
　　── 你们**是**约在校门口吗？(19)
　　── 你确定**是**在这一站下车吗？(19)
　　── 你**不是**最不爱运动吗？(10)
　　── 我父亲**是**外交官，去过很多国家，我**是**在不同的国家长大**的**。(26)
　　── 他已经**不是**原来的他了。他变了，**是**那次事故让他变**的**。(23.7)
　　── 这锅卤菜**是**昨天卤**的**，只要热一下就好了。(21)
　　── 你的汉语（**是**）在哪儿学**的**？(16.3)
※口語では，判断文の述語が年月日や曜日，時間，値段等である場合，また"……的"の形をとる場合，判断詞"是"を用いないことがよくある。

2．評価と状態
2.1 評価／特徴と程度
　　── 向您推荐这一台国产品牌，屏幕**大**，速度**快**，性能**高**。(17)
　　── 我**有点儿**饿了，你呢？(20.7)
　　── 台式机性能**比较强**。(17)
　　── 您放心，现在的电脑速度都**很快**。(17)
　　── 这一款是日本原装进口的。10英寸屏幕，才一公斤多，**非常**轻便。(17)
　　── 今天，尚美打扮得**特别漂亮**，来到活动中心门口。(10)
　　── 中国菜**太**好吃**了**，是吗？(6)
　　── **太**好**了**，你的意见**真**好！(6)
　　── 你手上拿着什么？包装得**好**精美！(10)
　　── **好别致**的手机吊饰！(10)

2.2 状態の感覚の描写（→ 23-2〈結果描写〉）
　　── 今井的邻居大娘是一位**胖胖的**老年妇女。(6.2)

— 路口儿有一家小小的馒头店。(6.2)
— 这苹果甜甜的，酸酸的，很好吃。(6.2)

3．比べる
3.1 「Aと同じ／Aくらい…／Aほど…ない／Aより…」
— 今井个子有朴尚美高吗？——有，今井和朴尚美一样高。(15.6)
　　　　　　　　　　　　　——没有，今井没有朴尚美那么高。(15.6)
— 朴尚美比今井高，高5公分。(15.6)
— 太饱了，我比平时多吃了一碗饭呢。(21)
— 可以给我看看那一款小一点儿的吗？(17)
3.1 「…よりもっと／…の中でもっとも」
— 谢谢你的夸奖，让我更有信心了。(14)
— 现在我发现，学习比教日语更吸引我，……(26)
— 张强，你最高，你来帮我把这幅字画挂在客厅的墙上吧。(20)
— 最后，附上一张上个月去欣赏京剧的相片，他们都是我学校里最好的朋友。(25)

4．比喻「…のようだ」
— 朴尚美长得怎么样？——非常漂亮，她长得像章子怡一样漂亮。(19.4)
— 今井汉语说得怎么样？——非常流利，她汉语说得像中国人一样流利。(19.4)
　¶ 没事儿，把〈这儿〉当成〈跟自己的家一样〉，千万不要客气。(21)
　¶ 我用拼音输入法打字，连〈打中文〉都〈好像是在考试一样〉，……(25)

5．存在／所有「…に…がある／いる」「…をもつ」と所在「…は…にある／いる」
— 今井，我这儿有你一封信。——今井，你的信在我这儿。(5.3)
— 今井，你有手机吗？——今井，你的手机在哪儿？(5.3)
— 喂，请问张强在不在？——这儿没有这个人，你打错了。(8)
※ "我这儿"は「私のところ」。名詞の後に"这儿"あるいは"那儿"を置くと，「…のところ」という意味を表すことができる。

6．存在／所有「…に…が…てある／ている」と所在「…は…に…てある／ている」
— 活动中心门口儿站着一个外国留学生。(10.1)
— 尚美站在活动中心门口儿，等爱华打完球出来。(18.1)
　布告栏上贴着　张海报。(18.1)
— 李老师把海报贴在布告栏上。(18.1)

7．出現「来る／…して来る」
— 李老师，昨天来了一个日本留学生，找你，留了一个电话。(12.3)
— 厨房传来阵阵香味儿。(21)
— 就在这时候，前面路口突然窜出来一只小猫。(24)

8．様態の描写
— 我很快地就适应了这里的生活。(15.3)

275

—— 做好的菜也**一样一样地**上桌了。(21)
　　—— 大家愉快地边吃边聊，时间也**一分一秒地**过去了。(21)
　　—— 我不知道有什么好方法，多写，**不断地**写，写多了就记住了。(23)
　　—— 史泰龙……**匆匆忙忙地**跑出教室，跨上自行车飞奔出校门。(24)
　　—— 从现在开始，我总算可以在自己的房间里**自由自在地**上网了。(25)
9．行为の大舞台と小舞台「…で／に（…する）」
　　—— 我的梦想是——和我的女朋友结婚，**在**意大利**开**餐厅。(26)
　　—— 他们**在**活动中心**打了**两个半小时的羽毛球。(8.6)
　　—— 李老师**在**黑板上**写了**一个"没怎么……"的例句。(8.6)
10．行为の起点「…から（…する）」
　　—— 大家好，我是**从**日本**来的**留学生，现在在国际交流学院学习。(9)
　　—— 圆圆**从**冰箱里**拿出**啤酒，给每个人都倒了一杯。(21)
　　—— 同学们，**从**今天**起**，你们就是我的学生了。
　　—— **从**今天**开始**，请不及格的同学每天下课后都留下来多练习一个小时。(23)
　　　¶ 可不是嘛！**自从**我来到中国**以后**，短短一个月就胖了三公斤呢。(6)
11．二点の間隔「…から…まで（どれだけある）」
　　—— 我快走不动了。京剧院**离**这儿还有多远？(19)
　　—— 他们四个人在**离**京剧院不远的一个地铁车站下了车。(19.7)
　　—— 现在**离**上课还有十分钟。(19.7)
　　—— 今井和张强来到校门口的时候，**离**约好的时间还早十分钟。(19.7)
12．行为の方向「…の方向に（…する）」
12.1　行为の方向「…どこそこに／…の方向に（…する）」
　　—— 西瓜皮**往**哪儿扔？(19)
　　—— 你看到前面加油站旁边儿的路口吧，在那儿**往右拐**，顺着马路一直**往南走**，过了红绿灯就能看到了。(19)
　　—— 眼看就要轧到小猫身上的时候，他猛**往**右边一扭，车还是停不住，撞上了路边的书报摊。(24)
12.2　行为の方向「…誰それに（…する）」
　　—— **向**您推荐这一台国产品牌，屏幕大，速度快，性能高。(17)
　　—— 对不起！我不是故意的，猫窜出来……，我来不及……，我**向**您道歉。(24)
　　—— 对了，正好可以**向**你请教，我还没有借书证。办借书证手续很复杂吗？(22)
　　—— 她们的成绩和上次的考试比起来进步了很多，大家要**向**她们多多学习。(23)
13．関心／行为の対象「…に対して（…する）」「…に対する…」
　　—— 我也胖了一点儿，不过，我**对**运动不感兴趣。(6)
　　—— 他**对**中国各方面了解得很多，说得上是一个中国通。(22.1)
　　—— 李老师**对**留学生的要求很严格。(23)
　　—— 我想起他**对我**的态度，又想起他**对我**说过的话……(22.1)
　　—— 这台电脑的操作系统是中文版的，**对**外国人**来说**真是不容易。(25)

¶ 尚美对着今井做了一个鬼脸儿。（22.1）
14. 行為の受益者「…（のため）に（…する）」
　— 尚美给今井介绍了一个羽毛球队员。（6）
　— 尚美亲手给爱华做了一个手机吊饰。（11）
　— 大娘想把家里整理一下，给圆圆腾出一个房间。（20）
　— 下次我们一起来给汉字编故事，好不好？（23）
15. 行為の随伴者「…の後に続いて／と／…に（…する）」
　— 我们先念生词，请大家跟我念。（12）
　　　¶ 你很幸运，遇到了一位好老师，跟着她学习一定能学得又快又好。（14）
　— 啊，你在恋爱。跟谁呀？能不能告诉我？（12）
　— 我跟她是竹马青梅，从小儿一起长大的。（12）
　— 这儿上课的气氛跟在日本学习的时候很不一样。（15）
16. 行為の手段「…を用いて（…する）」
　— 林肯已经学会用筷子吃饭了。
　— 现在我用中文点名。我叫谁的名字，谁就说声"到！"。（12）
　— 李老师能把我们的问题用简单的话解释得又仔细又清楚，我一听就懂。（14）
　— 我用拼音输入法打字，连打中文都好像是在考试一样，……（25）
17. 行為の回数「何回…する」
　— 刚才您说的话，我没听明白，请您再说一遍！（12）
　— 今井，请你再念一下第五个生词。（12）
　— 你去过几次中国？——我去过两次中国——我去过中国很多次。
　— 我没有去过中国。我一次也没有去过中国。（16.6）
　— 你在国内练过羽毛球吗？——没有练过，只在上体育课的时候打过几次，打得不好。（9）
　— 每星期练两次球，每次打两个小时左右的羽毛球……（25）
　— 昨天，李老师去美容院烫了头发。烫一回头发，差不多花了四个小时。（21.7）
　— 大家趁着秋高气爽，把大娘家里里外外整理了一番。（20）
　— 你回去拿了学生证，明天再来一趟吧。（22）
18. 行為の継続時間「どれだけの時間…する」
　— 我们这个星期三和星期五下午两点半到五点在学生活动中心练习两个半小时。（8）
　— 去的时候先从北京坐飞机到昆明，再从昆明转机到丽江，在丽江呆了四天三夜。（16）
　— 我在国内学过两年汉语，但是我汉语还说得不好……（9）
　— 从昆明坐火车回北京来，那得花多长时间呢！累不累？——一点儿也不累！本来我也觉得坐一天半的火车一定挺辛苦的。（16）
　— 平时我差不多每天上四个小时课，每星期练两次球，每次打两个小时左右的羽毛球……（25）
　— 我等了你半个小时了，你怎么才来？（15.4）
19. 行為の経過時間「…してからどれだけの時間が経つ」

277

- — 我们结婚快六年了。(26.1)
- — 你（从）大学毕业几年了？(26.1)
- — 我认识他已经两、三年了。(26.1)
- — 同学们到中国已经快一年了……(26)

20. 未実現の継続時間「どれくらい…していない／…しない」
- — **好久**不见了。你好吗？(12)
- — **好久**没有吃到这么好吃的卤菜呢，糖醋鱼也很下饭。(21)
- — 史泰龙已经（有）三天没来上课了。(12)
- — 我一辈子不嫁人！(12)

21. 変化量「どれだけ…なった」
- — 自从我来到中国以后，短短一个月就胖了三公斤呢。(6)
- — 我也胖了一点儿，不过，我对运动不感兴趣。(6)
- — 现在我的汉语水平比以前**提高**了**不少**，能听懂的话也越来越多了。(15)
- — 今井98分，朴尚美95分……，她们的成绩和上次的考试比起来**进步**了**很多**……(23)

22. 極端事例の提示「…でさえも，…までも」
- — 今天6月7号，这个！这是我送给你的生日礼物。——**连**我自己**都**忘了！(11)
- — 我用拼音输入法打字，**连**打中文**都**好像是在考试一样，这也算是一边用电脑一边学中文吧。(25)
- — 没想到变化这么大呀！变得**我都**认不得路了。(19)
- — 虽然我**连**一句唱词儿**都**听不懂，但是还是觉得十分感动呢。(18)
- — 李老师说京剧是中国的国粹，可惜我**连**一出**也**没看过。(18)
- — 我真的没钱，**一块钱也**没有。(16.6)
- — 别担心，那一整盘辣椒看起来很辣，其实**一点儿都**不辣。(21)

23. 動作行為の状況評価，結果描写，因果性程度
23.1 状況評価「…するのが…である」（→ 9.1）
- — 李老师，普通话**说得**很标准。
- — 李老师**的**普通话**说得**很标准。
- — 李老师说普通话**说得**很标准。
- — 时间过得真快，来到中国一转眼已经过了三个月了。(15)

23.2 結果描写「…なるよう…する」
- — 早上的太阳把屋子**照得**明晃晃的，暖暖的。(14.4)
- — 夏爱华喜欢把头发**弄得**乱蓬蓬的。(14.4)
- — 妈妈给女儿把眉毛**拔得**细细的，弯弯的。(14.4)

23.3 因果性程度「…して…にまでなる／…になるほど…する」
- — 他抄例句**抄得**手都酸了。
- — 抄例句**抄得**他，手都酸了。
- — 例句**抄得**他，手都酸了。
- — 没想到变化这么大呀！**变得**我都认不得路了。(19)

— 我正**饿得**要命呢！（20）
— 听大娘这么一说，我也觉得饿了，现在**饿得**能吞下一头牛呢。（21）

24. 結果実現の可否「…しても…ならない」
— 刚来的时候，中国人说的话我差不多都**听不懂**，……（15）
— 张强的 E-mail 地址很长，我老也**记不住**。（7.7）
— 看这张地图，应该是在乐器行旁边儿的路口往西拐就能到的，现在连乐器行的影子都**看不到了**。（19）
— 这是（一）张旧地图，完全**派不上**用场。（19）
— **看不出来**，你还是个京剧迷呀，对京剧这么熟悉！（18）

25. 到着・到達
25.1 「AがBに到着する」「AをBに到達させる」（［把＋］A＋动词＋到＋B）
— 尚美打扮得特别漂亮，**来到**活动中心门口。（10）
— 最近父亲年纪大了，**回到**加拿大准备退休。（26）
— 今井和尚美一起去上课，**走到**半路，上课铃儿响了。（12）
— 今天的课就**上到**这儿。同学们，下星期见！（13）
— 今井，**轮到**你了。（26）
— 慢点儿放啊！别**砸到**脚了。（20）
— 现在我们做练习，请大家把书**翻到**下一页！（13）
— 好了，今天就**写到**这儿吧，附上我的邮箱，下次咱们网上见。（15）
— 来，请（你们把柜子）**抬到**房间里放在床边儿，谢谢你们。（20）

25.2 「Aが…してBに居る」「Aを…してBに位置させる」（［把＋］A＋动词＋在＋B）
— 今井和尚美下课后**走在**校园里，看见布告栏上贴着一张海报。（18）
— 你们是**约在**校门口吗？（19）
— 尚美从书店买回一张中国地图贴在宿舍墙上。
— 我们把柜子从楼下抬上来了，该**放在**哪儿呢？（20）
— 张强，你最高，你来帮我把这幅字画**挂在**客厅的墙上吧。（20）

25.3 「Aが…してBに入る」「Aを…してBに入れる」（［把＋］A＋动词＋进＋B）
— 上课 20 分钟的时候，史泰龙才**走进**教室（里）来。（13）
— 张强和爱华抬着一个衣柜**走进**大娘家。（20）
— 今井把瓶子里的油全**倒进**炒锅（里），开始炸虾片。

25.4 「Aが…してBに接触する」「Aを…してBに接触させる」（［把＋］A＋动词＋上＋B）
— 我**连上**互连网了。（25）
— 下课后，史泰龙……匆匆忙忙地跑出教室，**跨上**自行车飞奔出校门。（24）
— 史泰龙的车刹也刹不住，……，**撞上**了路边的书报摊。（24）

26. 「Aが…してBとなる」「Aを…してBとする」（［把＋］＋A＋动词＋成／作＋B）
— 陈建华是个南方人，总是把"是的"**说成**"四的"，同学们经常笑话他。（21.5）
— 没事儿，把这儿**当成**跟自己的家一样，千万不要客气。（21）

── 在韩国……很多企业把会不会说汉语当作进入企业工作的第一个条件。（26）
27.「Ａを…してＢに与える」（把＋Ａ＋动词＋给＋Ｂ）
　　── 今天６月７号，这个！这是我送给你的生日礼物。（11）
　　── 尚美，请把钉子拿给我，好吗？（20）
　　── 李老师把期中考试的卷子发给大家，表扬今井和尚美有了进步，……（23）
　　── 现在我把考卷还给大家，请你们把错误的地方改正过来，明天 (把考卷) 交给我。（23）
28.　文（あるいは動詞句）を目的語とする
　　── 你知道｛我们班有多少学生｝吗？（5）
　　── 今井看见｛布告栏上贴着一张海报｝。（18）
　　── 大家觉得｛史泰龙造的句子怎么样？｝（13）
　　── 我打算｛下个月买一台笔记本电脑｝。（15）
　　── 我不太能吃辣的，听说｛地道的宫保鸡丁很辣｝。（21）
　　── 你很认真，我相信，｛不久的将来你一定能实现你的梦想的｝。（26）
　　── 她爷爷反对｛我们结婚｝，说｛我想娶他的孙女的话就非学汉语不可｝。（26）
　　── 真的吗？真没想到｛你有这么浪漫的一面｝。（26）
　　── 现在我发现｛学习比教日语更吸引我｝，……（26）
　　── 我希望｛将来能有机会再回到中国来｝。（26）
　　── 很好！恭喜你找到了新的方向。（26）

29.　助動詞
29.1　「…するべきだ／…であるべきだ」（"应该"）
　　── 大家说，这个词应该怎么念？（12）
　　── 看这张地图，应该是在乐器行旁边儿的路口往西拐就能到的，……（19）
29.2　「…できる」（"能"，主に「生理的・知能の能力があり…できる」）
　　── 你们能吃辣的吗？宫保鸡丁也有点儿辣。（21）
　　── 现在我的汉语水平比以前提高了不少，能听懂的话也越来越多了。（15）
　　── 怎么样才能有效地学好汉字呢？（23）
　　── 李老师能把我们的问题用简单的话解释得又仔细有清楚，我一听就懂。（14）
　　── 你很认真，我相信，不久的将来你一定能实现你的梦想的。（26）
29.3　「…できる」（"可以"，主に「規約的・環境の条件があり…できる」）
　　── 我想参加羽毛球队，请问留学生也可以参加吗？（7）
　　── 你们有什么好方法可以教教我吗？（23）
　　── 再请问阿姨，留学生一次可以借几本书？可以借多长时间？（22）
　　── 我们买了卧铺票，累了就可以睡觉。（16）
29.4　「…できる／きっと…する」（"会"，主に「技能があり…できる」）
　　── 李老师，倒数第三行的"没怎么"，我不会用。（13）
　　── 对了，我差点儿忘了，冰箱里还有几瓶啤酒，你们都会喝酒吧，千万不要客气！（21）
※ "能喝酒"は「生理的に酒に強い」ことを言い，"会喝酒"は「酒を飲む経験を積んで飲める」ことを言う。

- 期中考试快要到了，今井对造句和作文最没有把握，要是考坏了，**肯定会被**李老师**骂**得很惨。(22)
- 因此，只要记住"从盆子里捧起水来"意思就是"洗手"，你就不**会**写错了。(23)
- 你是好人，你**会**得到幸福**的**。(16.1)

29.5 「…しようとする／…したい／…する必要がある」("要")
- 早上，邻居大娘和6岁的外孙女儿圆圆，遇见正**要**出门的今井。(4)
- 我有两件让我很高兴的事情**要**告诉你。(25)
- 阿姨，您好！我**要**办借书证。(22)
- 今天**要**谈的主题是"我的梦想"，大家来谈谈你为什么**要**学汉语？(26)
- 原来史泰龙每天都**要**去一家意大利餐厅打工。(24)
- 林肯，你来念头两段儿课文，**要**注意声调和语调。(12)
- 钉子钉好了，字画也挂上了。这儿还有个大箱子，**要**放在哪儿呢？(20)

29.6 「…しないように」("不要"，"别")
- 你们都会喝酒吧，千万**不要**客气！(21)
- **不要**难过了，你考得也不差呀！(23)
- 慢点儿放啊！**别**砸到脚了。(20)
- 你吃得太快了，慢点儿吃，**别**噎着了。饭我给你盛吧。(21)
- 算了，算了吧！他不是故意的，车也坏了，人也伤了。**别**跟他计较吧。(24)

30.「Aが…して…して…して…する」(→ 14.7)
- 我**要去**图书馆**借**几本书。(22)
- 今井从云南**带回**一件印着东巴文字的T恤**送给**了张强。(16)
- 圆圆从冰箱里**拿出**啤酒，给每个人都**倒了**一杯。(21)
- 史泰龙……匆匆忙忙地**跑出**教室，**跨上**自行车**飞奔出**校门。(24)

31.「AがBを／に…し，それでBが…する」(→ 14.2, 14.7)
- 有几个地方我没有把握，能不能**麻烦**你给我一点儿意见？(14)
- 张强**陪**今井买电脑也**帮**她连上了互联网。(25)
- 傍晚，邻居大娘**留**他们在家里吃晚饭。(21)
- **请**大家把书翻开！(13)
- 老师**让**我们每天一定用汉语发表自己的意见，上课有意思极了！(15)
- 李老师**叫**我们每个星期都得写一篇作文。(14)
- 你会不会骑车！撞坏了我的摊子，我**要**你赔！(24)
- 当时我上小学五年级，林老师教我们音乐，**教**我们弹风琴、拉二胡、吹笛子。(14.3)
- **祝**你身体健康！学习进步！(15)

32.「朋あり遠方より来る」文
- 从前，这个学校里**有**一位法国老师，性格很暴躁。有一天，这位老师上口语课，**有**一个学生光顾着看书，没怎么注意听。(13)
- 我也看到偏远地区还是**有许多生活贫困的农民**需要帮助。(26)
- 好吧。你们还**有**功课要做，我就不多留你们了。有空儿常来玩儿，啊！(21)

281

— 我有两件让我很高兴的事情要告诉你。（25）
　　— 有几个地方我没有把握，能不能麻烦你给我一点儿意见？（14）
　　— 我们有时候在活动中心练习，有时候在体育馆练习。（7）
33. 事件発生の否定
　　— 刚才您说的话，我没听明白，请您再说一遍！［←听明白了］（12）
　　— 史泰龙为什么没来？［←来了］（12）
　　— 我上个月买的笔，没怎么用就坏了。（13）
　　— 没想到变化这么大呀！变得我认不得路了。［←想到了］（19）
　　— 时间不早了，尚美和爱华怎么还没来？［←已经来了］（19）
　　— 钉子？放在哪儿呢？我怎么没看到。［←看到了］（20）
　　— 好久没有吃到这么好吃的卤菜了，糖醋鱼也很下饭。［←吃到了］（21）
　　— 谢谢你的回信，收到你的信不知不觉就已经过了两个月了。没有早点儿给你回信，不好意思。［←回信了］（25）
　　— 辛苦果然没有白费，我还要继续用功下去。［←白费了］（25）
　　— 没有练过，只在上体育课的时候打过几次，打得不好。［←练过］（9）
　　— 李老师说京剧是中国的国粹，可惜我连一出也没看过。［←看过］（18）
　　— 糟糕，学生证我今天没带着。［←带着］（22）

34.「らくらく」接続（"就"）
34.1「…したら…」
　　— 我下了课就去看看。（6）
　　— 顺着马路一直往南走，过了红绿灯就能看到了。（19）
　　— 我不知道有什么好方法，多写，不断地写，写多了就记住了。（23）
34.2「それだけでもう…」
　　— 自从我来到中国以后，短短一个月就胖了三公斤呢。（6）
　　— 我姓张，单名一个强字，叫我"小张"就可以了。（7）
　　— 哇！才这么一会儿功夫，就变出一桌子香喷喷的菜，……（21）
　　— 这锅卤菜是昨天卤的，只要热一下就好了。（21）
　　— 因为我怕考不好被老师处罚，所以常常去图书馆，一呆就是三、四个小时。（25）
　　— 我上个月买的笔，没怎么用就坏了。（13）
34.3「…レバ即…」
　　— 以后要是谁没来，你们就说"没来！"，好吗？（13）
　　— 既然大家都这么说，那我就恭敬不如从命了。（11）
　　— 一看就知道，是尚美亲手做的吧？做得真漂亮！（11）
　　— 是啊，他们再不来，就来不及了。（19）
34.4「誰かを呼べば誰かが応える」
　　— 我叫谁的名字，谁就说一声"到！"。（12.5）
　　— 想吃什么，就吃什么。（12.5）
　　— 要多少，就给多少。（12.5）

— 说**曹操**，**曹操**就到。（6）
— 说**不行**就**不行**！（22）

34.5「ほかでもなくこのように」
— "爱她"、"只有她"的"她"，再念轻点儿，**就**是这样……（12）
— 你知道外语学院有一个食堂吧，体育馆**就**在外语学院食堂的旁边。（7）
— 喂，请问，是张强吗？——我**就**是。您是哪位？（8）
— 今天的课**就**上到这儿。同学们，下星期见！（13）
— 晚上**就**在这儿吃饭。（20）
— **就**在这时候，前面路口突然窜出来一只小猫，把他吓了一大跳。（24）

35.「やっとこさ」接続（"才"）
— 刚才我们是闹着玩儿的，现在**才**要开始呢。（9）
  上课20分钟的时候，他**才**走进教室来。（13）
— 怎么样**才**能有效地学好汉字呢？（23）
— 等周围都静了下来，路边的行人看见书堆中的破自行车和摔得鼻青脸肿的史泰龙，**才**发现原来是出了事儿了，……（24）

36.「同じく…である」（"也"）
— 丽江是一座历史文化古城，**也**是世界文化遗产，有一天我也想去看看，爬爬玉龙雪山。（16）
— 我不是为了工作，**也**不是为了帮助贫困农民，我学中文的理由很简单，我是为了我的女朋友学汉语的。（26）
— 钉子钉好了，字画**也**挂上了。（20）
— 考研不容易，希望你加倍努力，**也**祝你成功。（26）
— 李老师把期中考试的卷子发给大家，表扬今井和尚美有了进步，**也**责备了考不及格的史泰龙。（23）
— 算了，算了吧！他不是故意的，车**也**坏了，人**也**伤了。别跟他计较吧。（24）
— ……不过现在我的汉语水平比以前提高了不少，能听懂的话**也**越来越多了。（15）
— 已经八点半了，我们**也**差不多该回去了。谢谢您的招待！（21）
— 哎呀！中国人写了一辈子，**就算**我拼了命写下去**也**赶不上啊！（23）

37.「みんなまとめて」（"都"）
37.1「どれもこれもいつも」
— 我们在韩国**每一顿饭都**少不了辣白菜。（12）
— 我很快地就适应了这里的生活，觉得一切**都**很新鲜，**每天都**过得很充实。（15）
— 请**大家**把书打开！**都**预习了吗？（12）
— 平时上课**都**穿着T恤和牛仔裤的尚美，今天打扮得特别漂亮。（10）
— **不管是**布景还是道具、服装**都**非常讲究，让人印象深刻。（18）
— 你看，**什么**"田"啊、"由"啊、"甲"啊、"申"啊，看起来**都**很像，……（23）

37.2「なになにどこどこ」
— 大家在家里复习的时候**都**有**什么**问题，请提出来。（12）

— 你们都去了云南哪些地方？（16）

37.3「ピンもキリもどちらも」
— 连我自己都忘了（今天是我 22 岁的生日）！（11）
— 变得我都认不得路了。（19）
— 虽然我连一句唱词儿都听不懂，但是还是觉得十分感动呢。（18）
— 别担心，那一整盘辣椒看起来很辣，其实一点儿都不辣。（21）

38.「くりかえし」（"再"）
38.1「もう一度/もう少し」
— 刚才您说的话，我没听明白，请您再说一遍！（12）
— 你回去拿了学生证，明天再来一趟吧。（22）
— 是啊，他们再不来，就来不及了。（19）
— 不能迟到！不能迟到！今天再迟到肯定被炒鱿鱼！（24）
— 我炒两个热菜，再稍等一会儿就好了。（21）
— "爱她"、"只有她"的"她"，再念轻点儿，就是这样……。（12）
— 有点儿歪，左边再高一点儿。嗯，好了。（20）

38.1「まず準備，次に本番」
— 我先把柜子擦一擦，再把衣架放进去吧。（20）
— 现在我还是一个大学生，我要先把汉语的基础打好，回到韩国以后再学习国际贸易。（26）
— 没有学生证恐怕不可以。不过，到图书馆再问问吧。（22）
— 啊，我想起来了，需要学生证和两张照片，再填写一张申请表就可以了。（22）

39.「またまた」（"又"）
39.1「一度ならず二度までも」
— 难道他今天又不来了？（12）
— 真谢谢你，又让你破费了。（16）
— 哎哟，今井！真巧，又遇见你了！下课了？（14）

39.2「…である上に…である」
— 李老师是一位很好的老师，……跟着她学习一定能学得又快又好。（14）
— 李老师能把我们的问题用很简单的话解释得又仔细又清楚，我一听就懂。（14）
— 大学互联网又方便又便宜，有了电脑以后，我就可以经常给你发伊妹儿告诉你这儿的事儿。（25）
— 时间也不早了，你们一定又累又饿了吧。晚上就在这儿吃饭。（21）

40.「付け足し」（"还"）
40.1「そのほかに」
— 我们的汉语班一共有 15 个留学生，大部分是从日本和韩国来的，还有几位来自美国、加拿大和法国的同学，……（15）
— 除了学习之外，我还参加了羽毛球队，认识了几位很谈得来的朋友，……（15）
— 这个办法不但好，而且还很有意思呢！（23）

— 明天是星期三，记着来呀，我还要给你介绍其他队友呢。（8）
  — 京剧院离这儿还有多远呢？（19）
  — 辛苦果然没有白费，我还要继续用功下去。（23）
40.2 「〈変化なし〉を付け足す」
  — 我汉语还说得不好。（9）
  — 时间不早了，尚美和爱华怎么还没来？（19）
  — 对不起，我把时间记错了。要不是爱华提醒我，我还没注意到已经迟到了。（19）
  — 我还没有借书证。办借书证手续很复杂吗？（22）
  — 没关系，还来得及。（19）
  — 现在我还是一个大学生，我要先把汉语的基础打好，回到韩国以后再学习国际贸易。（26）
40.3 「あれ？それともこれ？」
  — 同学，买电脑吗？您要看国产的，还是要看进口品牌的？（17）
  — 你们是怎么去的？是坐飞机去的，还是坐火车去的？（16）
  — 不管是布景还是道具、服装都非常讲究，让人印象深刻。（18）
40.4 「あーかこーか，やっぱり…」
  — 好吧，看来看去还是买这一台吧。（17）
  — 虽然我连一句唱词儿都听不懂，但是还是觉得十分感动呢。（18）
  — 时间不多了，快开演了，我们还是问问别人吧。（19）
  — 史泰龙的车刹也刹不住，眼看就要轧到小猫身上的时候，他猛往右边一扭，车还是停不住，撞上了路边的书报摊。（24）
41.「これ，あげる」文
  — 你吃得太快了，慢点儿吃，别噎着了。饭我给你盛吧。［←我给你盛饭吧］（21）
  — 来，这个花卷儿给你。路口儿馒头店的花卷儿很好吃。［←我把这个花卷儿给你］（4）
  — 照片我有。糟糕，学生证我今天没带着。［←我有照片。我没带着学生证］（22）
  — 学生证和照片带来了没有？照片要两张。［←我把学生证和照片都带来了。要两张照片］（22）
42. 反語文
   你找死啊！哪儿有人这样骑车的，你骑什么车呀！（24）
  — 你会不会骑车！撞坏了我的摊子，我要你赔！

	合　口								撮　口			
	u グループ								ü グループ			
	[u]	[uɑ]	[uaɪ]	[uan]	[uɑŋ]	[uo]	[ueɪ]	[uən]	[uəŋ]	[y]	[yɛn]	[yɛ]	[yn]
	ㄨ	ㄨㄚ	ㄨㄞ	ㄨㄢ	ㄨㄤ	ㄨㄛ	ㄨㄟ	ㄨㄣ	ㄨㄥ	ㄩ	ㄩㄢ	ㄩㄝ	ㄩㄣ
	u	ua	uai	uan	uang	uo	uei	uen	ueng	ü	üan	üe	ün
	wu	wa	wai	wan	wang	wo	wei	wen	weng	yu	yuan	yue	yun
	bu												
	pu												
	mu												
	fu												
	du			duan		duo	dui	dun					
	tu			tuan		tuo	tui	tun					
	nu			nuan		nuo				nü		nüe	
	lu			luan		luo		lun		lü		lüe	
	gu	gua	guai	guan	guang	guo	gui	gun					
	ku	kua	kuai	kuan	kuang	kuo	kui	kun					
	hu	hua	huai	huan	huang	huo	hui	hun					
g										ju	juan	jue	jun
g										qu	quan	que	qun
g										xu	xuan	xue	xun
	zhu	zhua	zhuai	zhuan	zhuang	zhuo	zhui	zhun					
	chu	chua	chuai	chuan	chuang	chuo	chui	chun					
	shu	shua	shuai	shuan	shuang	shuo	shui	shun					
	ru	rua		ruan		ruo	rui	run					
	zu			zuan		zuo	zui	zun					
	cu			cuan		cuo	cui	cun					
	su			suan		suo	sui	sun					

杉村博文（すぎむら・ひろふみ）

1951年徳島県生まれ。1976年，大阪外国語大学大学院修士課程（東アジア語学専攻）修了。現在，大阪大学大学院言語文化研究科教授。1976年9月～1978年8月，北京語言学院と北京大学中国言語文学系に出張。1989年2月～1990年3月，北京日本学研究中心客員助教授。2001年3月～2002年1月，北京大学中国言語文学系客員講師。専門は中国語学，現代中国語の統語論を主な研究分野とする。

郭　修靜（カク・シュウセイ）

1967年台湾生まれ。1992年，台湾輔仁大学歴史学科卒業後，国立政治大学中国語センター中国語教員，別府大学文学部講師等を経て，2004年，大阪外国語大学大学院博士後期課程（地域言語社会専攻）単位取得退学。大阪大学世界言語研究センター特任助教を経て，現在，大阪大学外国語学部非常勤講師。専門は中国語教育，IT を利用した教材開発を主な研究分野とする。

大阪大学外国語学部　世界の言語シリーズ 2

中　国　語

発　行　日	2010年3月31日　初版第1刷　　〔検印廃止〕	
	2015年8月20日　初版第3刷	
著　　　者	杉村博文・郭修靜	
発　行　所	大阪大学出版会	
	代表者　三成賢次	
	〒565-0871	
	大阪府吹田市山田丘2-7　大阪大学ウエストフロント	
	電話　06-6877-1614	
	FAX　06-6877-1617	
	URL　http://www.osaka-up.or.jp	
印刷・製本	株式会社 遊文舎	

ⓒHirofumi Sugimura & Hsiuchin Kuo 2010　　Printed in Japan
ISBN 978-4-87259-326-6 C3087

Ⓡ〈日本複製権センター委託出版物〉
本書を無断で複写複製（コピー）することは，著作権法上の例外を除き，禁じられています．本書をコピーされる場合は，事前に日本複製権センター（JRRC）の許諾を受けてください．